大成

DENTONS

集

知识产权80个热点问题

王现辉◎编著

中国法制出版社
CHINA LEGAL PUBLISHING HOUSE

泽知®知识产权一站式服务团队

泽知®知识产权团队由王现辉律师等10名成员以及多名商标代理人、专利代理师、专利工程师组成。泽知®知识产权团队以专家化的知识产权代理、维权工作模式，向国内外众多客户提供广泛而深入的知识产权法律服务，业务涵盖专利、商标、版权、反不正当竞争、反假冒、与知识产权滥用相关的反垄断、商业秘密、域名、电子商务、网络传输、数据及隐私权保护、文化传媒、特许经营等诸多领域。

泽知®知识产权团队始终秉承“创新、高效、敬业、务实”的工作理念，以团队化合作、专业化分工的方式，通过大量的纠纷处理实践，积累了丰富的代理经验和诉讼技巧，力求最大限度地保护权利人的权益。

扫一扫关注“泽知®知识产权”

编写说明

《知识产权80个热点问题》立足过去3年中国知识产权发展的大环境、大背景，通过本团队律师实践中的思考和体验，以短文的形式，向大家呈现出某一问题或某一领域的趋势、变化和规律。其中既有立法动态的分析，也有经典案例的分享，内容丰富，以飨读者。

这些精彩的文章同时也通过我们的微信公众号“泽知”进行推送。

信息时代对知识产权法律服务提出了更高的要求，专业资讯的传递与分享越来越多地成为一个专业的知识产权团队服务的一部分。随着传播形式的日益丰富，我们也更希望凭借自身在这一领域的优势，与大家分享更多、更好的专业文章。

王现辉

2022年9月

序

《知识产权80个热点问题》是“泽知三部曲”系列丛书的第二部。第一部《知识产权典型案例与实务评析》已经由中国法制出版社付梓，第三部图书也在有条不紊地筹备当中。“泽知三部曲”系列丛书分别从典型案例评析、实务研读、裁判规则等不同角度对知识产权法律知识体系进行分析、整理、归纳，旨在满足不同类型读者对知识产权不同方面、不同深度的需求。同时，本系列丛书也全方位地展示了大成律师事务所泽知®知识产权团队近几年来的理论研究和实务心得。

本书从知识产权实务视角入手，对社会和市场经济活动中的多个知识产权热点问题进行剖析，以通俗的语言讲解专利、商标、版权、商业秘密等知识产权领域的知识点和实操经验。相较于《知识产权典型案例与实务评析》而言，本书文字表达更加通俗易懂，文风更加写实，但每篇文章仍一以贯之地包含着笔者的切身感悟以及对行业发展的见解和思考。

本书中的文章均是一线律师在法律实务中思想碰撞的结晶，是对案件实务的思考，是日常学习的领悟，是庭审多年的心得，是实操经验的提炼。写作是一种生活习惯，也是乐趣所在，是忍受了孤独之后的成就，是内心思考变成案头书香的一种惬意、一种自得、一种温馨、一种向往。而分享也是学习的一种方法，只要真诚地、用心地输出，即便是“豆腐块”大小的段落，也能得到共鸣。

日积月累的沉淀，是厚积薄发的成长。荀子《劝学》曰：不积跬步，无以至千里；不积小流，无以成江海。律师可“铁肩担道义”，也可“妙笔著文章”，笔者虽无“生花妙笔”，但在长期的知识产权法律服务过程中，所思所感甚多，如不能随时记录，则外不能传播以互通，内不能总结以慰心。笔者愚鲁，唯恐不能将办案中的经验和学习中的理论转化为自己的知识，每念及此，总会及时将知识产权实务中的感想和观点进行归纳，日复一日，终有小得。

泽知®知识产权团队自2015年立志在知识产权行业作出自己的贡献，至今已在该领域深耕七载有余。这一路走来，著书立说一直是团队成长的“不二法门”。知识产权法律业务是一片蓝海，我们会一直开拓下去并坚持思考、交流、提升，持续输出心得体会。当然，希望读者可以通过一篇篇短文感受到团队对于热点问题的看法和对知识产权行业的思考，如果读后能有收获，对于笔者来说，是最值得满足和骄傲的一件事。

愿本书能够对广大知识产权从业者，尤其是在企事业单位从事知识产权实务工作的读者有所助益。由于时间仓促，本书在编著过程中难免有所疏漏，欢迎读者批评指正。

王现辉

2022年8月

目录

专利篇

商标篇

著作权篇

反不正当竞争、反垄断篇

电子商务、特许经营篇

程序实务篇

专利篇

专利申请的最佳时机是何时

专利申请遵循“在先申请”的规则，一般来说谁先提出专利申请，在专利授予时会更倾向于谁。专利市场中不同方研究出相同或近似的技术方案时，如仅仅因为没有在先申请而错失专利权，是一件非常令人遗憾的事。那么在我国“在先申请”规则的情况下，是不是专利申请的时机越早越好呢？其实也不尽然，专利提出申请的时机并不能一概而论。

模式一：研发出技术方案后，第一时间申请专利

在技术人员研发出相应的技术方案后，第一时间即申请专利，此种模式的优点是，不会因为“在先申请”规则的限制而延误申请导致丧失专利权，也不会因为“夜长梦多”而导致相关的技术方案泄露，此举也正是大多数专利申请人的选择。不过，此种模式也有一定的弊端。在笔者经办的一个案例中，权利人申请专利后，随着后续技术研发的逐渐成熟，发现了原来技术的相应不足，由此考虑将技术方案补充到原来的技术方案中，但是因为原来的技术方案已经申请专利，其后续申请可能无法授权，即使会因实用新型和外观设计不进行实质审查而授权，以后也不能保证是否会被他人申请无效的局面，且申请无效的依据往往是自己的在先专利申请。另外一个弊端是，如果技术方案不断研发成熟，新产品也会根据技术方案或者市场的需求而逐渐调整完善，甚至在专利申请周期内，产品也会因为各种不足而进行改进，这样就和原来的申请专利的技术方案有了一定的差距。如果产品上市，同行业竞争者仿造，这个时候，因为上市产品与专利产品质检存在一定的技术差异，仿造自己产品的第三方也不会对已经取得的专利权构成侵害。导致的结果是白白地将自己多年辛苦研发的产品技术方案贡献给社会或者让自己的竞争对手唾手可得相关的技术方案。

模式二：在技术方案或者产品技术方案成熟后再申请专利

此模式的优点是专利技术方案与产品技术方案一致，市场上一旦有人仿造产品，在技术特征相同或者等同的比对方面不会出现问题。弊端是产品成熟后，应该及时上市赢得市场竞争，此时从提出专利申请到取得专利授权，会经历比较长的周期，这就会导致在专利申请日与专利授权公告日之间有较长的一段专利保护空白期，如果不慎“泄密”，导致有人在空白期内肆意制造、销售与专利申请产品一致的产品，专利申请人只能“望洋兴叹”而无法行使专利权，不能维护自己的权利。

模式三：专利申请的最佳时机

专利申请与产品上市的最佳时机是技术方案研发成熟后及时申请专利，但不进行产品上市，而是待专利授权公告日后，再大批量突击上市，这样既能避免技术方案的变更所带来的技术更迭的麻烦，也不会因为专利申请过晚而导致“空白期”无权可用的尴尬局面。

另外，还有一种模式，就是可以大大压缩申请周期的专利预审机制，最快几天就能获得授权，在这样的情况下，就可以兼顾专利授权和市场效益。专利预审的具体机制可向当地知识产权保护中心了解相关信息。

撰稿人：王现辉

什么时候需要“将一项权利要求写到5页纸以上”

申请专利时不能将技术交底书直接交给专利代理机构后“坐等授权”，应“三思而后行”，经技术人员、法律人员多轮论证、研判后，站在本领域技术人员的视角考虑对手会如何采取规避措施，绕开专利技术方案进行仿制。应将专利撰写的文字进行概括再概括，概括到如果再简略审查员就不会给予授权为止。

在一起专利诉讼过程中，如果专利保护范围清楚且能顶住专利被无效的压力，对于专利诉讼的原告代理律师来讲就是幸运的。这种幸运既来源于有高度责任感的职业专利代理师的付出，也来源于有目标和追求的权利人的配合。

申请专利的目的是公开换保护或者公开换10年或20年的经营期间，网上曾有一篇文章，主题是如果一项权利要求写满了5页纸，授权等于放弃，竞争对手面对这样的权利要求，很容易规避其技术方案，授权等于将该技术方案贡献给对手。

一、这样的授权率值得吗

根据一项发明专利审查档案记载，“一通”过后，权利要求从原来的十一项（独立权利要求一项，从属权利要求十项）被合并为一项，最终当然获得了授权。这样的专利获得授权后，竞争对手估计会欢呼雀跃地裁掉自己的研发团队。因为这样的专利想侵权都难，上百个部件间的连接关系或上百个生产步骤，权利要求中含有这么多的技术特征，很难找到技术特征完全对应的产品或方法，即便竞争对手照抄技术方案，做到一模一样也需要一定水平，因为“临摹”也需要很高的手法，此类专利根本不需要自己转化，授权后对手稍微动动脑筋即可直接使用。

二、一切都是单纯追求“授权”导致的

诉讼律师追求案件的胜诉率，专利代理师追求撰写申请的授权率，两个本不

应该相提并论的问题却成为“孪生姐妹”。诉讼案件的胜诉需要良好的法律基础知识和丰富的代理经验，胜诉率从侧面反映着一个律师团队的能力水准。反观专利撰写，如果某代理机构以专利授权率为目标，宣传自己“百分百授权率”，交给这样的机构来撰写你苦心钻研多年的技术成果，你也可能会成为偶然中的普遍存在。

专利制度既要保护专利权人的利益，也要保护公众的利益，其目的是鼓励发明创造。一个好的专利申请书，既要保护自己的技术方案，又要能获得专利授权，技术方案的保护力度要不大不小“刚刚好”。技术方案保护范围越大，对于专利权人越有好处，这样可以打击更多的市场竞争对手，不过也可能因为包含了公有领域的技术导致专利的“三性”不过关而无法授权，或者即便授权也抵不过无效的风险。技术方案保护范围过小，获得授权基本就没有问题。正如上述那样，专利证书除了挂在墙上展览之外，又能有什么其他用处呢?

三、找到最重要的一点

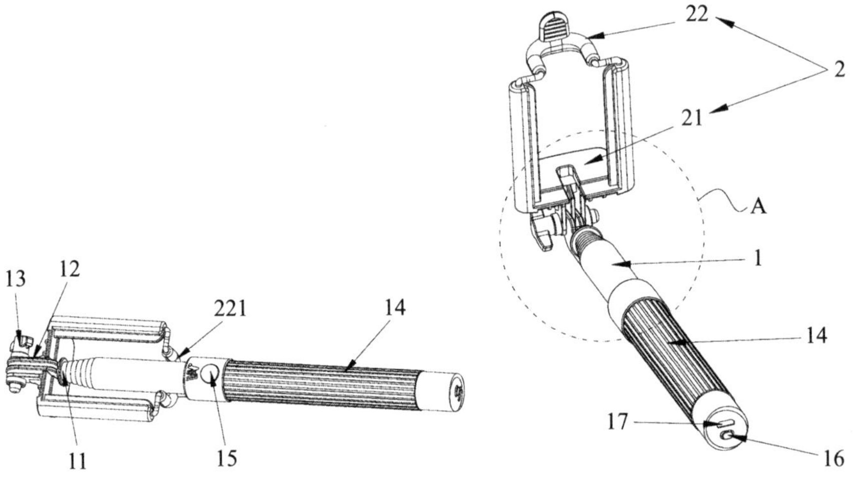

图1-1　一体式自拍杆专利附图

（图为专利号为ZL20142052××××.0、名称为“一体式自拍杆”的实用新型专利附图，该专利于2015年1月21日获得授权并荣获第20届中国专利金奖。经过20余次的专利无效挑战之后，该专利依然屹立不倒）

用自己研发的技术方案去申请专利，既能获得授权，又能起到抑制和打击竞争对手的目的，或转化或直接成为生产力。在申请专利时不能将技术交底书直接交给专利代理机构后“坐等授权”，而应经技术人员、法律人员多轮论证、研判后，站在技术人员的视角考虑对手会如何采取规避措施，绕开专利技术方案，将专利撰写的文字进行概括再概括，概括到如果再简略审查员就不会给予授权为止。最好假设自己是对手试着演练一下，从新颖性、创造性、说明书是否公开充分、权利要求书是否可以得到说明书的支持等多角度进行检索论证，完善权利要求。

四、一点建议

专利申请应与申报职称、补助奖励、资质申报等相剥离，回归专利申请的"庐山真面目"。政府部门评价企业的创新能力不能单一以专利数量为根本，也应当对质量进行把控，踢出滥竽充数的伪创新企业。企业应在职务发明创造方面制定激励、评价措施，使得研发人员研发更多创新成果，多与专利代理师进行沟通研判，促使真正的发明点得到应有的保护；专利代理师应以高价值、高质量为己任，引用律师行业的一句话"只有小专利代理师，没有小技术方案"，打造属于自己的品牌，为真正有创新能力的研发企业服务。研发企业可以区分自己的核心发明与边缘技术，为核心的竞争点技术方案寻找到追求高价值、高质量的撰写人来负责。

当然，如果你仅为拿一项专利证书，请将一项权利要求写到5页纸以上，这样申请一个实用新型专利还是很容易的。

撰稿人：王现辉

专利和商业秘密保护应怎样举证

专利和商业秘密均涉及技术方案，两者之间如何协同保护，被侵权后又如何协同进行维权？本文从专利职务发明创造入手，分析了专利和商业秘密两者保护的举证方向及维度，针对司法实践中经常出现的员工跳槽带走技术信息的案例进行了假设，给出了笔者根据实务经验总结的一点建议。

一、问题提出

甲公司的工作人员A在工作期间掌握了甲公司的核心技术信息，跳槽到另一家公司工作后一年内申请专利并获得授权，甲公司两年后发现A的上述行为，认为自己的权益受到侵害，向律师咨询如何保护自己的权益。

二、法律分析

这个问题看似简单，实则涉及专利职务发明创造、专利法与商业秘密协同保护等多方面的法律知识。《专利法》第六条第一款规定，执行本单位的任务或者主要是利用本单位的物质技术条件所完成的发明创造为职务发明创造。《专利法实施细则》第十二条又进一步对什么是本单位，什么是本单位工作任务，什么是主要利用本单位的物质技术条件等进行了具体规定，该条规定执行本单位的任务所完成的职务发明创造包括在本职工作中作出的发明创造、履行本单位交付的本职工作之外的任务所作出的发明创造及退休、调离原单位后或者劳动、人事关系终止后1年内作出的，与其在原单位承担的本职工作或者原单位分配的任务有关的发明创造。该条又规定专利法中的本单位包括临时工作单位；本单位的物质技术条件，是指本单位的资金、设备、零部件、原材料或者不对外公开的技术资料等。根据上述法律规定，我们从专利保护和商业秘密保护角度入手，为假设案例分析如何更好地保护权利人的技术信息类型的知识产权。

第一，应确定甲公司与其工作人员A之间有无证据证明劳动关系存在。事实劳动关系应提供工作记录、工资报酬单、证人证言、社会保险缴纳记录等证据证实劳动关系的存在。劳动合同关系应提供固定期限劳动合同、无固定期限劳动合同或竞业限制协议等以证明劳动合同关系的存在。根据《专利法实施细则》的规定，不论是工作多年还是仅工作几个月，抑或是被派驻过来临时进行工作，均能将其认定为工作单位。对于多重工作关系中职务发明创造归属认定的问题。根本在于哪家单位取得了对发明人完成涉案发明创造的创造性劳动在内的劳动支配权，如果仅为一般合作关系而无劳动支配权，则该发明创造不属于职务发明创造。

第二，确定A参与或掌握的甲公司技术信息情况及权利归属问题。劳动关系证实后，应进一步了解A在甲公司工作的具体情况，以确定该发明是否为职务发明创造。如果是本职工作无须多讲，如果是非本职工作但却是单位交代的工作也同样构成职务发明创造。在司法实践中发生争议最多的就是离开原单位到新单位工作后将与原单位工作任务有关的发明创造披露给新单位使用或者申请专利，本案中假设的情况即是如此。为此，须核实A在甲公司工作的具体岗位、职责，以及是否参与研发及相关研发记录，包括各种会议纪要、工作记录、聊天记录、邮件记录、工作报告、项目报告等以确定A在甲公司的身份和工作性质，如果核实上述证据后可以证实A的具体身份、岗位职责及参与研发或掌握的具体技术信息范围等，能够成为A参与或掌握某一类具体技术信息的证据，且在A没有与甲公司签订相关合同约定申请专利的权利或专利权的归属情况下，职务发明创造申请专利的权利应属于甲公司，申请被批准后，甲公司为专利权人。

第三，认定A申请专利或披露或直接将商业信息交给第三方使用的性质。专利法规定专利采取先申请原则，即谁在先申请专利就归属于谁。此项规定针对的是正常专利研发过程，目的是激励发明人或设计人及时申请专利，对于非正常的申请则不是考虑谁申请在先，而是考虑权属究竟归谁。《民事案件案由规定》中有两个与本案例相关的案由，一个是专利申请权权属纠纷，是指在申请阶段专利申请权的归属问题；另一个是专利权权属纠纷，是指专利申请并授权之后的专利权属问题。甲公司如果能证明A申请专利与其在甲公司的工作任务相关或者是在甲公司工作期间，主要利用在本单位的资金、设备、零部件、原材料或者不对外公开的技术资料等完成的发明创造，如甲公司举证证明了A为某项目的研发负责人，离职后1年内申请的专利与该项目相关，则可以认定A申请的专利为职务发明创造，专利申请权或专利权权属归甲公司所有。即便该发明创造也与A在新单位的本职工作或者分配任务有关，新单位亦不能当然因此对该发明创造享有权利。如果甲公司是在A申请专利阶段发现上述情况的，可以提起专利申请权权属纠纷之诉；如果是在A获得授权之后发现的，可以提起专利权权属纠纷之诉。实际上性质相同，只是根据专利申请的时间顺序采用不同的案由。并且无须证明具体的技术细节，只需证明专利的技术方案与A在甲公司工作期间的任务或者A主要利用的物质技术条件为甲公司所提供的即可。

第四，追究刑事责任问题。无论是专利申请权争议还是专利权权属争议，只能解决权属或赔偿问题，如果甲公司认为此举不能达到惩治A的诉讼目的，则须另寻他径。在专利领域，除在非专利产品上标注专利号或者失效专利号等情节严重的行为可能构成假冒专利罪之外，其他情况一般不会涉及刑事犯罪问题。为此，甲公司应考虑可否以侵犯商业秘密罪向检察机关请求追究A的刑事责任。

第五，披露商业秘密之责任追究难点。甲公司认为A将自己的技术信息不仅披露给第三方使用，还申请专利，造成甲公司商业秘密泄露。如果甲公司的技术信息符合商业秘密“三要件”，A违反保密义务或者违反权利人有关保守商业秘密的要求，披露、使用或者允许他人使用其所掌握的商业秘密，情节严重的，应承担侵犯商业秘密罪的刑事责任。

第六，甲公司应以何种方式主张权利。商业秘密的侵权认定标准为“接触+实质性近似-合法来源”，即如果甲公司可以证明：（1）有商业秘密；（2）第三方的技术或经营信息与甲公司的商业秘密相同或实质相同；（3）A接触过甲公司的商业秘密；（4）第三方对其技术信息不能证明有合法来源，则可认定侵犯商业秘密的行为成立。这里除了秘密性之外最难以证明的为实质性近似，即甲公司所主张的商业秘密与A披露、使用或者允许他人使用其所掌握的技术信息具有“同一性”。如果A披露信息的渠道比较直观，比如说采取邮件、微信发送或者拷贝并保留记录等形式，可以确定具体信息内容的，则较容易证实。如果不是直观的形式，比如说将其在甲公司掌握的技术信息通过自身记忆带到第三方后完整复制的，甲公司则对此难以举证。在不能了解第三方具体技术信息内容的情况下，又没有强有力的刑事介入，同一性问题的举证则成为最大障碍。

如果仅仅以A申请专利的内容作为侵犯商业秘密的具体形式，即便专利技术方案与甲公司的商业秘密存在实质上的近似，因为从离职到发现侵权行为存在时间差，A如果带走了研发相关文件并且已经具备制作研发记录的时间和空间，此时甲公司仅以商业秘密侵权追究责任，而A以专利是其到第三方单位后独立研发并提供相应研发记录作为抗辩，则甲公司除非举证证明A独立研发不属实，证据属于伪造，否则不能达到相应的目的。

三、建议

1. 如果第三方公司使用了A申请的专利，则甲公司可以从专利权属诉讼入手，举证专利文件披露了或者专利技术方案使用了其技术秘密以及技术秘密构成专利技术方案的实质性内容，则甲公司可以享有专利申请或者其他相应专利权利。将专利权属确定后，以其之矛攻其之盾，使第三方公司停止使用专利技术并赔偿相应损失。

2. 因A接触甲公司商业秘密在先，甲公司或报案启动刑事程序或从民事诉讼角度举证证明第三方使用的技术方案与甲公司技术信息构成实质性近似，第三方以技术方案“合法来源”为由的抗辩效果将大大减弱，甲公司举证得当可以达到其目的。

撰稿人：王现辉

第一次判赔数额可否作为惩罚性赔偿的基数

对于再次实施侵权行为的，第一次判赔数额仅是法定赔偿的参考因素，并非惩罚性赔偿的计算基数依据，在司法实践中裁决并没有突破计算基数的规定，但对于重复侵权行为确有参考惩罚性赔偿确定赔偿数额的。

相较于自2021年6月1日生效的《专利法》而言，之前的《专利法》并没有惩罚性赔偿的规定，而现行的《专利法》第七十一条规定的计算惩罚性赔偿的基数也仅仅包括原告实际损失数额、被告违法所得数额或者因侵权所获得的利益，若实际损失数额、违法所得数额、因侵权所获得的利益均难以计算，人民法院依法参照该权利许可使用费的倍数合理确定等，《最高人民法院关于审理侵害知识产权民事案件适用惩罚性赔偿的解释》第五条对此予以明确。可见，若惩罚性赔偿适用的基数无法确定，惩罚性赔偿制度几乎没有适用的空间。

惩罚性赔偿的适用条件包括“故意”和“情节严重”。《北京市高级人民法院关于侵害知识产权及不正当竞争案件确定损害赔偿的指导意见及法定赔偿的裁判标准》指出上述的“故意”一般为直接故意。“情节严重”一般是指被诉行为造成了严重损害后果。再次实施侵权行为显属故意，根据《最高人民法院关于审理侵害知识产权民事案件适用惩罚性赔偿的解释》第四条第二款第（一）项的规定，因侵权被行政处罚或者法院裁判承担责任后，再次实施相同或者类似侵权行为的，人民法院可以认定为情节严重。《北京市高级人民法院关于侵害知识产权及不正当竞争案件确定损害赔偿的指导意见及法定赔偿的裁判标准》同样指出被告或者其控股股东、法定代表人等在生效判决作出后，重复或变相重复实施相同侵权行为或不正当竞争行为的，可以认定为被告具有恶意和情节严重。

在“故意”和“情节严重”条件成就时，若没有上述三种计算基数，而被告再次实施侵权行为时，可否适用惩罚性赔偿呢？

在笔者代理的某车业有限公司与某玩具有限公司侵害外观设计专利权纠纷一案[①]中，在一审判决赔偿金额6万元已执行完毕后，原告再次在某购物网站上发现

---

① 河北省石家庄市中级人民法院（2019）冀01知民初794号。

被告销售被诉侵权产品。再次起诉赔偿数额的认定过程中，原告未能提供实际损失及被告获利证据，法院考虑被告曾因相同侵权行为被判决承担侵权责任，本案系再次侵权所致，其主观恶意程度较为明显，故根据原告涉案专利权的类型，被告的经营方式、规模及主观恶意程度等因素，法院酌定被告赔偿原告经济损失及合理开支的数额共计12万元。

二审法院认定，根据现有证据，无法确定原告的实际损失和被告的侵权获利金额，也无专利许可使用费予以参照，故由一审法院依法酌定赔偿金额并无不当。同时，考虑到被告之前已有侵权行为且有生效判决，主观恶意和过错比较明显，一审法院参照前案赔偿数额判决12万元的赔偿并无明显不当。

本案中，虽然再次实施侵权行为非常明显，但是法院并没有适用惩罚性赔偿制度，而是将再次侵权作为酌定赔偿的重要参考因素，作出相当于第一次二倍赔偿数额的判决。

在某实业有限公司与某电子科技有限公司侵害发明专利权纠纷一案中，一审法院①认定从被告给原告出具的承诺书可知，被告曾侵犯原告涉案发明专利权，原告同意和解后，被告再次生产、销售、许诺销售侵犯原告涉案发明专利产品的行为，主观上系明知，属于重复侵权、恶意侵权。被告不履行承诺书，再次生产、销售、许诺销售侵犯原告涉案专利产品的不诚信行为，严重扰乱了市场秩序，损害了专利权人的权益，若放任这种行为，必然引发更多不诚信行为，应当立即制止和严厉打击。且被告的注册资本高、公司规模大、经营范围广，其侵权行为的损害范围广、影响范围大。综合来看，被告的侵权行为情节严重、后果严重。综上，本案的赔偿数额应当在法定赔偿范围内适用惩罚性赔偿。

二审法院②认定，电子科技有限公司的承诺书系自愿达成，其内容仅涉及私权处分，不涉及社会公共利益、第三人利益，也不存在法律规定的其他无效情形，属于合法有效的约定。电子科技有限公司再次侵权使得双方的约定赔偿条件成就。依最高人民法院和北京市高级人民法院赔偿数额的解释规定，原审中实业有限公司据此提出50万元的赔偿数额，于法有据。

本案中，一审法院仍然没有适用惩罚性赔偿制度，而是认定赔偿数额应当在法定赔偿范围内适用惩罚性赔偿，即法定赔偿惩罚性考量。最高人民法院二审认

① 河南省郑州市中级人民法院（2020）豫01知民初99号。

② 最高人民法院（2020）最高法知民终1010号。

定原审法院关于适用法定赔偿的认定有误，对此予以纠正。

可见，即便2020年修正的《专利法》实施后出现再次实施侵权行为的，第一次判赔数额也仅是法定赔偿的参考因素，而并非惩罚性赔偿的计算基数依据，司法实践中的裁决并没有突破计算基数的规定，但对于重复侵权行为可以参考惩罚性赔偿确定赔偿数额。

撰稿人：王现辉、石素坤

专利侵权行为的认定有哪些要点

提起专利侵权行为的认定，就不得不提及《专利法》第十一条的规定，理解了该条的规定也就基本明白了专利侵权行为及认定侵权行为的方式方法。该条中具体提及了“生产经营目的”“发明和实用新型专利的制造、使用、许诺销售、销售、进口”“外观设计专利的制造、许诺销售、销售、进口”“方法专利”“方法专利延及产品”等内容。如何理解上述规定或者法条背后的司法实践认知，是判定专利侵权行为的关键，下面我们就一一分析专利侵权行为认定的各个关键点。

《专利法》第十一条第一款规定，发明和实用新型专利权被授予后，除本法另有规定的以外，任何单位或者个人未经专利权人许可，都不得实施其专利，即不得为生产经营目的制造、使用、许诺销售、销售、进口其专利产品，或者使用其专利方法以及使用、许诺销售、销售、进口依照该专利方法直接获得的产品。

一、什么是以生产经营为目的

（一）生产经营不能理解为“为营利目的”

对以生产经营为目的的理解曾一度产生过争议，各地司法实践中也有不同的认识，甚至出现过标准不同的判例，不过现在在认识上已经达成了一定的共识。生产，是指工农业生产。经营，是指商业、服务业，也包括一些事业的经营，有以营利为目的的，也有不以营利为目的的，如环境保护、气象预报、道路和航道的维护等。所以“为生产经营目的”不能简单地理解为“为营利目的”。

（二）为促进和实现公共利益而设立的单位所实施的行为是否为“非生产经营目的”

实践中争议较大之处在于为促进和实现公共利益而设立的单位所实施的行为

是否为“非生产经营目的”的理解认识上。一方面对于“制造”“进口”行为而言，为促进和实现公共利益而设立的单位实施的侵权行为是否构成侵犯专利权的争议并不是很大，因为“非营利目的”的“公共利益”主体所从事的制造专利产品的行为，挤占了专利权人的市场，对权利人的损害明显且巨大，因此不应允许其以“非生产经营目的”进行抗辩。而“进口”行为可以类比“制造”行为进行处理。另一方面“许诺销售”和“销售”从性质上说，在通常情况下为营利行为，故以非生产经营目的而实施的许诺销售、销售几乎是不可能存在的；最容易产生误解的在于第三个方面即“使用”性质的认定。同一使用行为，因使用主体不同，的确可能在侵权与否的定性方面存在差别。例如，某品牌的汽车安装有侵权的零部件，个人购买该品牌汽车用于个人及家庭乘用，则属于非生产经营目的使用，而企业购买该品牌汽车用于日常经营使用，则应属于生产经营目的使用。又如，个人购买侵权的日光灯用于家居照明，属于非生产经营目的使用，而工厂购买侵权的日光灯用于办公照明，则属于生产经营目的使用。

实际上，对于以生产经营为目的使用专利产品的主体而言，如果其具有合法来源，且主观上不存在明知或者应知侵权的过错，则其使用专利产品的行为所可能给权利人带来的全部损害，只在于其可能以低于专利产品的价格购买了有关产品，即只要其弥补了专利权人的“使用费”就足以补偿权利人的损失，如果在此情况下还要求使用者停止使用侵权产品，往往会带来巨大的社会资源浪费。如果专利权人同时指控制造者与使用者，那么应当由制造者承担停止侵权及损害赔偿的责任；如果专利权人仅起诉使用者，那么法院可能视情况不判决停止侵权，按照市场价格判决使用者缴纳使用费；如果专利权人此前已经起诉了制造者并获得了赔偿，那么其之后再起诉使用者的，不再予以赔偿；如果专利权人先起诉使用者并获得了使用费，之后再起诉制造者的，那么专利权人在先已经获得的利益，应当在损害赔偿数额的计算中予以扣除。

对此，《最高人民法院关于审理侵犯专利权纠纷案件应用法律若干问题的解释（二）》第二十五条第一款规定：“为生产经营目的使用、许诺销售或者销售不知道是未经专利权人许可而制造并售出的专利侵权产品，且举证证明该产品合法来源的，对于权利人请求停止上述使用、许诺销售、销售行为的主张，人民法院应予支持，但被诉侵权产品的使用者举证证明其已支付该产品的合理对价的除外。”在司法实践中只起诉使用者的情况是很少发生的，“使用”主体能证明产品有合法来源并且举证证明已经支付合理对价的话，是不必承担“停止使用”的法律责任的，相对发明和实用新型专利的制造、许诺销售、销售、进口等多行为而言，追究“使用者”的意义更多在于让其提供其背后的销售者或者制造者。实践中，大部分使用行为都是合理使用，不必承担停止使用的侵权责任。为此，我们可以将为私人利用等非生产经营目的使用他人专利排除在侵害专利权之外。

二、什么是制造行为

制造[①]，在专利法语境下与我们的通常理解不完全一致。

（一）制造发明或者实用新型专利产品，是指权利要求中所记载的产品技术方案被实现

产品发明或者实用新型保护的是有关产品结构的技术方案，并不涉及产品的数量、质量等。制造发明或者实用新型专利产品的行为认定，要看权利要求中所记载的产品技术方案是否“被实现”，即产品的技术特征是否包含了专利权利要求中记载的全部必要技术特征（全面覆盖），或产品与权利要求是否属于以大致相同的方式、实现大致相同的功能、达到大致相同的效果的等同特征（等同原则）。

全面覆盖原则，即全部技术特征覆盖原则，是指如果被控侵权产品包含了专利权利要求中记载的全部技术特征，则落入专利权的保护范围。

等同原则在2001年颁布的《最高人民法院关于审理专利纠纷案件适用法律问题的若干规定》[②]中第一次有正式规定。在中国，适用等同原则有两个条件，一是与权利要求中的技术特征以基本相同的手段、实现基本相同的功能、达到基本相同的效果；二是对本领域的普通技术人员来讲是显而易见的。

首先，对于产品权利要求。产品发明或者实用新型专利保护的是有关产品结构的技术方案。对于以形状、构造及其结合所限定的产品权利要求而言，其保护的仅为产品的结构，可以获得“绝对的”保护。因此，无论以何种制造方法制造的产品，只要该产品落入了权利要求的保护范围，均属于《专利法》第十一条第一款所述的制造行为。

---

①《现代汉语词典》（第七版）释义：“（1）用人工使原材料成为可供使用的物品：～机器｜～化肥。（2）人为地造成某种气氛或局面等（含贬义）：～纠纷｜～紧张气氛。”

② 该司法解释已在2013年、2015年、2020年被修正。

其次，对于以方法限定的产品权利要求，这类权利要求限定了特定的制造方法及该方法所导致的产品的某种特定结构，保护的仍然是产品的特定结构，只是该结构必须由权利要求所限定的方法形成。《最高人民法院关于审理侵犯专利权纠纷案件应用法律若干问题的解释（二）》第十条明确规定："对于权利要求中以制备方法界定产品的技术特征，被诉侵权产品的制备方法与其不相同也不等同的，人民法院应当认定被诉侵权技术方案未落入专利权的保护范围。"因此，只有以权利要求所限定的方法制造的产品，而该产品又落入了权利要求的保护范围，才构成专利产品的制造行为。

再次，专利法意义上将"将部件组装成专利产品的行为"定性为制造行为。此处的行为是指被诉侵权行为人虽不制造相应的部件，但其通过购买等方式将被诉侵权产品的全部部件准备齐全，进而组装成侵犯专利权产品的行为。

最后，专利法将委托加工行为同样定性为制造行为，并规定委托人明知他人实施的行为构成《专利法》第十一条规定的侵犯专利权行为，而委托他人制造或者在产品上标明"监制"等类似参与行为，委托人与受托人构成共同侵权。

（二）制造外观设计专利产品

制造外观设计专利产品，是指专利权人向国务院专利行政部门申请专利时提交的图片或者照片中的该外观专利产品被实现。将外观设计专利产品所涉的部件组装成完整的外观设计专利产品的行为，应当视为外观设计专利产品的制造行为。但需要注意的是，将采用外观设计专利保护的外观设计的产品作为零部件制造另一产品的，其客观上属于使用该外观设计专利产品的行为，一般不应当认定属于本条规定的组装行为或者属于侵犯外观设计专利的其他行为。例如，在童车车轮是外观设计专利产品的情况下，童车生产者将该车轮组装在童车中，这种单纯的组装行为应视为使用外观设计专利产品的行为，而不应当将其认定为构成侵权行为。实践中，对于回收特定外观设计产品，并将其用于包装与其使用的产品相同或相近类别的产品的行为，同样视为产品制造行为。

三、什么是使用行为

使用发明或者实用新型专利产品，是指权利要求所记载的产品技术方案的技术功能得到了应用或者效果得以实现。将侵犯发明或者实用新型专利权的产品作为零部件或中间产品，制造另一产品的，应当认定其属于对专利产品的使用。

对产品外观设计的使用，是指该外观设计产品的功能、技术性能得到了应用，而产品的外观设计在获得专利时，其产品的功能、技术性能是被排除在外观设计专利授权条件之外的。这也是为什么外观设计专利侵权行为不包括使用的原因。

根据《专利法》的规定，并未赋予外观设计专利权人禁止他人使用其外观设计专利产品的权利，不存在使用外观设计专利权的问题。例如，在酒店大堂使用受外观设计专利权保护的大灯的行为，虽然该大灯特有的外观设计会使得该酒店显得更加富丽堂皇，从而有利于招揽住客，但毕竟外观设计专利产品的使用者使用该产品的原因更侧重于其作为物品的自身使用价值，即大灯的照明功能，而外观设计专利权保护的仅是产品特定外观设计的视觉效果，二者存在明显的差异。对于将采用外观设计专利的产品作为其他产品的零部件予以使用并销售的行为可以认定为销售行为，相关行为人可以援引《专利法》第七十七条规定的合法来源抗辩主张不承担相应的赔偿责任。

四、什么是许诺销售行为

在销售侵犯他人专利权的产品行为实际发生前，被诉侵权人作出销售侵犯他人专利权产品意思表示的，构成许诺销售。以做广告、在商店橱窗中陈列、在网络或者在展销会上展出等方式作出销售侵犯他人专利权产品的意思表示的，可以认定为许诺销售。

（一）许诺销售者应具备实际销售的目的

实际销售的目的是许诺销售的主观要件，即许诺销售是为销售目的而向特定或非特定主体作出的愿意销售或将要销售专利产品（包括依照专利方法直接获得的产品）、愿意提供或将要提供专利方法的表示行为。具体来说，许诺销售行为的目的是实际销售。如果行为人确实进行了演示、展览专利产品或专利方法的行为，但目的不是销售而是诋毁有关专利技术等，则构成不正当竞争行为，不属于许诺销售行为。如果根据证据推定侵权行为人不具有主观上的销售目的，也可以排除其侵权可能。

（二）许诺销售的产品处于能够销售的状态

许诺销售行为发生在实际销售行为之前，其目的是实际销售。《专利法》禁止许诺销售的目的在于尽可能早地制止侵权产品的交易，使专利权人在被诉侵权产品扩散之前就有可能制止对其发明创造的侵权利用。因此，被诉侵权人不但应当具有即将销售侵犯专利权产品的明确意思表示，而且在作出该意思表示之时其产品应当处于能够销售的状态。

（三）仅存在许诺销售行为应否承担损害赔偿责任

仅存在许诺销售，是否应承担损害赔偿责任，要看专利权人有无证据支持因许诺销售行为导致实际损失。许诺销售侵犯他人专利权的产品，同样构成侵犯专利权行为。但如果没有证据证明许诺销售侵权行为导致专利权人的实际损失或侵权人的实际获利，且专利权人可能通过其他诉讼获得侵权赔偿的，则该许诺销售侵权人可以不承担损害赔偿责任，但应当支付专利权人为制止侵权所支付的合理开支。

五、什么是销售行为

（一）销售成立的标准

侵权产品销售行为的认定核心问题之一在于，销售行为是自买卖合同订立或生效之日起发生，还是自买卖标的物所有权的实际转移之日起发生？即销售行为的认定应当以销售合同成立、合同生效、合同价款支付完成、标的物交付或者所有权转移中哪一个为标准？

专利法意义上销售行为的认定，需要考虑《专利法》第十一条的立法目的，正确厘定销售行为与许诺销售行为之间的关系，充分保护专利权人的利益。该条规定的立法目的在于清晰界定专利权的权利范围，划定专利权人与社会公众的权利界限，充分保护专利权人的利益。该条规定从行为类型入手，规定发明和实用新型专利的权利人拥有制造、使用、许诺销售、销售和进口五项权能，外观设计专利的权利人拥有制造、许诺销售、销售和进口四项权能。上述权能同时构成专利权人禁止权的范围，是认定侵权行为的重要尺度。为确保专利权权利范围的清晰性，增强可预见性并预防纠纷发生，销售权能或者销售侵权行为的认定标准必须清晰明确、简单易行、可操作性强。同时，为充分保护专利权人的利益，销售行为的认定标准还应当尽可能实现许诺销售行为与销售行为之间的无缝衔接，以便覆盖对专利权人利益产生较大影响的有关交易环节和过程，从而更有效地制止销售侵权行为。关于销售行为是否完成，有人主张应以合同成立或者生效为标准，也有人主张以标的物所有权转移或者合同价款支付为标准。因此，对于销售行为的认定标准，至少存在四种选择：合同成立标准、合同生效标准、合同价款支付完成标准、标的物交付或者所有权转移标准。如果采用标的物交付或者所有权转移标准，则被诉侵权人自合同成立到标的物交付或者所有权转移之前的行为将不构成销售，此段行为将脱离专利权人的权利范围，过分缩小了专利权人的权利空间；而且，标的物交付或者所有权转移必须结合合同具体内容以及履行过程来判断，不仅使得认定标准复杂化，还大大增加了专利权人维权时的取证成本和证明难度。如果采用价款支付完成标准，则被诉侵权人自合同订立到合同价款支付完成之前的行为同样无法构成实际销售，脱离专利权人的权利范围，缩小了权利人的权利空间；而且，合同价款支付涉及合同履行过程，当事人在实践中可能采取分期支付、抵销、债务让与等变相支付方式履行合同，同样会导致认定标准复杂化，增加专利权人维权时的取证成本和证明难度。如果采用合同生效标准，则自合同成立到生效之前的行为同样无法构成销售，会脱离专利权人的权利范围，缩小权利人的权利空间；而且，合同生效是法律对合同效力评价的结果，合同是否发生效力并非完全取决于当事人的意愿，将其作为认定销售行为尤其是销售侵权产品的标准，与作为侵权责任基础的意志自由原则相悖。

如果采用合同成立作为认定销售行为的判断标准，由于合同成立之前当事人以广告、商品展示等方式作出的销售商品的单方意思表示属于许诺销售行为，双方就销售商品的意思表示达成合意属于销售行为，则销售行为与许诺销售行为可以实现密切衔接，使得销售行为与许诺销售行为之间不存在专利权无法覆盖的“空白区”，有利于充分保护专利权人的利益。同时，合同成立是双方当事人就销售商品的意思表示达成合意的事实状态，往往会通过书面合同等材料体现出来，不需要进一步考察合同的具体条款和履行过程，专利权人获取证据和证明销售行为成立更为容易，取证成本和认定成本均较低。因此，销售行为的认定，一般应当以销售合同成立为标准。《最高人民法院关于审理侵犯专利权纠纷案件应用法律若干问题的解释（二）》第十九条规定：“产品买卖合同依法成立的，人民法院应当认定属于专利法第十一条规定的销售。”另外，实践中出现的搭售、赠予或以其他方式转让侵犯专利权产品的所有权，变相获取商业利益的，也属于销售该产品的行为。

（二）将侵权产品作为零部件或中间产品制造和销售

将侵犯发明或者实用新型专利权的产品作为零部件或中间产品，制造另一产品后，销售该另一产品的，应当认定属于对专利产品的销售。但该中间产品在制造过程中的物理化学性能发生实质性变化的除外。将侵犯外观设计专利的产品作为零部件，制造另一产品并销售的，应当认定属于销售外观设计专利产品的行为，但侵犯外观设计专利的产品在另一产品中仅具有技术功能的除外。仅具有技术功能，是指该零部件作为构成最终产品的内部结构之一，在最终产品的正常使用中不产生视觉效果，只具有技术作用和效果。

比如，所述的侵犯专利权的产品是柴油发动机，把该柴油发动机用来制造柴油机车就是对专利产品的使用，销售该柴油机车的行为构成对专利产品的销售。但是，对于化学品的发明专利而言，“一刀切”地将销售该“另一产品”的行为认定为属于“销售”该中间产品的行为，似有不妥。例如，如果侵犯专利权的产品是一种化合物A。将该化合物A用来与另一种化合物B反应制备反应后的产物C的过程是对该化合物A的使用，没有问题。但是，在制备化合物C的过程中，在化合物A与化合物B反应之后，需要注意的是化合物A和B都不存在了，得到的产品是化合物C。化合物C已经难以再现化合物A的相关技术特征，即化合物C中已经不存在侵犯化合物A所涉专利的技术方案，此时销售化合物C的行为无论如何不应当被认定为是销售化合物A的行为。

六、什么是进口行为

进口专利产品，是指将落入产品专利权利要求保护范围的产品、依照专利方法直接获得的产品或者含有外观设计专利的产品在空间上从境外运进境内的行为。进口行为的界定在司法实践中产生争议较少，歧义也较少，此处不再多言。

七、什么是“使用其专利方法”

使用专利方法，是指权利要求记载的专利方法技术方案的每一个步骤均被实现，使用该方法成功与否不影响对是否构成侵犯专利权的认定。

八、什么是“方法专利延及产品”

方法专利延及产品，是指一项方法发明专利权被授予后，任何单位或个人未经专利权人许可，除了不得为生产经营目的使用该专利方法之外，还不得为生产经营目的使用、许诺销售、销售、进口依照该专利方法所直接获得的产品。

首先，“方法专利延及产品”的保护规定仅限于产品制造加工方法。通常而言，方法专利所涉方法大致可以分为三种类型：第一种是制造加工方法，它作用于一定的物品上，其目的在于使之在结构、形状或者物理化学特性上产生变化。第二种是作业方法，这种方法不以改变所涉及物品本身的结构、特性或功能为其目的，而是寻求产生某种技术上的效果，例如测量、检验、采掘、排列、运输、分析，等等。此外，诸如发电、供电、发热、供热、制冷、供暖、通风、照明、辐射、通信、广播、计算等用于实现能量转换或者达到某种非物质性技术效果的方法也属于这一类方法的范畴。第三种是使用方法，即用途发明，它是对某种已知物品的一种新的应用方式，其目的是产生某种技术效果或者社会效果，而不是改变被使用的产品本身。一般而言，作业方法与使用方法并不涉及产生产品的问题。因此，从“方法专利延及产品”规定的字面含义即可知晓该保护仅限于产品制造加工方法。

其次，“方法专利延及产品”的保护仅限于“使用、销售、许诺销售、进口”行为，不涉及“制造”行为。表面上看，“方法专利延及保护”的保护范围较之产品专利的保护范围缺少“制造”行为，但是，实际上制造依照方法专利所获得的产品时，若被诉侵权人未使用涉案的专利方法，即不涉及“方法专利延及产品”的保护问题，此时无须对该行为予以规制；若涉及专利方法，其制造产品的过程即为使用涉案专利方法的过程，此时，使用专利方法的行为已规定为一种独立的侵权行为，此处无须再行重复规定。

再次，“方法专利延及产品”的保护仅限于“使用、销售、许诺销售、进口”

依照专利方法所“直接”获得的产品。“方法专利延及产品”的保护并不要求直接获得的产品必须为“新产品”。曾有观点指出，“依专利方法直接获得的产品”应当是指“新产品”。如果一种方法专利，对它的使用结果是制造出一种旧产品，专利权的保护范围并不能包含这种旧产品，这时只能保护获得专利权的制造方法；而如果专利制造方法可以制造出一种新产品，则对这种方法的保护可以延伸到对新产品的保护。上述观点有失公允，《专利法》之所以提供“方法专利延及产品”的保护，是因为方法专利案件中权利人举证困难、被诉侵权人极易规避侵权等，这是方法专利本身的特性所决定的，与依照方法专利所获得的产品是否为“新产品”并无必然联系。需要注意的是，依照专利方法直接获得的产品，是指将原材料、物品按照方法专利权利要求记载的全部步骤特征进行处理加工，使得原材料、物品在结构上或物理化学性能上产生实质性变化后所获得的原始产品。将上述原始产品进一步加工、处理而获得的后续产品，即以该原始产品作为中间部件或原材料，加工、处理成为其他的后续产品，应当认定属于使用依照该专利方法直接获得的产品。对该后续产品的进一步加工、处理，不属于使用依照该专利方法所直接获得产品的行为。

最后，注意与《专利法》第六十六条规定的“新产品”的区别和联系。《专利法》第六十六条第一款规定：“专利侵权纠纷涉及新产品制造方法的发明专利的，制造同样产品的单位或者个人应当提供其产品制造方法不同于专利方法的证明。”《专利法》第六十六条规定的“新产品”，是指在国内外第一次生产出的产品，该产品与专利申请日之前已有的同类产品相比，在产品的组分、结构或者其质量、性能、功能方面有明显区别。产品或者制造产品的技术方案在专利申请日以前为国内外公众所知的，应当认定该产品不属于专利法规定的新产品。是否属于新产品，应由权利人举证证明。权利人提交证据初步证明该产品属于专利法规定的新产品的，视其尽到举证责任。《专利法》第六十六条规定的同样产品，是指被诉侵权产品与实施新产品制造方法直接得到的原始产品的形状、结构或成分等无实质性差异。是否属于同样产品，应由权利人举证证明。

与产品专利不同，对方法专利的使用一般在产品的制造过程中完成，产品制造过程涉及的生产步骤、具体流程往往只能在生产现场或者查看生产记录才能得知。由于专利权人通常难以接近被诉侵权人的生产现场和生产记录，故难以获取产品制造过程中涉及的生产步骤和具体流程等能够用以证明被诉侵权产品制造方法的证据，而被诉侵权人则完全掌握上述证据，且易于隐匿和销毁。

在涉及方法专利的侵害专利权纠纷案件中，如果不结合具体案情对侵权指控成立的可能性以及双方当事人的举证能力进行分析，只是简单地适用“谁主张，谁举证”的举证分配规则，一律要求专利权人举证证明被诉侵权人生产同样产品的方法步骤，显然不利于案件事实的查明。对此，《民事诉讼法》第六十八条第二款亦规定，人民法院根据当事人的主张和案件审理情况，确定当事人应当提供的证据及其期限。

对于涉及方法专利的侵害专利权纠纷案件，如果涉及新产品制造方法，《专利法》第六十六条第一款及《最高人民法院关于知识产权民事诉讼证据的若干规定》第三条第一款第（一）项均规定由制造同样产品的被诉侵权人对其产品制造方法不同于专利方法承担举证责任。而对于非新产品制造方法发明专利侵权纠纷的举证责任的分配原则应当是在公平和诚实信用的基础上，确保最大限度地查明客观事实。在通常情况下，如果当事人所举证据达到了优势证据原则的要求，就可以认定其完成了举证责任，对待证事实予以确认。对方当事人反驳该证据的，可以提供相反证据或者否定待证事实存在的可能性，此时，法官应综合判断当事人是否提供了优势证据。在专利侵权行为的认定上，应在遵循上述规定的基础上，充分考虑专利权的特点、当事人举证能力以及便于最大化查清事实等因素，合理运用优势证据原则，引导双方当事人积极举证。对于非新产品的方法专利而言，专利权人如果能够证明被诉侵权人制造了同样产品，经尽力举证仍无法证明被诉侵权人确实使用了该专利方法，但根据案件具体情况，结合已知事实及日常生活经验，能够认定该同样产品经由专利方法制造的可能性很大的，则不应要求专利权人承担进一步的举证责任，而由被诉侵权人提供其制造方法不同于专利方法的证据，被诉侵权人拒不举证或举证不能的，可以推定被诉侵权人使用了该专利方法。

对于“方法专利延及产品”而言，如果是新产品的话，权利人应当举证自己的产品是在绝对新颖意义上的“新产品”，并且还要举证被诉侵权产品与自己的“新产品”构成同样产品，在此结果下举证责任发生转移由被诉侵权人举证其使用的方法与方法专利不同，否则构成对方法专利的侵权。对于不属于新产品的方法专利而言，既要证明构成同样产品又要证明被诉侵权方法与方法专利构成相同或者等同，不发生举证责任转移的问题，司法实践中此类案件举证难度极大。为此，《最高人民法院关于知识产权民事诉讼证据的若干规定》第三条规定，专利方法制造的产品不属于新产品的，权利人举证被告制造的产品与使用专利方法制造的产品属于相同产品、被告制造的产品经由专利方法制造的可能性较大、原告为证明被告使用了专利方法尽到合理努力的情况下，人民法院可以要求被告举证证明其产品制造方法不同于专利方法。

通过以上解读，你是不是对专利侵权行为具体的类型及适用要点有更深入的了解了呢？

撰稿人：王现辉

等同特征“基本相同的手段”应怎样认定

在我们的待办案件中，有一案涉及“等同特征‘基本相同的手段’的认定”这一相关争议，故结合团队承办的经典案例——于某与某防腐保温设备有限公司（以下简称某德公司）侵害实用新型专利权纠纷一案，浅析“基本相同的手段”的认定标准。我们希望通过对该案例的分析，实现从实践诉讼的个案到理论专业知识的深层次研究。

于某系名称为“一种自调心式聚氨酯发泡平台”的实用新型专利（以下简称涉案专利）的专利权人，某德公司制造、销售的产品严重影响于某专利产品在市场上的销售。大成泽知知识产权团队接受于某的委托，认真分析后认为某德公司制造、销售的聚氨酯发泡平台构成等同侵权，落入涉案专利权的保护范围，构成对涉案专利权的侵害，故向石家庄市中级人民法院提起诉讼，请求法院依法判令某德公司停止侵权并赔偿权利人经济损失及合理开支。一、二审法院均认定“原告认为构成相同或等同的比对意见本院不予采纳。原告的诉讼请求不予支持，应予驳回”。最高人民法院经再审认为：二审法院在认为两者“达到基本相同的效果”的情况下，却以被诉侵权产品缺少通透开槽及开槽中设置的导向架等部件即认定不构成等同。二审法院应当在查明被诉侵权技术方案是否落入专利权保护范围的基础上判定某德公司是否构成专利侵权。如认定侵权成立，应依法承担民事责任。最高人民法院裁定指令河北省高级人民法院再审本案。河北省高级人民法院于2020年5月20日作出再审判决，认定等同特征成立并支持了原告于某的诉讼请求。

一、法院对等同特征“基本相同的手段”的认定

再审法院认为，关于某德公司是否构成对涉案专利的侵权的问题。《最高人民法院关于审理专利纠纷案件适用法律问题的若干规定》[①]第十七条第二款规

① 本司法解释已于2020年修正，2021年1月1日施行，修正后对等同特征的规定载于第十三条第二款。

定，“等同特征，是指与所记载的技术特征以基本相同的手段，实现基本相同的功能，达到基本相同的效果，并且本领域普通技术人员在被诉侵权行为发生时无需经过创造性劳动就能够联想到的特征”。对于技术特征的划分应以实现某一相对独立功能和效果的最小技术单元作为一项技术特征予以认定，而不能简单地以产品部件进行划分。本案中，专利权利要求1记载的技术特征为：“沿所述上翻转支撑架和所述支撑部径向均开设有多个通透的开槽，每组中至少包括两个所述开槽，每个所述开槽中分别设置一个导向架，位于同一母线上的每组开槽中的所述导向架固定一根位于所述上翻转支撑架和所述支撑部内的夹管方杠，每个所述导向架上分别设置一个用于控制所述导向架从而带动所述夹管方杠接近或远离所述夹克管运动的丝杠升降机。”权利要求1实现的功能是作为方杠径向运动的驱动机构，而被诉侵权产品中实现的功能也是作为方杠径向运动的驱动机构，两者的功能均是作为方杠径向运动的驱动机构，实现的功能基本相同。权利要求1中达到的效果是通过方杠径向运动，实现了对夹克管表面进行校直和校正。而被诉侵权产品也是通过方杠径向运动实现了对夹克管的表面进行校直和校正两者达到的效果基本相同。综上可知，被诉侵权产品的技术特征符合《最高人民法院关于审理专利纠纷案件适用法律问题的若干规定》第十七条第二款规定的等同特征的概念，其落入了涉案专利权利要求1的保护范围，构成等同侵权，故于某主张某德公司的产品侵犯其专利权利成立，原审未认定某德公司构成等同侵权不当，再审法院予以纠正。于某要求某德公司停止制造、销售、许诺销售等侵害其“一种自调心式聚氨酯发泡平台”实用新型专利权的行为，再审法院予以了支持。

二、“无实质性差异”为“基本相同的手段”的认定标准

本案的争议焦点在于被诉侵权产品没有设置“开槽”，而是直接将导向架固定在上翻转支撑架和支撑部上是否属于使用基本相同的技术手段，即本案主要涉及“基本相同的手段”的法律认定问题。根据《专利侵权判定指南（2013）》[①]第四十四条的规定，基本相同的手段，一般是指在被诉侵权行为发生日前专利所属技术领域惯常替换的技术特征以及工作原理基本相同的技术特征。因此《专利侵

① 此处指北京市高级人民法院《专利侵权判定指南（2013）》。

权判定指南（2013）》规定的“基本相同的手段”认定标准为：“惯常替换的技术特征”和“工作原理基本相同的技术特征”。“惯用手段的直接置换”属于《专利审查指南（2010）》[①]规定的专利不具备新颖性的特殊情形之一，因此该标准属于可以认定“基本相同的手段”的诸多情形中比较特殊的情形，“工作原理基本相同”也并非“基本相同的手段”的必要条件，也只是被认定为“基本相同的手段”中的一部分情况，以此两种作为“基本相同的手段”的认定标准，并不具有代表性且可能会出现以偏概全、局限裁判思维的情况，容易对等同侵权的适用范围形成保守的理解，不能充分体现当前加强知识产权司法保护的政策导向。鉴于此，《专利侵权判定指南（2017）》[②]采用“无实质性差异”作为“基本相同的手段”的判断标准。在专利领域中，“无实质性差异”的概念出现在外观设计的近似性判断和现有技术、现有设计抗辩中，是用来解决被诉侵权产品与外观设计并不完全相同时的侵权判定问题，以及被诉侵权产品与现有技术并不完全相同时的现有技术抗辩认定问题。

本案中专利权利要求1的技术手段是导向架设置于开槽中，导向架固定连接夹管方杠，丝杠升降机控制导向架从而带动夹管方杠接近或远离夹克管。而被诉侵权产品的技术手段是丝杆升降机直接连接夹管方杠，带动夹管方杠接近或远离夹克管。两者均是采用丝杠传动的方式，带动夹管方杠的径向运动，采用的技术手段无实质性差异，因此法院判定被诉侵权产品使用了与涉案专利权基本相同的技术手段，进而认定为构成等同侵权。

等同原则的核心在于防止他人盗用专利的发明实质，“基本相同的手段”以“无实质性差异”作为认定标准，判定的对象是已经细化到技术特征的“手段”，而非整体技术方案，这就要求法官在案件审理中注重分析个案因素，区分不同情形，在专利侵权判定中灵活适用等同原则，因此采用“无实质性差异”作为“基本相同的手段”的判断标准更贴合等同原则的立法目的。

三、结语

事实上，本案历时四年，经一审、二审、再审、指令再审并最终胜诉，是本

---

① 中华人民共和国国家知识产权局：《专利审查指南（2010）》，知识产权出版社2019年版。余同。

② 此处指北京市高级人民法院《专利侵权判定指南（2017）》。

团队经办的成功案例之一，团队律师始终以维护当事人的合法利益为己任，维权之路艰难漫长，我们也希望通过回顾该案的诉讼历程自我勉励：法律之路，道阻且长，心中长存律师职业信仰之光，但行好事，莫问前程。

撰稿人：张晓汉

专利侵权比对有哪些原则与误区

很多人都有这样一个误解，认为判定被诉侵权产品是否侵犯他人专利权只需通过将被诉侵权产品与专利产品进行比对就能够确定。同时在我们接待的专利侵权诉讼咨询中，有的当事人主张有专利权证书就不构成侵权。本文从专利侵权比对的对象与判断标准、被诉侵权人主张自有专利时的审查重点和专利侵权比对的基本原则三个方面进行分析，带你走出专利侵权比对的误区。

一、被诉侵权产品与专利产品进行比对属于侵权比对的对象错误

首先，专利权的保护范围不是由专利产品确定的，而是由权利要求的内容确定的。我国专利侵权判定的依据是《专利法》第六十四条第一款："发明或者实用新型专利权的保护范围以其权利要求的内容为准，说明书及附图可以用于解释权利要求的内容。"该条明确规定了，专利保护范围以权利要求书记载的内容为准，而不是由专利产品确定的。专利权人在侵权诉讼程序中据以主张权利的基础是权利要求，侵权判断的标准是被诉侵权技术方案是否落入权利要求的保护范围。因此侵权比对的对象是被诉侵权技术方案与权利要求的技术方案，而不是被诉侵权产品与专利产品。

再者，专利产品仅是专利的具体体现，并不能完全表达专利技术方案的全部内容。专利申请人在获得授权后，其制造或者许可他人制造的专利产品往往与其权利要求保护范围存在一定差别。以专利产品与被诉侵权产品进行比对实质上可能是用专利的实施例与被诉侵权产品进行比对，这样往往会缩小专利权的保护范围，不利于保护专利权人的合法权益。

因此通过将被诉侵权产品与专利产品进行比对不能够得出是否侵权的结论，专利侵权比对的对象是被诉侵权技术方案与涉案专利权利要求的技术方案，侵权判断的标准是被诉侵权技术方案是否落入权利要求的保护范围。

二、被诉侵权人主张自有专利时的审查重点

在我们承办的某起专利权人起诉销售商侵害实用新型专利权纠纷案件中，销售商表示生产商有专利证书，但当我们看到生产商提供的专利证书时发现，销售商出现了专利证书认识错误，因为生产商提供的是外观设计专利证书，并非实用新型专利证书，两者分属不同专利证书类型，不能相提并论，所以我们在此提醒广大销售商对于可能涉嫌专利侵权诉讼的产品，应事先主动审查生产商提供的专利证书的类型，避免陷入不必要的侵权纠纷中。

针对被诉侵权人主张自有专利时应重点审查自有专利与涉案专利申请日的先后顺序，如果被诉侵权人的自有专利公开时间早于涉案专利的申请日，则构成现有技术，可以适用现有技术抗辩；如果为抵触申请，被诉侵权人可以主张适用抵触申请抗辩，或者启动无效宣告程序，申请宣告涉案专利无效；如果该专利申请日晚于涉案专利申请日，则抗辩不能成立，也不能将双方专利产品或者双方专利的权利要求进行比对，而仍应将被诉侵权产品与涉案专利进行比对，只要被诉侵权产品落入涉案专利的保护范围，就构成侵权，即使被诉侵权人实施的是其自有专利的技术方案。在被诉侵权人依据其主张的专利生产的产品落入涉案专利的保护范围的情况下，被诉侵权人主张的专利要么是涉案专利的从属专利，要么与涉案专利属于重复授权。对于重复授权，由于专利法保护申请在先的原则，被诉侵权人的专利无法获得保护；对于从属专利，在未经专利权人许可的情况下实施其技术方案，亦构成侵权。

三、专利侵权比对的基本原则即全面覆盖原则

全面覆盖原则是专利侵权判定中的一个最基本原则，也是首要原则。具体含义是指，在判定被诉侵权技术方案是否落入专利权的保护范围时，应当审查权利人主张的权利要求所记载的全部技术特征，并以权利要求中记载的全部技术特征与被诉侵权技术方案所对应的全部技术特征逐一进行比对。被诉侵权技术方案包含与权利要求记载的全部技术特征相同或者等同的技术特征的，应当认定其落入专利权的保护范围。

举例说明全面覆盖原则：涉案专利的技术方案包含了A、B、C、D四个技术特

征，被诉侵权技术方案仅仅由A、B、C三个技术特征组成，则表明被诉侵权技术方案利用了较少的技术特征实现了专利技术的目的和效果，这是一种技术的创新，比专利技术更先进，显然不能被视为侵权。反之，被诉侵权技术方案由A、B、C、D、E五个技术特征组成，被诉侵权技术方案包含涉案专利技术方案的全部技术特征，应认定被诉侵权技术方案落入涉案专利权的保护范围，构成侵权。

全面覆盖原则是专利侵权判定最基本的原则，是经过多年司法实践探索、否定多余指定原则之后提出的侵权比对原则。根据该原则，被诉侵权技术方案必须全面覆盖原告主张的权利要求的全部技术特征，才落入该权利要求的保护范围。无论是相同侵权的认定，还是等同侵权的认定，都应当贯彻全面覆盖原则。

四、结语

常言道："知己知彼，百战不殆。"只有明确专利侵权比对的对象与判断标准、被诉侵权人主张自有专利时的审查重点以及了解专利侵权比对的基本原则，才能避免步入专利侵权比对的误区，有效维护自己的合法权益。

撰稿人：张晓汉

被告的“合法来源抗辩”成立吗

在专利侵权诉讼中，被告常以“不知道是未经专利权人许可而制造并售出的专利产品或者依照专利方法直接获得的产品”为由进行抗辩，业内称为“合法来源抗辩”，又称“合理来源抗辩”，在学理上又叫作“损害赔偿责任的免除”。

一、合法来源抗辩成立的构成要件

《专利法》第七十七条规定，为生产经营目的销售不知道是未经专利权人许可而制造并售出的专利侵权产品，能证明该产品合法来源的，不承担赔偿责任。据此，合法来源抗辩成立应当满足两个构成要件：第一，销售者主观上不知道其所销售的产品系专利侵权产品；第二，销售者所销售的专利侵权产品具有合法来源。

可见，在侵害专利权纠纷中，销售者合法来源抗辩能否成立，需要同时满足“被诉侵权产品具有合法来源”这一客观要件和“销售者无主观过错”这一主观要件，即被诉侵权产品的销售者免除赔偿责任的前提，一是从主观上讲，销售者不知道是未经专利权人许可而使用专利侵权产品；二是从客观上讲，销售者能证明该产品有合法来源，二者缺一不可。具体而言，被诉侵权产品具有合法来源是指销售者通过合法的进货渠道、正常的买卖合同等一般商业方式取得所售产品。对于客观要件，销售者应当提供符合交易习惯的相关证据，提供明确的可供主张的上游供应商。对于主观要件，销售者应证明其实际不知道且不应当知道其所售产品系制造者未经专利权人许可而制造并售出。上述两个要件相互联系。如果该销售者能够证明其遵从合法、正常的市场交易规则，取得所售产品的来源清晰、渠道合法、价格合理，其销售行为符合诚信原则、合乎交易惯例，则可推定该销售者实际不知道且不应当知道其所销售产品系制造者未经专利权人许可而制造并售出，即推定该销售者无主观过错。

二、销售者合法来源抗辩成立时权利人维权合理开支的承担

关于这一问题，最高人民法院在一典型案例[①]中指出，合法来源抗辩仅是免除赔偿责任的抗辩，而非不侵权抗辩。合法来源抗辩成立，并不改变销售侵权产品这一行为的侵权性质，而维权合理开支系基于侵权行为而发生，故在合法来源抗辩成立的情况下，权利人为获得停止侵权救济的合理开支仍应得到支持。

三、合法来源抗辩的客观要件

对于“合法来源”的认定通常需要考虑三个要素：一是是否具有合法的进货渠道；二是是否支付了合理的对价；三是是否具有相应的票据支持。

然而，对于“合法来源”的认定“一刀切式”地参照上述相对严格的标准，明显与我国目前的经济发展水平以及错综复杂的市场交易实际难以契合。目前，我国存在大量的小商品交易市场，其对于促进我国就业水平的提高及繁荣市场发挥了不可或缺的作用。在小商品市场的交易环境下，基于传统的信赖交易模式，交易双方为交易便捷性通常会省略订立书面合同的步骤，并以现金的方式进行结算。因此，小商品市场交易环境下的被诉侵权行为人通常难以提交诸如买卖合同、资金往来记录、交易发票等相对客观的、可以由第三方予以佐证的证据。但是，如果对“合法来源”的审查过于宽松，如仅凭当事人陈述即认定“合法来源”抗辩成立，则可能放任专利侵权行为，同时难以获得“制造商”的真实信息，而难以打击侵权源头，进而难以实现《专利法》第七十七条的立法目的。因此，在判断上述“合法来源”三要素是否满足时，应充分发挥法院的司法能动性，结合个案的具体情况准确把握“宽严标准”之间的平衡。首先，对于“合法进货渠道”，应该根据商业流通规律、惯例来理解，在个案中秉持实事求是的态度加以处理，而不宜机械地限于法律明确规定的“合法进货渠道”。例如，对于小商品交易市场商品价值相对较低且适合现金交易的商品（如服装上使用的五金装饰件、学生使用的铅笔等文具），或者按照惯例通过“送货上门”购买的产品（如餐饮企业所使用的食用油、调味品等常用的消耗品），是否属于“合法进货渠道”的范畴，需要

① 最高人民法院（2019）最高法知民终25号。

根据个案的具体情况判断。其次，“合理的价格”，一般是指购买产品的合理对价。该对价是否“合理”应结合交易时的市场行情、销售淡旺季、交易习惯等具体因素予以确定，而非严格按照专利产品的正价予以判断。最后，“相关票据”应作相对广义的理解，应结合产品特点和交易惯例等因素予以综合判断，而不宜限于购销合同、正式发票等正式的票据。

但是，所谓合法来源的证据，需要指向一个明确、具体、可验证真实的上游供货商。在（2019）最高法知民终631号案件中，被上诉人某哲公司提交微信聊天记录、朋友圈信息、微信转账记录、出货单等证据，用以证明其合法来源抗辩主张成立。对此法院认为，根据已查明事实可知，首先，本案中被诉侵权商品及其外包装上，没有任何生产厂家或者经销商的标识，应属“三无产品”，无法认定某哲公司声称的供货商所提供的商品即是被诉侵权商品。虽然被诉侵权产品系“三无产品”，并非合法来源抗辩是否成立的充分条件，亦非必要条件，但其可以作为认定销售商是否尽到合理注意义务的考虑因素之一。其次，某哲公司提交的证据，出货单主体与微信交易主体不一致，且无法显示其所声称的被诉侵权商品的供货商的完整名称，没有指向一个明确具体的供货商，无法找到在法律上能够承担责任的主体。因此，其所提交的微信聊天记录、朋友圈信息、微信转账记录、出货单等证据，即便能够证明其并非被诉侵权产品的制造商，但在被诉侵权产品属于“三无产品”的情况下，某哲公司尚不能提交证据证明明确的可供主张的上游供货商，致使专利权人某盛公司无法继续主张权利。因此，本案中某哲公司提交的证据，尚不能证明其销售的被诉侵权产品具有合法来源。

合法来源抗辩设立的初衷，一方面是从公平原则出发，让销售商在无过错的情况下能够免除赔偿责任；另一方面，更为重要的目的在于督促侵权商品销售商完善进货渠道管理，在诉讼中向专利权人披露上游供货商，以便专利权人逐级向上游供货商主张责任，最终找到并打击侵权商品的生产源头，从根本上消灭侵权现象，维护专利权人的利益，鼓励创新，从而推动整个社会的发展与进步。

四、合法来源抗辩的主观要件

最高人民法院在某一典型案例[①]中指出，如果销售者能够证明其遵从合法、正

① 最高人民法院（2019）最高法知民终118号。

常的市场交易规则，所售产品来源清晰、渠道合法、价格合理，其销售行为符合诚信原则、合乎交易惯例，则可推定其无主观过错。此时，应由权利人提供相反证据。在权利人未进一步提供足以推翻上述推定的相反证据的情况下，应当认定销售者合法来源抗辩成立。

五、销售“三无产品”能提供合法来源能否免责?

观点一：销售“三无产品”能提供合法来源不能免责。在江西省高级人民法院（2019）赣民终161号案件中，法院认为，易某平经营的专营店办理了个体工商户营业执照，专营店所在地属于经营场所，说明易某平是涉案自拍杆的销售者。根据《产品质量法》第二十七条第一款的规定，产品或者其包装上的标识必须真实，并符合下列要求：（一）有产品质量检验合格证明；（二）有中文标明的产品名称、生产厂厂名和厂址……可知，产品或其包装上必须有产品质量检验合格证明、生产厂厂名和厂址等，而涉案自拍杆或其包装上无产品检验合格证明，也未标注生产厂厂名和厂址等。作为销售者的易某平对其经营的产品有较高的注意义务，其收到从某购物网站上购买的涉案自拍杆后，理应发现自拍杆无产品检验合格证明、无生产厂厂名和厂址。这种“三无产品”不符合产品质量法的要求，不可以在市场上流通，而易某平却将涉案自拍杆对外销售，无法让人推断出其不知道涉案自拍杆为侵权产品。故易某平的主张不符合合法来源规则的采信条件，不属于合法来源抗辩的事由，应当承担赔偿责任。

观点二：“三无产品”，并非合法来源抗辩是否成立的充分条件，亦非必要条件，但其可以作为认定销售商是否尽到合理注意义务的考虑因素之一。

在前述（2019）最高法知民终631号案件中，因被诉侵权产品系“三无产品”导致无法认定被上诉人某哲公司声称的供货商所提供的商品即是被诉侵权商品，最终导致合法来源抗辩未成功。

最高人民法院在（2019）最高法知民终417号案件中指出，合法来源抗辩的主观要件是“不知道，是指实际不知道且不应当知道”。专利侵权具有复杂性，判断销售者是否实际不知道且不应当知道所销售的产品系专利侵权产品时，需要综合考虑销售者的主体资质、经营规模、是否受到侵权警告、产品标的物本身的特点等因素。其中，产品标的物本身的特点，包括销售者所销售的产品属于违反产品质量法关于应在产品上标示相关生产者信息的强制性规定即所谓的“三无产品”，仅是需要考量的因素之一，亦不能由此直接得出销售者明知或应知该产品属于专利侵权产品，进而得出销售者存在知道所销售的是专利侵权产品之主观过错的认定结论。本案中，被告某超市仅为经营日常生活用品的个体工商户，处于市场流通环节的末端，且涉案侵权产品属于日常生活中司空见惯的廉价打火机。因此，要求某超市在采购和对外销售涉案侵权产品时，知道或应当知道该产品可能实施了某曼公司的涉案专利技术方案，进而应当自觉履行避免侵害他人专利权的注意义务，于某超市而言未免过于严苛。原审法院仅以“某超市作为经营涉案被诉侵权商品的专业机构，有识别该商品为专利侵权产品且为‘三无产品’的能力，但其在经营管理活动中，从不正当进货渠道购进的产品为侵权产品且为‘三无产品’，进货手续不完备，违反了销售者对其销售的商品应负的最低必要注意义务”为由，认为某超市关于其不知道所销售的产品为侵犯涉案专利权的侵权产品的主张不能成立，该认定有失严谨，最高人民法院予以纠正。

可见，关于销售“三无产品”能提供合法来源能否免责的问题尚有争议，人民法院在认定此问题时也有不同观点。

撰稿人：李洪磊

自拍杆专利凭什么在多起诉讼中“屹立不倒”

“一体式自拍杆”在专利界创造了多个纪录：被提起专利无效宣告20余次仍屹立不倒，提起维权诉讼千余次仍无往不胜。

自拍杆算得上是风靡世界的自拍神器，现在无论是朋友聚会还是外出旅游，自拍杆必不可少，这项“自拍神器”专利来自某盛塑胶电子有限公司（以下简称某盛公司），该公司打破了“分体式自拍杆”的限制，研发了“一体式自拍杆”，在2014年9月11日向国家知识产权局专利局申请名称为“一种一体式自拍装置”的实用新型专利，专利号为ZL20142052××××.0，于2015年1月21日获得授权，该专利荣获第20届中国专利金奖。

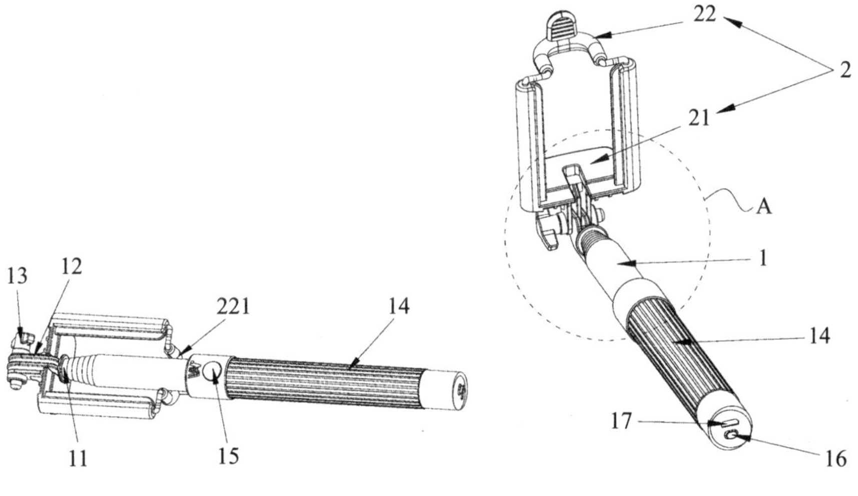

图1-2　一体式自拍杆结构示意图

这个自拍杆专利的精妙之处在于将手机夹置台折弯后可将伸缩杆容置其内。正是因为这一精妙“折弯”，使得自拍杆无须临时组装，占用空间小，便于携带、实用、经济，高效解决了爱自拍但手不够长的难题，受众极广。

因自拍杆市场广阔，技术门槛不高，造成市场上各类侵权仿制品层出不穷。据了解，自拍杆市场售价在20元左右，截至2021年3月在天眼查检索数据显示，某盛公司通过该专利起诉全国各地自拍杆生产商及销售商达到5200多家，并以胜诉或和解的方式获得赔偿金。于是，某盛公司面临着众多被告的专利无效“车轮战”。业界曾有这样一句话：“没有无效不了的专利，如果有，那就再来一次。”可是经过20余次的专利无效挑战之后，该专利依然屹立不倒。

缘何小小的自拍杆，价格便宜，但也能持续为公司带来大量收入呢？

首先，产品研发后第一时间申请专利，以公开换保护，提前进行了专利布局。对于自主研发的产品，你不申请，不代表竞争对手不申请、供应商不申请，这些竞争对手或供应商申请后反过来限制你。在一体式自拍杆的设计成型后，某盛公司第一时间就联系了专利代理机构申请该产品的专利，在专利申请过程中，通过专利代理人和某盛公司专利发明人的紧密配合与布局，快速取得了一体式自拍杆的专利权。

其次，选择专业可靠的专利代理机构。专利代理人的工作不是只为获取专利授权，更要把控专利质量，商场如战场，专利就是企业竞争的工具，专利稳定性一旦出现问题，根本无法和对手进行实质性竞争。一个完整的专利工作流程包含了前期的专利挖掘、专利检索和专利布局，中期的专利申请与专利答审，后期的专利无效和专利诉讼。这一流程非常考验专利代理人的综合能力，代理人既要懂技术、会撰写，还要明法条。

最后，有效衡量了专利的技术价值和法律价值。其实，一项专利如果技术不扎实，是很容易被无效掉的。这个一体式自拍杆专利，是不折不扣的高价值专利。技术价值是专利价值的核心，如果一项专利的技术不扎实，不但很容易被竞争对手无效掉，而且还非常容易被新技术所代替。专利的法律价值体现在专利的排他性，专利权利的法律保护坚实程度是专利技术实现其真正价值的保障。为此，某盛公司委托律师团队在全国范围内开展了大规模诉讼维权，维权确实会带来大量人力物力支出，但支付这些成本远比将专利锁在抽屉里有意义。

对于高质量的专利，官方认可的方式是颁发各种荣誉，比如这项自拍杆的专利荣获了第20届中国专利金奖，而市场上泛滥的侵权产品也变相代表了一种认可。所以千万不要小看“小专利”，专利若有高价值，一定能为企业的发展保驾护航。哪怕只是小小的自拍杆，也能为企业创造上亿元的收入，因此任何一项专利，只要是核心的发明创造，就应该及时申请保护，提前进行专利布局，平衡专利保护范围与技术贡献之间的关系。

撰稿人：张晓汉

专利侵权被告应进行哪些准备

一、阅读原告起诉材料，获取重要信息

1. 涉案专利类型

涉案专利属于发明、实用新型，还是外观设计，不同类型专利的抗辩思路有一定差异。发明专利稳定性强，专利无效宣告成功的可能性较低。实用新型和外观设计未经过实质审查，提出无效宣告的成功概率较高。侵权行为的类型不完全相同，外观设计不存在使用侵权。发明专利的法定赔偿额一般高于实用新型和外观设计。

2. 三大类证据是否齐全

专利侵权案件证据一般分三个部分，第一是权属证据，主要为专利证书、专利登记簿副本、专利权评价报告等。第二是侵权行为证据，即被告制造、销售、使用侵权产品的证据。第三是赔偿数额证据，如原告因被侵权受到损失额、被告因侵权获利额、原告维权支出的合理费用。第一、二部分证据必不可少，在第三部分证据举证不能的情况下，法院一般选用法定赔偿方式。

3. 被告在案件中的身份

专利侵权行为主体主要有制造者、销售者、许诺销售者、使用者、进口者，不同主体承担的侵权责任大不相同，如销售者和使用者提供产品合法来源的只承担侵权责任但不承担赔偿责任。另外，有些被告主要是原告为方便选择管辖法院和形成证据连结点而有意选择。

二、权属类证据审查

在通常情况下，这类证据一般不会有差错，即使有小瑕疵，通常也可在举证期限内补强，但也要重点关注专利证书和专利登记簿副本记载的专利权人是否与原告完全相符，在多个权利人的情况下，是否为共同起诉或其他主体放弃诉讼或授权诉讼，普通实施许可的被许可人是否有权进行诉讼维权等。在国家知识产权

局检索该专利是否经历无效宣告程序，若有审查决定，则专利权的保护范围应以无效决定记载的维持专利权有效的那部分权利范围进行主张。

三、侵权行为证据是否取证成功

专利案件侵权大多比较隐蔽，且法院对证据要求较高，绝大部分专利案件都需要经过公证证据保全的方式进行取证，客户自行购买或者到侵权企业拍照摄影的证据即便是真实的，也可能不会被法院采纳。

取证的关键在于发明和实用新型案件要取得其权利要求书记载的全部技术特征的产品或工艺方法，缺一个特征则面临败诉的风险。外观设计需要依据图片或照片作为比对标准对照被诉侵权设计。比对一般会成为法庭中重要的一个环节，实践中是否所有案件均需要提供侵权产品的实物才能在庭审中进行侵权比对呢？答案是大部分案件需要提供实物，但也有例外情况。即被诉侵权产品的图片能全面再现发明或实用新型的所有技术特征，或者能再现外观设计的所有设计内容，如某些购物网站上销售的商品公开的图片非常详细，则有些情况下可以不用提供侵权实物。

四、赔偿依据证据

损害赔偿额确定的主要依据有原告损失、被告获利、专利许可费倍数、法定赔偿、酌定赔偿等。对于这类证据的审查，主要围绕计算方法是否科学合理、证据的关联程度是否密切展开研究。目前大部分案件会选择法定赔偿，每个法院内部一般都有针对各种情况下不同类型的专利的法定赔偿数额的裁量标准，一般不会超过这个标准范围，可以通过检索在先的判决书来参考和预计可能的判赔金额。

五、进行侵权比对

进行侵权比对，以判断被诉侵权产品是否落入涉案专利权利要求的保护范围。如何判断是否侵权呢？

发明和实用新型不仅应遵循全面覆盖原则（相同侵权、等同侵权），还需要结合禁止反悔原则、捐献原则、权利要求是否清楚等作出全面判断。在进行侵权判断时，要充分考虑技术特征的划分方法，不同的划分方法对于比对的结果有时会产生重要影响。

外观设计遵循产品相同或类似，外观设计相同或相似原则。比对是将侵权产品与专利比，而不要进入将侵权产品与原告产品进行比较的误区，因为有时候原告产品相比原告专利已经更新换代很多次了。

在判断外观设计是否近似时，还要充分考虑产品的设计空间大小、现有设计的内容和发展水平，以及外观设计的创新设计要素（区别设计特征）等，而不能简单地靠观察来判断是否构成侵权，也不能按照商标的混淆理论来进行判断。

六、被告抗辩方向

形式上落入专利权保护范围不必然构成专利侵权，还需要考虑被告的抗辩理由是否成立。主要抗辩理由如下。

1. 专利权不稳定，为无效专利

因专利不符合专利法要求的实质要求但又被授予专利权，被告可以提起无效宣告程序，请求宣告该专利无效，专利无效后该专利视为自始不存在，无效理由目前主要集中在创造性低、新颖性弱、实用性差、公开不充分、权利要求未得到说明书支持、权利要求不清楚、修改超范围等。

2. 现有技术或现有设计抗辩

能证明被诉侵权产品使用的是现有技术或现有设计，现有技术或现有设计一般包括公开出版物（多为在先国内外专利技术），以及使用公开的现有技术或现有设计。由于网络购物的兴起，现在越来越多的网络在先销售记录已作为公开的现有技术或现有设计。

3. 合法来源抗辩

销售者、使用者不知道为侵权产品且提供合法来源的，承担停止侵权但不赔偿的民事责任。

撰稿人：李洪磊

在社交平台上发布的产品图片是否构成专利法上的公开

《专利审查指南（2017）》[①]第二部分第三章“新颖性”对“现有技术”的规定为“应当是在申请日以前公众能够得知的技术内容”。

一、微信公众号发布的产品图片是否构成专利法意义上的公开

微信公众号是一个开放的应用平台，利用其平台可以进行各种自媒体活动，简单来说就是进行一对多的媒体性行为活动，如商家申请微信公众号后，通过二次开发展示商家微官网、微会员、微推送、微支付、微活动、微报名、微分享、微名片等，这已经成为一种常见的线上线下互动营销方式。

那么，在微信公众号中发布的产品图片，是否可以构成专利法意义上的公开，司法实践中又是如何认定的呢？

（一）法院裁判

在杭州市中级人民法院（2020）浙01民初1794号案件中，某升公司提供了微信公众号中“浙江某群家具有限公司”所发布的图片，其上传时间早于案涉专利申请日，可作为现有设计进行比对。原告某阔公司提出其经营模式为先将产品图片在微信公众号发布或进行展会展览，测试市场反应后再进行专利申请，且微信公众号宣传途径有限，未达到为国内外公众所知的程度。法院认为，微信系互联网社交软件，在微信公众号发布产品设计，足以达到为不特定公众所知的程度。综上，某升公司的现有设计抗辩成立，其不构成对某阔公司案涉专利权的侵犯。

① 新修改的《专利审查指南》，于2021年1月15日起施行。

（二）律师观点

根据《专利审查指南》（2017年版）关于新颖性的记载，破坏新颖性的公开是指在申请日以前处于能够为公众获得的状态。而微信公众号是一个开放的平台，无论是否关注，都可以查看其中的文章。从上述案例也可以知道，只要达到“公众想得知就能得知”或“为不特定公众所知的程度”的状态即可。因此，微信公众号公开的内容可以构成现有设计。

二、微信朋友圈发布的产品图片是否构成专利法意义上的公开

微信朋友圈指的是腾讯微信上的一款社交功能，用户可以通过朋友圈发表文字和图片，同时可通过其他软件将文章或者音乐分享到朋友圈。用户可以对好友新发的照片进行“评论”或“点赞”，用户只能看相同好友的评论或赞，而且通过设置，可以让朋友圈仅三天可见，或者不让特定好友看自己的朋友圈，因此具有一定的隐私性，与微信公众号有较大的区别。

那是不是可以认定微信公众号是面向不特定的公众，而微信朋友圈就是面向特定的公众，从而发布到微信朋友圈的内容就不构成专利法意义上的公开？答案不是确定的，我们来看两个案子。

（一）法院裁判

1.认为不构成现有设计。广东省高级人民法院（2020）粤民终2308号案件中，一审法院认为《专利法》第二十三条所规定的“为公众所知”，是指不特定的公众能够获得并知悉现有设计的状态。首先，微信用户在朋友圈发布的内容，并非对所有网络用户公开，其内容仅该微信用户的好友可见，其他人无法通过关键词在网络平台上进行检索查阅。其次，即使对于微信好友，微信用户也可以通过相关设置，使部分好友或全部好友无法阅读其发布的朋友圈信息。本案中，某轩家具厂、邵某依照现有的证据材料无法证明“方某”在2018年7月11日发布比对设计的图片时，其当时朋友圈权限是否为向所有朋友开放。因此，微信朋友圈即使传播速度较快，但其根本上仍然有区别于对不特定用户公开的产品，具有一定的私密性，某轩家具厂、邵某提供的微信朋友圈照片，不能作为现有设计的比对文件。故对该项现有设计抗辩，一审法院不予支持。

2. 认为构成现有设计。浙江省高级人民法院（2020）浙民终799号案件中，法院指出，该微信朋友圈中多处出现“欢迎砸单”“来图来样定制”“单人双人三人，颜色可定制”“展会期间特价”等信息，表明该微信用户在微信朋友圈发布包括涉案茶几在内商品的目的就是通过朋友圈推销其产品。结合上述公证取证时从该用户个人相册中能够搜索到一年多以前的相关照片的情况来看，该用户对允许朋友查看朋友圈的范围和时间并未作出特别限定。某森公司主张用于现有设计抗辩比对的茶几照片系该微信用户于2018年3月20日在微信朋友圈个人相册中所发布，处于公众想获取就能获取的状态。该茶几照片在上述微信朋友圈中展示构成专利法意义上的公开，且公开时间早于涉案专利申请日，故可以作为现有设计抗辩比对文件。

（二）律师观点

以上两个案例对朋友圈发表的图片是否构成向不特定公众公开的结论虽然相反，但经过对比可以发现，在一般情况下，微信朋友圈因为属性和权限设置具有私密性，通常不会被认定为构成现有设计，但如果有相反证据，证明朋友圈发布信息时的权限是向所有朋友开放，或者该微信无须通过验证即能成为好友，任何人都能看到朋友圈信息，那就可以认定为构成现有设计。

三、QQ空间发布的产品图片是否构成专利法意义上的公开

（一）法院裁判

1. 认为不构成现有设计。广东省高级人民法院（2020）粤民终1660号案件中，法院认为：QQ号码属个人隐私，社会公众非经同意一般难以获得，且获得号码后仍然需要获得相应的权限才可以访问他人的QQ空间照片，权限设置不同，公开的程度也不同，对比设计的“公开”程度亦不同，且QQ空间的权限设置随时可以更改。某科公司未举证证明该QQ空间在涉案专利申请日以前的使用者、权限设置等情况，因此，本案中，现有证据不足以证明QQ空间所涉及的照片在涉案专利申请日前处于能够为一般公众所能获得的状态，无法确定比对设计在涉案专利申请日以前是否为公众所知，故该图片无法作为本案现有设计比对文件。

2. 认为构成现有设计。广东省高级人民法院在（2020）粤民终1449号案件中指出，根据17××号公证书记载，在公证之时登录QQ后可直接查看QQ用户“佛

山某达五金”的空间内容，无须互为好友，按一般常理，用户“佛山某达五金”在其空间内发布的有关产品内容理应向一般公众公开。在无相反证据的情况下，根据上述事实可以推定相关图片在发布之时即已向一般公众公开。同时，QQ空间为第三方公司发布的软件，空间内显示的内容发布时间为系统自动生成，使用者不可随意更改，因此某铟公司主张的现有设计比对文件在该QQ空间内显示的发布日期可认定为实际公开日期。17××号公证书记载该现有设计对比文件的公开日期为2016年9月13日，早于涉案专利申请日2016年9月27日，能够作为本案的现有设计进行比对。

（二）律师观点

QQ空间的情况与微信朋友圈类似，司法实践中同样出现了多个相反案例。QQ空间兼具公开性和私密性的双重特点，且QQ号码属个人隐私，社会公众非经同意一般难以获得，即使获得号码后仍然需要获得相应的权限才可以访问他人的QQ空间照片，权限设置不同，公开的程度也不同，且QQ空间的权限设置随时可以更改，因此，需结合个案情况综合认定。在一般情况下，如果QQ空间既有个人资料又有业务资料，则需要证明在发布时QQ空间是否处于公开状态。如果该QQ空间本身就是为了业务宣传，系用来推广、销售其产品的网上平台，那就肯定具有公开性了。

综上，根据微信公众号、微信朋友圈、QQ空间的特性，微信公众号的内容能够被认定为构成现有设计，可以构成专利法意义上的公开；而微信朋友圈和QQ空间因为兼具公开性和私密性的特点，能否被认定为构成现有设计或是否可以构成专利法意义上的公开，则需要根据微信朋友圈和QQ空间发布信息的内容、发布信息时的公开状态以及该微信朋友圈和QQ空间整体使用状态等属性来进行判断，无法得出唯一结论，需要具体问题具体分析。

撰稿人：李洪磊

共享充电宝行业的“核心武器”是什么

共享充电宝是一个重资产的行业，专利侵权案一旦被判败诉，前期投入的产品通通需要下架，这就意味着前期的投入也打了水漂，市场占有率也会由于产品的下架进一步缩小，企业核心竞争力进一步下降。

共享充电宝行业兴起于2017年，因共享充电宝的市场容量较小，面临着激烈的市场竞争，毕竟同一个地方没必要同时安装两台不同品牌的共享充电宝机柜。在资本势均力敌的情况下，专利是打击竞争对手的最佳武器，只要一方被判决专利侵权，产品就会下架，公司业务将会停摆。

一、案例导入

2015年10月28日，甲科技公司向国家知识产权局申请了名称为“移动电源租用设备及充电夹紧装置”（以下简称涉案专利）的实用新型专利，并于2016年4月20日获得授权，专利号为ZL20152084××××.1。该专利缴纳了年费，处于合法有效状态。甲科技公司起诉乙科技公司侵害其实用新型专利权，某市中级人民法院经审理后认定被诉侵权产品落入诉请保护的权利要求范围，判决乙科技公司立即停止制造侵害涉案专利权的行为，赔偿甲科技公司经济损失及合理支出共计100万元，乙科技公司不服一审判决，向最高人民法院提起上诉，最高人民法院经审理后二审判决驳回上诉，维持原判。

二、被控侵权产品是否落入涉案专利权保护范围的判定

关于被诉侵权产品是否落入涉案专利权的保护范围，双方主要争议在于被诉侵权产品中是否具有涉案专利权利要求2中的“电磁铁与充电移动电源适配夹紧”技术特征。乙科技公司认为，权利要求2中的“适配夹紧”应当被解释为电磁铁与移动电源之间紧密配合以防止松脱并实现充电。被诉侵权产品中电磁铁的轴与

移动电源上的孔之间存在间隙，电磁铁与充电移动电源并未紧密配合，未直接作用于移动电源压紧，它们之间的配合关系不能保证始终处于可以充电的接触状态。因而不具备权利要求2限定的“一种充电夹紧装置”“该电磁铁与充电移动电源适配夹紧”的技术特征。甲科技公司则认为，权利要求2中的“适配夹紧”指的是防止移动电源被取出从而需要电磁铁插入适配孔，进而实现移动电源的适配夹紧。被诉侵权技术方案中设有电磁铁，且电磁铁的轴可以插入电源上的适配孔，轴与电源平面呈垂直状态，因电磁铁的轴插入适配孔使得移动电源不能被人为取出，从而起到锁定移动电源、防止移动电源松脱的作用。因此，判断被诉侵权产品是否落入涉案专利权的保护范围的前提，在于如何解释“适配夹紧”在涉案专利整体技术方案中的含义。

《专利法》第六十四条第一款规定，发明或者实用新型专利权的保护范围以其权利要求的内容为准，说明书及附图可以用于解释权利要求的内容。《最高人民法院关于审理侵犯专利权纠纷案件应用法律若干问题的解释（二）》[①]第五条规定，在人民法院确定专利权的保护范围时，独立权利要求的前序部分、特征部分以及从属权利要求的引用部分、限定部分记载的技术特征均有限定作用。主题名称是对专利技术方案的命名，用来确定专利技术方案所属领域。在确定权利要求的保护范围时，权利要求记载的主题名称应当予以考虑。涉案专利权利要求1请求保护一种充电夹紧装置，其特征部分限定“该电磁铁与充电移动电源适配夹紧，该移动电源上设有适配孔”。权利要求2进一步限定“该电磁铁的轴与移动电源插入方向垂直，移动电源上的适配孔是设置在表面的与该电磁铁的轴相应的沉孔”，作为权利要求2的可替换实施方式，权利要求4在权利要求1限定的基础上，进一步限定该充电夹紧装置进一步包括夹紧臂，该电磁铁连接夹紧臂，通过电磁铁推动夹紧臂来夹紧移动电源。另根据说明书的记载，电磁铁的轴与移动电源上的适配孔夹紧并锁紧，直接技术效果是有效防止松脱。根据涉案专利权利要求之间的引用关系，结合涉案专利说明书及附图具体实施方式记载，可以认定涉案专利权利要求1、2、4是对两种夹紧充电移动电源技术方案的限定和描述，而其余权利要求也均未记载如何通过电磁铁与移动电源适配夹紧来实现对移动电源的充电。因此，

① 此司法解释已于2020年修正，2021年1月1日实施，修正后仍为第五条：“在人民法院确定专利权的保护范围时，独立权利要求的前序部分、特征部分以及从属权利要求的引用部分、限定部分记载的技术特征均有限定作用。”

虽然涉案专利权利要求1的主题名称为“一种充电夹紧装置”，且最终也要实现移动电源可以方便快捷地插入即可充电，但权利要求书所限定的技术方案、说明书及附图具体实施方式和技术效果，均是对于夹紧、锁紧移动电源技术方案的限定和描述。因此将涉案专利要求所述“该电磁铁与充电移动电源适配夹紧”理解为电磁铁的轴与移动电源插入方向垂直，当电磁铁的轴插入移动电源上的沉孔，即起到夹紧移动电源、防止移动电源松脱的效果，符合适配夹紧在涉案专利整体技术方案中的应有之义，故被诉侵权产品具有涉案专利权利要求2中“电磁铁与充电移动电源适配夹紧”的技术特征，落入了涉案专利的保护范围。

三、结语

专利侵权纠纷败诉的结果对企业的影响十分严重，100万元的经济赔偿对于一家充电宝企业来说只是败诉不良影响的冰山一角，实际上，最终致命的影响是企业相关侵权产品的强制下架，这相当于让企业业务全部停摆，因业务停摆导致的企业损失甚至数以亿计。本案中，两家共享充电宝企业的专利权纠纷也给当下企业的专利权保护工作发出了警示：专利是企业在市场竞争中的重要工具，专利维权失败的代价不仅是经济赔偿那么简单，有可能导致企业产品下架甚至全军覆没。随着国家在政策和法规上不断加大对知识产权的保护力度，企业在运营发展中也应重视专利布局及维权，不断增强知识产权保护意识。专利已成为共享充电宝行业的“核心武器”，成为决定企业生死的核心利器！

撰稿人：张晓汉

先公开还是先申请

专利实务中最令人“捶胸顿足”的情况就是：一项发明创造具有很大的实用价值和创造高度，却因在申请日前自行公开了技术方案，导致相关申请因不满足新颖性而得不到授权或者在打击专利侵权诉讼中因专利提前公开属于现有设计而无法维权。

新颖性是专利申请获得授权的三大要件之一。新颖性要求在申请日以前没有同样的发明，没有在国内外出版物上公开发表过、在国内公开使用过或者以其他方式为公众所知。

一、出版物公开

出版物公开包括：专利文献、科技杂志、科技书籍、学术论文、专业文献、教科书、技术手册、正式公布的会议记录或者技术报告、报纸、产品样本、产品目录、广告宣传册等，也可以是用电、光、磁、照相等方法制成的视听资料，如缩微胶片、影片、照相底片、录像带、磁带、唱片、光盘等，还可以是以其他形式存在的资料，如存在于互联网或其他在线数据库中的资料等。印有“内部资料”“内部发行”等字样的出版物，确系在特定范围内发行并要求保密的，不属于公开出版物。

近年来，随着我国不断加大对科技研发领域的投入，各大高校和研究机构的科研成果数量不断攀升。事实上，许多高校和科研工作者在不断探求科研问题的同时，往往注重发表学术论文而忽略在第一时间进行专利申请。

发表学术论文是出版物公开中的一种常见方式。因此新的研究成果应是先申请专利然后发表论文，以免多年的研发投入得不到有效保护。

二、使用公开

由于使用而导致技术方案的公开，或者导致技术方案处于公众可以得知的状态，这种公开方式称为使用公开。使用公开的方式包括能够使公众得知其技术内容的制造、使用、销售、进口、交换、馈赠、演示、展出等方式。只要通过上述方式使有关技术内容处于公众想得知就能够得知的状态，就构成使用公开，而不取决于是否有公众得知。但是，未给出任何有关技术内容的说明，以致所属技术领域的技术人员无法得知其结构和功能或材料成分的产品展示，不属于使用公开。

如果使用公开的是一种产品，即使所使用的产品或者装置需要经过破坏才能够得知其结构和功能，也仍然属于使用公开。此外，使用公开还包括放置在展台上、橱窗内公众可以阅读的信息资料及直观资料，如招贴画、图纸、照片、样本、样品等。

因此，参与展会的企业应在参加展会之前先对发明创造提出专利申请来获取专利保护。

三、以其他方式公开

为公众所知的其他方式，主要是指口头公开等。例如，口头交谈、报告、讨论会发言、广播、电视、电影等能够使公众得知技术内容的方式。口头交谈、报告、讨论会发言以其发生之日为公开日。公众可接收的广播、电视或电影的报道，以其播放日为公开日。

撰稿人：张晓汉

适用专利等同侵权有哪些限制

等同侵权对于平衡专利权人和社会公众之间的利益具有重要意义，专利权保护范围的确定，既要严格保护专利权人的利益，又要维护权利要求书的公示作用和社会公众对专利文件的信赖，因此在充分保护专利权的同时，必须对等同原则的适用加以适当限制。

由于技术的发展、语言表达的局限性等原因，申请人在撰写权利要求时很难穷尽所有的技术方案，侵权人往往会抓住这一漏洞，通过对一两个技术特征的简单替换，从而逃避侵权指控，这显然会打击专利权人的创新积极性。等同原则的正确适用，可以维护专利权人的合法权利，激励创新，但也在一定程度上扩大了专利权利要求的保护范围，其如果适用不当，则有可能造成专利权的滥用，侵害社会公共利益。因此很有必要对等同原则的适用采取合理的限制，来合理平衡相关利益。

（2021）最高法知民终192号裁判文书中述明，如果专利权人在撰写专利申请文件时已明确知晓相关技术方案，但并未将其纳入权利要求保护范围之内的，则在侵权诉讼中不得再适用等同理论将该技术方案纳入保护范围。

确定专利权人在专利申请时是否明确知晓并将特定技术方案纳入专利权保护范围，可结合说明书及附图内容予以认定，并应将说明书及附图作为整体看待，判断的标准是本领域普通技术人员阅读权利要求书与说明书及附图之后的理解。同时，专利主题名称一般而言具有限定作用，其限定了技术方案所适用的技术领域。

我国在以往的专利司法实践中已经摸索形成了一些具体的限制规则，具体如下。

一、禁止反悔原则

禁止反悔原则，是指在专利授权或者无效程序中，专利权人通过对权利要求、说明书的修改或者意见陈述的方式放弃保护范围，在专利侵权诉讼中，禁止权利人将已放弃的内容重新纳入专利权的保护范围。

《最高人民法院关于审理侵犯专利权纠纷案件应用法律若干问题的解释》第六

条规定：专利申请人、专利权人在专利授权或者无效宣告程序中，通过对权利要求、说明书的修改或者意见陈述而放弃的技术方案，权利人在侵犯专利权纠纷案件中又将其纳入专利权保护范围的，人民法院不予支持。

《最高人民法院关于审理侵犯专利权纠纷案件应用法律若干问题的解释（二）》第十三条规定：权利人证明专利申请人、专利权人在专利授权确权程序中对权利要求书、说明书及附图的限缩性修改或者陈述被明确否定的，人民法院应当认定该修改或者陈述未导致技术方案的放弃。

二、捐献原则

捐献原则，是指仅在说明书或者附图中描述而未在权利要求中记载的技术方案，属于专利权人捐献给社会公众的技术方案，不能通过适用等同侵权将其再纳入专利的保护范围之内。

《最高人民法院关于审理侵犯专利权纠纷案件应用法律若干问题的解释》第五条规定：对于仅在说明书或者附图中描述而在权利要求中未记载的技术方案，权利人在侵犯专利权纠纷案件中将其纳入专利权保护范围的，人民法院不予支持。

三、数值范围特征的等同判断规则

权利要求中的数值特征是较为特殊的一种特征，与文字特征的模糊性、多义性不同，数值特征的含义往往更加精确、固定。也正因如此，基于权利要求的公示性和对公众信赖利益的保护，一般认为应当对权利要求的数值特征的等同予以更加严格的要求。

《最高人民法院关于审理侵犯专利权纠纷案件应用法律若干问题的解释（二）》第十二条规定：权利要求采用“至少”“不超过”等用语对数值特征进行界定，且本领域普通技术人员阅读权利要求书、说明书及附图后认为专利技术方案特别强调该用语对技术特征的限定作用，权利人主张与其不相同的数值特征属于等同特征的，人民法院不予支持。

四、明确排除规则

专利权人明确排除的技术方案或者不能实现发明目的的方案，显然不应当属于专利的保护范围。明确排除的形式有多种。例如，通过说明书具体实施方式的描述予以排除，也可以通过背景技术记载的现有技术予以排除。还有一种特殊的形式，即权利要求撰写为封闭式权利要求，实质排除了还包括权利要求记载的组成部分之外的其他组成部分的技术方案。

《专利侵权判定指南（2017）》第五十九条规定，被诉侵权技术方案属于说明书中明确排除的技术方案，或者属于背景技术中的技术方案，权利人主张构成等同侵权的，不予支持。

五、可预见原则

可预见原则，是指专利权人在专利申请时可以预见某种实施专利的方式但未在权利要求中进行保护，则对该可预见的特征不再适用等同原则。

《专利侵权判定指南（2017）》第六十条规定，对于发明权利要求中的非发明点技术特征、修改形成的技术特征或者实用新型权利要求中的技术特征，如果专利权人在专利申请或修改时明知或足以预见到存在替代性技术特征而未将其纳入专利权的保护范围，在侵权判定中，权利人以构成等同特征为由主张将该替代性技术方案纳入专利权保护范围的，不予支持。

综上，等同侵权是在专利权人与社会公众之间的利益平衡。如果不当适用等同原则，会破坏权利要求的公示性，损害公众的信赖利益；而如果对等同原则要求过于严苛，也会使得等同原则名存实亡，使得专利权人维权难度过大，难以实现专利法的激励目的。

撰稿人：张晓汉

成套产品外观设计专利权侵权如何判定

成套产品的外观设计专利权，是指属于同一大类，习惯上同时出售、同时使用，各产品的设计构思相同，其中每一件产品具有独立的使用价值，而各件产品组合在一起又能体现出其组合使用价值的两件以上（含两件）产品的外观设计。

一、成套产品外观设计专利权的保护范围

成套产品的外观设计专利的保护范围，既包括该成套产品的整体外观设计，还包括组成该成套产品的每一件产品的外观设计。

二、成套产品外观设计专利权侵权判定

《最高人民法院关于审理侵犯专利权纠纷案件应用法律若干问题的解释（二）》第十五条规定："对于成套产品的外观设计专利，被诉侵权设计与其一项外观设计相同或者近似的，人民法院应当认定被诉侵权设计落入专利权的保护范围。"据此，只要被诉侵犯外观设计专利权的产品外观设计与授予了成套产品外观设计专利权的任意一项专利权的外观设计相同或者实质相同，就可能构成侵犯外观设计专利权。因此，成套产品的外观设计专利权侵权判定，实际上是选择被授予了成套产品的外观设计专利权的其中一项或者几项授权设计，逐一与被诉侵权设计比对，只要落入其中一项专利权的保护范围，就可能构成专利侵权。

三、成套产品与组件产品的区别

1.成套产品与组件产品都是涉及组合关系的多件产品，具有相似之处，但两者并不相同。组件产品是指由数件产品组合为一体的产品，其中每一件单独的构成部分没有独立的使用价值，组合成一体时才能正常使用，如扑克牌。而成套产品的最大特点就是每一件产品可以单独使用，并可单独申请外观设计专利，但人

们通常习惯将各件产品组合起来使用或销售。成套产品是由两件或两件以上产品构成，而每一件产品都具有自己独立的使用价值，可以单独出售并具有自己独立授权的条件。组件产品无论由多少构件组成，其本质上都是一件产品。

2. 两者保护范围不同。从专利法对成套产品的定义可以看出，成套产品在本质上是由多件能够获得授权的产品构成，所以，成套产品获得的专利，除了保护此成套产品的整体外观设计之外，构成该成套产品的每一件产品的外观设计都能完整得到保护。在侵权认定中，如果被诉侵权产品仅模仿了其中一件产品的外观设计，仍然会被认定为侵权。也就是说，获得专利权的成套产品，其构成套件产品的每件产品都能够单独主张自己的权利。组件产品本质上是属于一件产品，所以其保护范围的确定和成套产品是有区别的。如果是组装关系唯一的组件产品，是以各组件所组成的整体外观设计来确定保护范围，并不是以具体组件的外观设计来确定保护范围。而没有组装关系或者组装关系不唯一的组件产品，如扑克牌和插接玩具则是以组成此组件产品的所有单个组件的整体外观设计来确定其保护范围的。

3. 典型案例。在2015年度北京市法院十大知识产权创新案例之北京某林教育科技有限公司诉北京某花教育科技发展有限公司侵害外观设计专利权纠纷上诉案中，北京市高级人民法院认为，成套产品是指由两件以上（含两件）属于同一大类、各自独立的产品组成，各产品的设计构思相同，其中每一件产品具有独立的使用价值，而各件产品组合在一起又能体现出其组合使用价值的产品。而本案中，涉案外观设计虽然包括49个组件，但其中的49个组件并非各自独立的产品，而是需组合在一起才能发挥积木产品所具有的使用价值。因此，涉案外观设计并非成套产品的外观设计，而是由49个组件构成的组件产品的外观设计。

由此可知，成套产品是多件独立的产品，而组件产品则是一件产品的各个部分。两者的区别在于，成套产品的各个部分既可以组合在一起使用，也可以单独使用而不妨碍其独立的使用价值，而组件产品则不能单独使用。相同情况下，成套产品的保护范围要大于组件产品专利的保护范围，而且其获得的外观专利权也更加稳定。

撰稿人：张晓汉

组件产品外观设计专利权应如何比对

组件产品外观设计侵权纠纷案件的处理，一般分两步，首先确认组件产品的组装关系继而确定外观设计专利的权利保护范围，然后比对判定被诉侵权设计是否落入组件产品外观设计专利权的保护范围。

一、组件产品外观设计的组装关系及权利保护范围

组件产品，是指由多个构件相结合构成的一件产品。组件产品又分组装关系唯一的组件产品、组装关系不唯一的组件产品以及各个构件无组装关系的组件产品。

对于组装关系唯一的组件产品而言，基于涉案专利产品的一般消费者的知识水平和认知能力，在购买和使用这类产品时，一般消费者会对各构件组合后的整体外观设计留下印象，因此在进行比对判断时应当以此类产品的组合状态下的整体外观设计为对象，而不是以所有单个构件的外观为对象来进行判断。

对于组装关系不唯一或无组装关系的组件产品而言，同样是基于涉案专利产品的一般消费者的知识水平和认知能力，在购买此类产品时，一般消费者会对单个构件的外观留下印象，因此在进行比对判断时应当以此类产品的所有单个构件的外观为对象，而不是以组装后的整体的外观设计为对象来进行判断。

二、组件产品外观设计专利权比对规则

《最高人民法院关于审理侵犯专利权纠纷案件应用法律若干问题的解释（二）》第十六条规定："对于组装关系唯一的组件产品的外观设计专利，被诉侵权设计与其组合状态下的外观设计相同或者近似的，人民法院应当认定被诉侵权设计落入专利权的保护范围。对于各构件之间无组装关系或者组装关系不唯一的组件产品的外观设计专利，被诉侵权设计与其全部单个构件的外观设计均相同或者近似的，人民法院应当认定被诉侵权设计落入专利权的保护范围；被诉侵权设计缺少其单

个构件的外观设计或者与之不相同也不近似的，人民法院应当认定被诉侵权设计未落入专利权的保护范围。”

对于组装关系唯一的组件产品的比对规则：应以其组装状态下的整体外观为依据，与被诉侵权设计进行比对。此种情形下，侵犯其外观设计专利权的含义等同于侵犯不属于组件产品的普通产品的外观设计专利权。因此把组件产品整体当成一个产品，将其外观设计与授予专利权的外观设计进行比较，如果两者相同或者实质相同，则构成专利权侵权，否则就不构成。

在广州知识产权法院（2017）粤73民初3278号案件审理中，法院认定涉案专利系组装关系唯一的组件产品，对于组件产品的外观设计专利，其组合状态为公知设计时，应考虑其外观设计专利权保护范围既涵盖拼装组合状态下的视图内容，又涵盖所有组件所示的片材设计内容。判断被诉侵权设计是否落入专利权保护范围，不仅需要对比拼接插装后的产品整体外观设计，也需对各组件的形状、数量以及组件是否以片材方式排布、片材的具体排布方式进行对比。

对于组装关系不唯一或无组装关系的组件产品的比对规则：其外观设计专利权相当于每个构件各自专利权的集合，因此应以单个构件为基础，将被诉侵权设计与专利设计的每一个构件进行分别比对，只有构成该集合的每个组件的外观设计与被诉产品对应的每个组件的外观均构成对应相同或者实质相同的，才有可能侵犯组装关系不唯一或者无组装关系的组件产品的外观设计专利权。否则，只要被诉产品缺少了授权外观设计的其中一个构件的外观设计，或者被诉产品的一个构件的外观设计与授权外观设计的其中一个授权设计不相同或者不实质相同，就不构成侵犯外观设计专利权。

在浙江省高级人民法院陈为法官评秦某诉北京某轩公司侵犯外观设计专利权纠纷案一文[①]中论述，涉案专利的名称为“可移动组合式种植架”，其在简要说明中记载“本外观设计的设计要点在于整体形状，最能表明设计要点的图片或照片为立体图”，虽然涉案专利权的外观设计保护范围由单个构件的外观设计分别确定，但是由于其区别于现有设计的最具创造性的部分在于其整体，因此整体也应予以一定的考虑。有观点认为，既然组装关系不唯一的组件产品的权利保护范围是全部单个构件的外观设计，因此完全不用考虑整体。陈为法官认为，该类产品

---

① 陈为：《组装关系不唯一的组件产品外观设计专利权的侵权判定》，载于浙江法院网知之案例，http://www.zjsfgkw.cn/art/2016/2/1/art_80_10691.html，访问日期：2016年2月1日。

的外观设计专利的保护范围还是应将“整体”作一适当考虑，特别是在设计要点就在于整体形状的条件下，这也是设计要点在确定专利权利保护范围中所发挥的作用。值得注意的是，对该类产品单个构件的外观设计“整体”的认定应是抽象意义上的整体，其是所有单个构件外观设计的总和，并体现在所有单个构件组装后的所有组装关系中。

《专利侵权判定指南（2017）》第九十四条在《最高人民法院关于审理侵犯专利权纠纷案件应用法律若干问题的解释（二）》第十六条第二款的理解中引入了类似“但书条款”的解释，当其整体形态能够反映出一定的设计创意时，在确定保护范围时也要对“整体”作一定的考虑，即如果缺少或不相同（近似）的单个构件对整体视觉效果未产生显著影响的，不影响侵权的认定。

撰稿人：田雨昕

外观设计专利与被诉侵权设计实质性差异怎样认定

外观设计专利相对于发明和实用新型专利侵权认定来讲，有其独特的判断思路及难点所在。本文试就外观设计专利侵权案件中外观设计专利与被诉侵权设计是否构成实质性差异厘清判定思路，供读者参考。

外观设计专利与被诉侵权设计是否构成实质性差异，可通过以下三个步骤来判断。

一、总结设计特征的异同点

将外观设计专利视图和被诉侵权设计进行比对，以各视图为单位，总结出区别设计特征和相同（相近似）设计特征。需要注意的是，应将外观专利设计视图与被诉侵权产品的设计特征进行比对，而不是将外观设计专利产品与被诉侵权产品的设计特征进行比对。比对后，先总结出涉案外观设计的设计特征，列出明细或图示，再总结出被诉侵权产品的设计特征，同样列出明细或图示。比对结果分三种情形：第一，全是相同点，无不同点；第二，全是不同点，无相同点；第三，有相同点及不同点，相同点多或者不同点多。因第一种、第二种情况结论明确，我们仅分析第三种情况。

二、具体分析

在进行具体分析之前，先要熟悉外观设计专利常用的几个概念。

设计特征，是指具有相对独立的视觉效果，具有完整性和可识别性的产品的形状、图案及其结合，以及色彩与形状、图案的结合，即产品的某一部分的设计。

设计要点，是指外观设计区别于现有设计、能够对一般消费者产生显著视觉影响的设计特征。

惯常设计，是指现有设计中一般消费者所熟知的、只要提到产品名称就能想到的相应设计。在外观设计产品领域，各个相互独立的产品制造商均采用的设计特征一般属于惯常设计。

功能性设计，是指由产品功能决定的设计特征，由功能有限或唯一决定、不考虑美学因素而形成的设计特征。技术标准规定的或者为了实现机械上的配合关系必须采用的不可选择的设计特征。

设计空间，是指设计者在设计过程中所具有的设计自由度，设计空间所指向的是具体的设计特征，而非一个整体产品，同一产品中不同设计特征的设计空间需要分别予以判定。

在理解上述概念的基础上，按以下步骤进行具体分析：

1.对相同点的设计特征进行分析，将相同点中的功能性设计特征及惯常设计进行排除，进入下一步。

2.确定设计要点，判断设计空间。通过设计要点确定赋予不同设计特征以不同的考量权重，同时通过分析设计空间进一步明晰上述权重的划分。设计特征具有较大设计空间的，即使设计特征之间近似度并不是很高，也可能认定其构成近似设计特征。反之，如果此类产品设计空间较小，则被认定为不构成近似的可能性较大。

3.基于前两个步骤，以各视图为单位，将剩余的相同特征及不同特征进行比对，确定是相同点还是不同点对于视觉影响更大，对设计特征相似程度及其对整体视觉效果的影响作综合的评价，并最终对是否构成实质相同作出判断。

三、整体观察、综合评价、得出结论

在分析是相同点还是不同点对于视觉影响更大，应注意不容易观察到的部位、区别于现有设计的设计特征及设计空间对视觉效果的影响。产品正常使用时容易被观察到的部位相对于其他部位通常对外观设计的整体视觉效果更具有影响；授权外观设计区别于现有设计的设计特征相对于授权外观设计的其他设计特征通常对外观设计的整体视觉效果更具有影响。授权外观设计区别于现有设计的设计特征对于判定具有重要影响，一般情况下，只要被诉侵权设计未包含授权外观设计区别于现有设计的全部设计特征的，就应认定被诉侵权设计与授权外观设计整体视觉效果有实质性差异，不构成外观设计专利近似侵权。另外，即使被诉侵权设计包含了全部授权设计区别于现有设计的设计特征，但只要被诉侵权设计包含了使其与授权外观设计整体视觉效果上有显著差异的设计特征，一般也应认定为两者整体视觉效果上具有实质性差异，不构成外观设计专利的近似侵权。

通过上述步骤，最终通过整体观察，综合判断所诉内容与专利设计是否具有实质性差异。

撰稿人：王现辉

专利权权属争议期间不履行善良管理义务要承担损害赔偿责任吗

专利申请人或者登记的专利权人无正当理由未尽善良管理义务，致使权利终止或者丧失，损害真正权利人合法权益的，构成对他人财产权的侵害，应当承担赔偿经济损失的民事责任。

一、案情简介

某水产研究所、某景水产科技有限公司（以下简称某景公司）与某港水产设备科技有限公司（以下简称某港公司）、姜某平、李某厚、颉某勇、广州某领水产科技有限公司财产损害赔偿纠纷案。

本案涉及专利号为ZL20091019××××.6、名称为“一种多功能循环水处理设备”的发明专利（以下简称涉案专利），申请日为2009年9月28日，授权日为2012年5月30日，登记的专利权人为水产研究所、某景公司，登记的发明人为姜某平、李某厚、颉某勇。

某港公司认为，涉案专利是姜某平的职务发明，专利申请权应该属于某港公司，故分别于2010年、2011年提起专利申请权纠纷诉讼，请求判令涉案专利申请权归某港公司所有。涉案专利权因未缴费而效力终止时，相关权属纠纷尚在审理之中。某港公司遂又以六被告故意未缴纳该专利年费，致使该专利权效力终止，给某港公司造成无法挽回的损失为由，向某市知识产权法院提起诉讼，请求判令六被告赔偿经济损失及维权合理开支150万元。

一审法院确定本案案由为侵害发明专利权纠纷，并认为水产研究所、某景公司是缴纳专利年费的义务人，在涉案专利权存在权属争议的情况下，基于诚实信用原则，水产研究所、某景公司负有包括缴纳涉案专利年费在内的维持涉案专利有效的善良管理责任，如不愿继续缴纳涉案专利年费，应当及时告知某港公司和有关权属纠纷审理法院。水产研究所、某景公司既未按时缴纳涉案专利年费，也未将不缴纳涉案专利年费致使专利效力终止的情况及时告知某港公司和有关权属纠纷审理法院，其行为具有过错，侵害了某港公司应享有的涉案专利技术相关权益。

据此，一审法院判决水产研究所、某景公司共同赔偿某港公司经济损失及维权合理开支共计50万元。

水产研究所、某景公司不服，向最高人民法院提起上诉。

最高人民法院于2020年4月1日在重新确定案由并纠正部分论理的基础上，判决驳回上诉，维持原判。

二、分析与讨论

1.本案案由应为财产损害赔偿纠纷，而非侵害发明专利权纠纷

民事案件案由是将诉讼争议所包含的法律关系进行的概括，反映了案件所涉及的民事法律关系的性质。一般情况下，民事案件案由应当依据当事人主张的民事法律关系的性质来确定。根据《专利法》第十一条第一款的规定，侵害发明或者实用新型专利权的行为仅限于以生产经营为目的制造、使用、许诺销售、销售、进口专利产品的行为和使用专利方法以及使用、许诺销售、销售、进口依照该专利方法直接获得的产品的行为。也即，专利法实行专利侵权行为法定原则，除法律明确规定为侵害专利权的行为外，其他行为即使与专利权有关，也不属于侵害专利权的行为。

在登记的专利权人不是专利技术所有人的情况下，如登记的专利权人故意不缴纳专利年费导致专利权终止失效而给专利技术所有人造成经济损失，那么该损失实际上是与该专利技术有关的财产损失。故意不缴纳专利年费导致专利权终止失效的行为应当属于一般侵权行为，该种案件案由可以确定为财产损害赔偿纠纷。

本案中，某港公司主张水产研究所、某景公司将归其所有的职务发明申请专利，之后却故意不缴纳专利年费导致专利权终止失效，致使该技术进入公有领域，失去了专利权的保护，损害了其本应该基于专利获得的市场独占利益，因此某港公司主张的侵权行为不是侵害专利权的行为，其主张的经济损失实际上是与该专利技术有关的财产损失，故本案属于财产损害赔偿纠纷，而非侵害发明专利权纠纷。

2. 诚实信用原则

诚实信用原则是民法的基本原则，它要求民事主体在民事活动中恪守诺言，诚实不欺，在不损害他人利益和社会利益的前提下追求自己的利益，从而在当事人之间的利益关系和当事人与社会之间的利益关系中实现平衡，并维持市场道德秩序。

专利权是经国家行政审查后授予的有期限的知识产权，其在权利保护期内有效存续需要专利权人持续缴纳专利年费、不主动放弃等。当事人无论基于何种原因对专利申请权、专利权权属发生争议时，基于诚实信用原则，登记的专利权人通常应当负有使已经获得授权的专利权维持有效的善良管理责任，包括持续缴纳专利年费等，因为专利权一旦终止失效，专利技术在通常情况下即会进入公有领域，从而使专利技术所有人丧失市场独占利益，损害到专利技术所有人的合法权益。登记的专利权人未尽到该善良管理责任，给专利技术所有人造成损失的，应当负有赔偿责任。

3. 专利权权属争议期间不履行善良管理义务的损害赔偿责任分析

本案中，在2010年、2011年某港公司已经两次以专利申请权权属纠纷为由起诉水产研究所、某景公司，尤其是某港公司主张涉案发明是职务发明的第二次诉讼正在进行的情况下，作为登记的专利权人，水产研究所、某景公司应当负有在涉案专利授权以后维持其持续有效的善良管理责任，包括持续缴纳专利年费，以避免可能给某港公司造成损害。但水产研究所、某景公司却未缴纳专利年费，导致涉案专利权于2012年9月28日被终止失效，侵害了某港公司的合法权益，其显然未尽到善良管理责任，违背了诚实信用原则，应当赔偿因此给某港公司造成的损失。

本案应当根据涉案专利权终止失效时的市场价格确定具体赔偿数额。鉴于双方均未提供证据证明涉案专利权在终止失效时的市场价格，综合考虑到涉案专利为发明专利、涉案专利权在授权公告当年即被终止失效、水产研究所和某景公司过错严重、某港公司历时较长的维权情况等，即便考虑某港公司也存在一定过失，一审判决确定的经济损失及合理费用共计50万元的赔偿也并无不妥。

三、总结与启示

专利申请权或者专利权权属存在争议期间，专利申请人或者登记的专利权人基于诚实信用原则，负有积极获得专利授权或者使已经获得授权的专利权维持有效的善良管理义务。专利申请人或者登记的专利权人无正当理由未尽善良管理义务，致使权利终止或者丧失，损害真正权利人合法权益的，构成对他人财产权的侵害，应当承担赔偿经济损失的民事责任。

撰稿人：李洪磊

“为生产经营目的”在专利侵权中如何认定

《专利法》第十一条第一款所称“为生产经营目的”既不能简单等同于从事营利性活动，也不能仅仅根据专利实施主体的机构性质认定，而应着眼于专利实施行为本身，综合考虑该行为是否属于市场活动、是否影响专利权人市场利益等因素。

一、案情简介

焦某丽与某饲料研究所、某区农业局侵害发明专利权纠纷案。[①]

涉案专利号为ZL0314××××.7，名称为“一种增乳壮牛中药饲料添加剂及制备方法”的发明专利（以下简称涉案专利）。

焦某丽认为，饲料研究所、某区农业局未经许可，在2006—2008年的科技合作项目中使用了涉案专利方法、制造了涉案专利产品，故向某市知识产权法院（以下简称一审法院）提起诉讼，请求判令饲料研究所、某区农业局停止侵害并赔偿经济损失及维权合理开支2618180元。

一审法院认为，饲料研究所属于事业单位，某区农业局属政府机关，二者均不具备生产经营的资质，且无证据显示二者合作项目的实施系以生产经营为目的，被诉侵权行为不符合“为生产经营目的”的专利侵权要件，故判决驳回了焦某丽的诉讼请求。

焦某丽不服，向最高人民法院提起上诉，主张一审法院关于被诉侵权行为不具有“为生产经营目的”的认定错误。

最高人民法院于2020年11月25日判决撤销原判，改判饲料研究所赔偿焦某丽经济损失60万元及维权合理开支1.5万元，某区农业局对其中21.5万元承担连带赔偿责任。

《专利法》第十一条第一款所称“为生产经营目的”既不能简单地等同于从事

---

① 最高人民法院（2020）最高法知民终831号。

营利性活动，也不能仅仅根据专利实施主体的机构性质认定，而应着眼于专利实施行为本身，综合考虑该行为是否属于市场活动、是否影响专利权人市场利益等因素。政府机关、事业单位、公益机构等主要从事公共管理、社会服务、公益事业活动的主体实施专利、参与市场活动、可能损害专利权人市场利益的，可以认定其行为构成“为生产经营目的”。

二、分析与讨论

1.对专利法“为生产经营目的”之要件的理解

专利法将“为生产经营目的”作为专利侵权构成的要件之一，系出于合理平衡专利权人和社会公众利益之目的。在专利侵权判定时，对“为生产经营目的”的理解，应着眼于具体的被诉侵权行为，综合考虑该行为是否属于参与市场活动、是否影响专利权人市场利益等因素，既不能将“为生产经营目的”简单等同于从事营利性活动；又不能仅仅根据实施主体的机构性质认定其是否具有生产经营目的。即使政府机关、事业单位等主体具有公共服务、公益事业等属性，其自身不以生产经营为目的，但其实施了市场活动、损害了专利权人市场利益的，仍可认定具备“为生产经营目的”之要件。

2.具体到本案中对“为生产经营目的”之要件的分析

本案中，虽然饲料研究所、某区农业局开展科技合作旨在促进科研成果向生产力转化，引导和支持某区农业转型发展，带有一定的公共服务和公益事业属性，不直接以生产经营为目的。但是，饲料研究所和某区农业局在第二期科技合作中，通过某区政府提供资金资助、饲料研究所提供科技成果，形成“院区合作+示范基地+农户”的模式。饲料研究所、某区农业局生产的奶牛天然物饲料添加剂产品已经在该区主要奶牛场、畜场进行了示范和推广，取得了很好的效果。

据统计，双方在第二期科技合作中共计培训技术人员和农民10320人（次），使4500余农户直接受益，创造直接经济效益1.14亿元。可见，涉案项目产生了一定经济效益，并使农民直接获利。

饲料研究所、某区农业局制造、使用涉案专利产品和方法的行为不可避免地会侵占焦某丽涉案专利的可能市场，损害专利权人的市场利益，故饲料研究所、某区农业局的相关行为具备“为生产经营目的”之要件。

三、总结与启示

1.《专利法》规定

《专利法》第十一条第一款规定：“发明和实用新型专利权被授予后，除本法另有规定的以外，任何单位或者个人未经专利权人许可，都不得实施其专利，即不得为生产经营目的制造、使用、许诺销售、销售、进口其专利产品，或者使用其专利方法以及使用、许诺销售、销售、进口依照该专利方法直接获得的产品。”

2.对“为生产经营目的”的理解

在专利侵权判定时，对“为生产经营目的”的理解，应着眼于具体的被诉侵权行为，综合考虑该行为是否属于参与市场活动、是否影响专利权人市场利益等因素综合判断，既不能将“为生产经营目的”简单等同于“实际获利”；又不能仅仅根据实施主体的性质认定其是否具有生产经营目的。即使政府机关、事业单位等主体具有公共服务、公益事业等属性，其自身不以生产经营为目的，但其实施了市场活动、损害了专利权人市场利益的，仍可认定具备“为生产经营目的”之要件。

撰稿人：李洪磊

离开原单位一年内的发明创造归谁所有

员工离开原单位一年内作出的、与原单位本职工作或者分配任务有关的发明创造，是原单位的职务发明创造，专利申请权、专利权属于原单位；即便该发明创造也与该员工在新单位的本职工作或者分配任务有关，新单位亦不能当然因此对该发明创造享有权利。

一、案情简介

某孚生物技术股份有限公司（以下简称某孚公司）、杨某、赖某强与某邦精密仪器股份有限公司（以下简称某邦公司）、王某华专利申请权权属纠纷案，涉及申请号为20161020××××.5、名称为“血气分析仪及其血气生化测试卡”的发明专利申请（以下简称涉案专利申请）。[①]

某邦公司向某市知识产权法院提起诉讼，主张某邦公司原员工赖某强、杨某离职后不满一年，即以某孚公司名义提起涉案专利申请；因该专利申请所涉发明创造与赖某强、杨某在某邦公司的本职工作有关，故专利申请权应当归某邦公司所有。某邦公司请求确认涉案专利申请权属于某邦公司，王某华不是涉案专利申请的发明人。

一审法院认为，涉案发明创造是赖某强、杨某与某邦公司终止劳动关系后一年内作出的，且与其在某邦公司任职期间承担的本职工作相关，故涉案专利申请权属于某邦公司。

某孚公司、杨某、赖某强不服，向最高人民法院提起上诉，主张杨某、赖某强不是涉案专利申请的发明人，涉案发明创造是杨某、赖某强执行某孚公司的任务并主要利用某孚公司的物质技术条件完成的发明创造，涉案专利申请权属于某孚公司。

最高人民法院于2020年11月23日判决驳回上诉，维持原判。

---

① 最高人民法院（2019）最高法知民终799号。

二、分析与讨论

1.确认专利为职务发明创造应同时满足以下条件

作出发明创造的发明人曾是主张权利的原单位员工；该员工对发明创造的实质性特点作出了创造性贡献；发明创造是员工离职后一年内作出的；发明创造的内容与该员工在原单位承担的本职工作或者原单位分配的任务有关。

2.涉案专利申请权的权利归属

某邦公司员工杨某、赖某强从公司离职后一年内对涉案专利的实质性特点作出了创造性贡献，是涉案专利的发明人，涉案专利与该两人在某邦公司承担的本职工作有关，具备上述四个条件，符合确认涉案专利为职务发明创造的情形。因此，应依法确认涉案专利是某邦公司的职务发明，涉案专利申请权属于某邦公司。

本案中，即使涉案专利是由某孚公司组织研发或者利用了某孚公司的物质技术条件取得，同时涉案专利的研发思路和采用的技术手段与某邦公司已有专利技术方案或技术成果存在区别，亦不能据此当然得出涉案专利归属于某孚公司的结论。根据审理查明的事实，某孚公司在杨某、赖某强加入该公司之前并没有涉案专利技术领域的相关发明创造，也没有确定的、相关的研发团队。

3.对于发明创造的研发而言，一个好的技术构思对最终技术方案的形成具有重要意义

实践中，员工在原单位从事相关研发时，基于技术认知和专业素养获得新的研发构思，在离职后进一步研发取得成果的现象比较普遍。《专利法实施细则》第十二条第一款关于员工离职一年内作出的发明创造归属原单位所有的规定，充分考虑技术研发具有的连续性特点，评估了员工离职后利用其在原单位工作期间产生的研发构思进行后续发明创造的情况，一方面支持人员正常流动，保障劳动者的择业权；另一方面保证原单位的合法利益。涉案专利属于员工离职一年内作出的发明创造，依法应当属于原单位所有。

三、总结与启示

1.关键法条

《专利法实施细则》第十二条第一款规定，专利法第六条所称执行本单位的任务所完成的职务发明创造，是指：

（一）在本职工作中作出的发明创造；

（二）履行本单位交付的本职工作之外的任务所作出的发明创造；

（三）退休、调离原单位后或者劳动、人事关系终止后一年内作出的，与其在原单位承担的本职工作或者原单位分配的任务有关的发明创造。

2.最高人民法院在本案中的观点提炼

员工离开原单位一年内作出的、与原单位本职工作或者分配任务有关的发明创造，是原单位的职务发明创造，专利申请权、专利权属于原单位；即便该发明创造也与该员工在新单位的本职工作或者分配任务有关，新单位亦不能当然因此对该发明创造享有权利。

撰稿人：李洪磊

单位是否掌握发明人的劳动支配权

单位与发明人之间仅存在一般的合作关系，单位并不掌握对发明人的劳动支配权的，该发明人的有关发明创造不属于职务发明创造。

一、案情简介

某尔科技有限公司（以下简称某尔公司）、白某民与某维科技有限公司（以下简称某维公司）专利权权属纠纷案。①

某维公司认为，涉案专利系白某民从某维公司离职一年内作出的与在原单位承担的本职工作有关的发明创造，系职务发明，有关权属归某维公司所有。现白某民擅自申请专利，之后又将申请人变更为某尔公司并最终获得授权，故向某市中级人民法院提起诉讼，请求判令确认涉案专利权归某维公司所有。一审法院认为，白某民在2011年5月至2012年6月（以下简称争议期间）实际履职于某维公司，与某维公司间形成了事实上的劳动关系。某维公司提交的相关邮件中的技术方案内容基本覆盖涉案专利的发明点，因此涉案专利技术与白某民在某维公司所任职工作具有相关性。一审法院判决确认涉案专利权归某维公司所有。某尔公司、白某民不服，向最高人民法院提起上诉，主张：（1）白某民在争议期间向某维公司提供咨询服务和以某大学联系人身份提供技术开发委托服务，两者之间关于研发的往来邮件均是基于前述服务产生，并非如一审法院所认定的基于事实的劳动关系产生。（2）某维公司提交的相关邮件中并未涉及涉案专利的核心内容，也未公开涉案专利的技术特征，其与涉案专利之间不具有任何相关性。（3）涉案专利是某大学在完成案外人公司的项目中产生，与某维公司无关。最高人民法院于2020年12月17日作出二审判决，判决撤销原判，驳回某维公司的诉讼请求。

发明人与单位之间存在劳动关系或者与《专利法实施细则》第十二条第二款

---

① 最高人民法院（2020）最高法知民终1258号。

所称临时工作单位之间存在工作关系，是认定职务发明的前提，其判断标准在于单位是否取得了对发明人包括完成涉案发明创造的创造性劳动在内的劳动支配权。单位与发明人之间仅存在一般的合作关系，单位并不掌握对发明人的劳动支配权的，该发明人的有关发明创造不属于职务发明创造。

二、分析与讨论

1.白某民与某维公司之间的工作关系存在双重约定。一是白某民系某大学与某维公司签订《技术开发（委托）合同》中的联系人，白某民作为某大学的代表参与到某大学与某维公司的技术开发合作项目中；二是白某民个人与某维公司之间签订有《咨询服务合同》，基于该咨询服务合同，白某民与某维公司之间形成另一种工作关系。

2.《技术开发（委托）合同》所建立的白某民与某维公司之间的工作关系，以及基于该工作关系形成的相关技术成果，不能成为某维公司以职务发明为由主张涉案专利权属的法律和事实基础。

3.《咨询服务合同》所约定的白某民的工作内容和性质，仅是向某维公司提供技术培训服务、技术合作和项目申请的中介服务。《咨询服务合同》中明确约定“合同执行过程中，甲方如要求乙方提供额外服务，应以书面形式提出，双方应当另签合同，同时明确相关内容等事宜”，但本案中并没有证据证明白某民具有将其与某维公司之间由《咨询服务合同》所确定的工作关系的性质，变更为职务发明意义上的劳动关系或者临时工作关系的意思表示。

4.关于双方实际实施的行为。一方面，在某维公司与相关案外人的合作中，白某民仍是以某大学教师的身份参与沟通；在2010年7月20日至2012年6月19日申请的专利中，白某民作为发明人其身份仍然为某大学的教师；某维公司实际向白某民支付2.5万元/月的报酬并给白某民报销差旅费等事实，这些都直接体现了双方按照《技术开发（委托）合同》《咨询服务合同》履行各自义务。另一方面，某维公司为白某民缴纳社保、白某民在某维公司的通讯录中被列为新产品开发总监、在创新团队项目建议书中被列为产品经理、为白某民提供公司住房补助津贴以及白某民与某维公司之间存在周报往来等，虽合同中没有明确约定，但都系某维公司单方行为或者与白某民系某大学方的联系人的工作身份有关。故根据双方提交的相关证据所显示的双方实际实施的行为来看，不足以认定白某民与某维公司之间存在职务发明意义上的劳动关系或者临时工作关系。综上，白某民与某维公司之间工作关系的性质应当以约定优先，而根据约定，白某民与某维公司之间并不存在职务发明所要求的劳动关系或者临时工作关系。并且从双方实际所实施的行为来看，也无法得出双方就两者之间的工作关系已变更为职务发明所要求的劳动关系或者临时工作关系。

三、总结与启示

关于职务发明的认定，应注意以下两点。第一，适用《专利法》第六条关于职务发明规定的前提是发明人与单位之间存在劳动关系或者临时工作关系。职务发明的权属应归于单位的根本原因在于，产生该职务发明的创造性劳动的支配权属于单位。由此，判断发明人与单位之间是否存在职务发明所要求的劳动关系或者临时工作关系的关键，在于单位对发明人的创造性劳动是否已取得支配权。如果单位与发明人之间的关系，仅仅是一般的合作关系，发明人并未让渡对自己的劳动支配权，则没有理由将该不属于单位支配的劳动所创造出的技术成果，归属于该单位。第二，个人与用人单位系平等的民事主体，在不涉及国家、社会公共利益的情况下，双方之间形成何种关系应遵循意思自治原则。因此，判断发明人与单位之间工作关系的性质，应当约定优先，在没有约定的情况下，才需要根据双方所实施的实际行为和结果来进行综合判断。

撰稿人：李洪磊

员工的发明创造属于职务发明还是非职务发明

发明创造是复杂的智力劳动，是不断促进我国科技进步的核心所在。随着知识产权保护意识的深入人心，实践中出现了越来越多的关于职务发明权利归属问题的纠纷。尤其是在涉及与离职员工有关的职务发明创造的认定时，既需要维护原单位对确属职务发明创造的科学技术成果享有的合法权利，也不宜对“有关的发明创造”作过于宽泛的解释。

一、问题的提出

小A是B公司的员工，某天小A完成了一项发明创造。小A想要去申请有关发明专利，B公司老板却说如果小A不来公司就不会有该发明创造，所以该发明属于职务发明，专利权属于B公司。小A愤然离职，离职后向国家专利局申请了相关专利，B公司得知后认为B公司才是专利权申请人，因此将小A告上法庭。那么什么是职务发明，又该如何认定发明创造是否为职务发明？

二、职务发明以及权利归属

判断是否为职务发明创造并不取决于发明创造是在公司完成还是在工作外完成，更不取决于是在职状态还是离职状态。《专利法》第六条第一款规定，执行本单位的任务或者主要是利用本单位的物质技术条件所完成的发明创造为职务发明创造。《专利法实施细则》第十二条规定，《专利法》第六条所称执行本单位的任务所完成的职务发明创造，是指：（一）在本职工作中作出的发明创造；（二）履行本单位交付的本职工作之外的任务所作出的发明创造；（三）退休、调离原单位后或者劳动、人事关系终止后1年内作出的，与其在原单位承担的本职工作或者原单位分配的任务有关的发明创造。《专利法》第六条所称本单位，包括临时工作单位；《专利法》第六条所称本单位的物质技术条件，是指本单位的资金、设备、零部件、原材料或者不对外公开的技术资料等。简单理解，如图1-3所示。

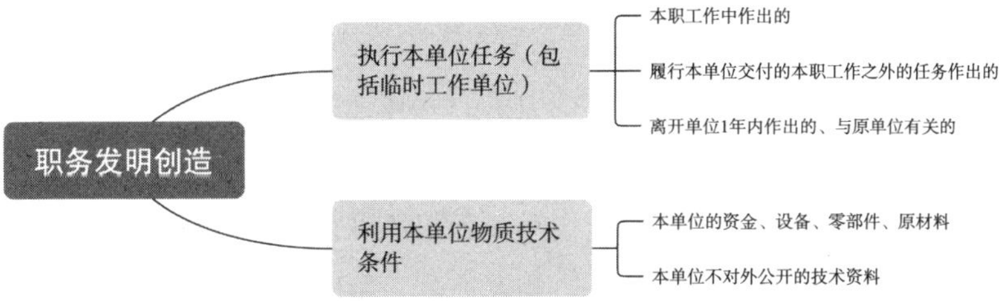

图1-3　职务发明创造认定方式

如果发明创造符合以上条件，则属于职务发明。此时职务发明创造的单位具有申请专利的权利以及相应的专利权，发明创造的发明人或者设计人有在专利文件中写明自己是发明人或者设计人的权利，即具有署名权，单位应当对发明人或者设计人予以奖励甚至是合理的报酬。

职务发明的专利申请数量占比90%以上，近年来有关职务发明的专利权属纠纷案件也日益增多。在司法实践中，职务发明与非职务发明的界定难点一般为与原单位“有关的发明创造”的认定。

三、与原单位“有关的发明创造”的认定

在某健康科技有限公司、谢某英等专利权权属纠纷案[①]中，法院认为作出发明创造是复杂的智力劳动，须经历从提出构思、进行研究开发到实验验证的整个过程。而离开原单位的职员往往熟知原单位的业务，其中一些人还可能承担了原单位有关项目的研究、开发或设计任务，即使离开原单位时该项目尚未完成，但已经获知有关发明创造的进展情况或者阶段性成果，并积累了与之相关的一定知识和经验。因此，职员在离开原单位后的一段时间内作出的发明创造，往往与其在原单位承担的本职工作或者原单位分配的任务密切关联。为平衡原单位与职员之间的合法权益，《专利法实施细则》将该一段时间规定为1年。由此可见，专利法实施细则中规定的“有关”，应指诉争的发明创造与原单位本职工作或分配的任务存在密切关联。只要

① 最高人民法院（2021）最高法知民终1071号。

诉争发明创造与原单位的业务，职员在原单位的本职工作及其通过本职工作所积累的知识、经验，在原单位参与的项目等存在密切关联，则可能构成职务发明创造。

下面以2021年7月15日最高人民法院发布的第158号指导性案例为例，分析与在原单位承担的本职工作或者原单位分配的任务“有关的发明创造”的认定。在李某毅、某程智能设备有限公司与某邦公司的专利权权属纠纷的再审审查[①]中，李某毅于2012年9月24日入职某邦公司生产、制造部门，并与某邦公司签订《深圳市劳动合同》《员工保密合同》，约定由李某毅担任该公司生产制造部门总监，主要工作是负责研发“输液配药机器人”相关产品，2013年4月17日李某毅与某邦公司解除劳动关系。李某毅于2013年7月12日向国家知识产权局申请名称为“静脉用药自动配制设备和摆动型转盘式配药装置”、专利号为20131029××××.X的发明专利（以下简称涉案专利）。某邦公司提起诉讼，请求确认涉案专利的发明专利权归某邦公司所有。该案件经过一审、二审以及再审，法院最终判定某邦公司为涉案专利的专利权人。在对“有关的发明创造”进行判断时，法官认为应注重维护原单位、离职员工以及离职员工新任职单位之间的利益平衡，综合考虑以下因素：一是离职员工在原单位承担的本职工作或原单位分配的任务的具体内容，包括工作职责、权限，能够接触、控制、获取的与涉案专利有关的技术信息等。二是涉案专利的具体情况，包括其技术领域，解决的技术问题，发明目的和技术效果，权利要求限定的保护范围，涉案专利相对于现有技术的“实质性特点”等，以及涉案专利与本职工作或原单位分配任务的相互关系。三是原单位是否开展了与涉案专利有关的技术研发活动，或者是否对有关技术具有合法的来源。四是权利人、发明人能否对于涉案专利的研发过程或者技术来源作出合理解释，相关因素包括涉案专利技术方案的复杂程度，需要的研发投入，以及权利人、发明人是否具有相应的知识、经验、技能或物质技术条件，是否有证据证明其开展了有关研发活动等。

撰稿人：石素坤

---

① 最高人民法院（2019）最高法民申6342号。

专利权无效宣告是否具有溯及力

专利权被宣告无效后，对于已经履行部分原则上具有溯及力；但考虑到专利授权的公信力，为了维护既有的社会秩序，对于已经作出并执行的专利侵权判决书、调解书、行政处理决定以及许可、转让合同不具有溯及力。

我们发现大部分的专利侵权纠纷中被诉侵权人往往会发动专利无效程序进行抗辩，今天就跟大家聊一聊专利权被无效宣告后的法律后果。

一、专利权的无效宣告

专利无效宣告，是指自国务院专利行政部门公告授予专利权之日起，任何单位或个人认为专利权授予不符合有关规定的，可以请求国务院专利行政部门宣告专利权无效（《专利法》第四十五条）。在专利审查过程中，由于专利审查员只能对现有的技术文献进行检索，对于在申请日之前公开使用，但又尚未被载入文献的技术，审查员难以发现导致审查员错误地对不具备新颖性的技术授予了专利权。因此申请专利权无效成为能够弥补审查错误的合理契机，但是在专利侵权的诉讼中，被告通常会采用无效宣告请求作为抗辩手段。那么，如果专利权被宣告无效后，会对专利侵权案件有何影响？专利无效宣告后的溯及力如何？

《专利法》第四十七条规定，宣告无效的专利权视为自始即不存在。宣告专利权无效的决定，对在宣告专利权无效前人民法院作出并已执行的专利侵权的判决、调解书，已经履行或者强制执行的专利侵权纠纷处理决定，以及已经履行的专利实施许可合同和专利权转让合同，不具有追溯力。但是因专利权人的恶意给他人造成的损失，应当给予赔偿。溯及力的含义是法律溯及既往的效力，也就是说，现在的决定是否能影响之前已经发生事情的效力，要是具有溯及既往的效力，那么之前的行为就会受到现在决定的影响，如果之前的行为不受影响，那么就不具有实际溯及力。

二、专利权被宣告无效后原则上具有溯及力

宣告无效的专利权视为自始不存在，即某一项发明被宣告无效是因为其并不符合专利法关于实质和形式方面的要求，专利权视为不存在，原则上对已经中止的专利法律关系具有溯及力。例如，在某能动力公司与某昊实业有限公司侵害实用新型专利权纠纷案[①]中，二审法院于2019年2月13日维持一审判决，认为某能动力公司的现有技术抗辩不能成立，判决某能动力公司停止制造侵害涉案专利权的产品并赔偿150000万元。但国家知识产权局于2019年5月22日作出第40371号决定，宣告涉案专利全部无效。此时二审判决已进入执行程序，但尚未执结。该案件在最高人民法院进行再审，最高人民法院认为案件的争议焦点为，宣告涉案专利权无效的决定对一、二审判决是否具有追溯力？生效判决已宣告涉案专利全部无效，且不存在法律规定的除外情形，涉案专利应视为自始不存在，对一、二审判决具有追溯力。

专利侵权成立的前提是专利的有效存在，如果专利权已经被宣告无效，则意味着被宣告无效专利所涉及的技术方案原本就不应该授予专利，不存在“侵权”问题，被侵权人也就无须承担“侵权”责任，因此专利权无效宣告后在原则上具有溯及力有其立法安排的合理性。

三、专利权被宣告无效不具有溯及力之探讨

在专利权被宣告无效后，如果一味追求溯及力导致企业对已经执行的判决或者已经履行的专利实施许可合同等进行“翻旧账”，则不利于企业的发展，长此以往不利于市场交易的稳定性。因此，专利法又规定，对在宣告专利权无效前人民法院作出并已执行的专利侵权的判决、调解书，已经履行或者强制执行的专利侵权纠纷处理决定，以及已经履行的专利实施许可合同和专利权转让合同，不具有追溯力。

在最高人民法院发布的公报案例——北京某坤生物科技有限公司与北京某朗

---

① 最高人民法院（2020）最高法民再289号。

生物科技有限公司专利权转让合同纠纷案[1]中，某坤公司主张某朗公司于2016年12月21日将涉案专利转让给了蔡某民构成违约，按照合同约定应当支付违约金100万元；但是该涉案专利于2018年9月28日被宣告全部无效。一审法院认为，鉴于涉案专利已经被宣告无效，对于涉案协议中已经履行完毕的不再追溯，未履行的可不再履行。且涉案协议中的违约条款虽然约定了100万元的违约金，但涉案专利被宣告无效是由于其本身专利性存在问题，而并非某朗公司的违约行为所致。因此，某坤公司在涉案专利已被宣告无效的情况下，仍请求判令某朗公司就将涉案专利转让予第三方而支付违约金，缺乏事实与法律依据。

一审法院认为专利权无效宣告对已经履行的专利权转让合同具有溯及力。二审法院予以纠正，认为专利权被宣告无效不影响无效前已经签订专利权许可合同或者转让合同的效力。无效前尚未履行的部分是否一概不再履行应当审查判断未履行部分是否系因行使专利权所直接获得的利益。许可费、转让费、侵权损害赔偿等系以专利权为基础的对价，专利权被宣告无效后未履行的不再履行。合同约定的违约金如果与专利权的价值并非直接对应，而是因违约行为给当事人造成的专利权价值以外的其他损失，非违约方有权要求违约方继续履行。

专利权不具有溯及力的主要目的是避免已经执行的判决或者已经履行的合同处于一种不稳定的状态，维护经济秩序的稳定。值得注意的是，专利权无效宣告不具有溯及力规定了两种例外情形，第一种为原专利权人“恶意”给他人造成损失的，应当予以赔偿；第二种对于“明显”违反公平原则的情形应当具有溯及力。

撰稿人：石素坤

① 最高人民法院（2019）最高法知民终394号。

商标篇

商标在先使用抗辩权何时可以适用

《商标法》第五十九条第三款规定："商标注册人申请商标注册前，他人已经在同一种商品或者类似商品上先于商标注册人使用与注册商标相同或者近似并有一定影响的商标的，注册商标专用权人无权禁止该使用人在原使用范围内继续使用该商标，但可以要求其附加适当区别标识。"据此规定，我国《商标法》同时也给予已经使用的未注册商标一定程度的保护，赋予了商标在先使用人针对他人注册商标的在先使用抗辩权。

根据上述法律规定可见在先使用抗辩权（又称先用抗辩权）的适用要件包括以下四个方面。

一、为他人在注册商标申请日之前存在在先使用商标的行为

商标申请日之前在先使用系在先使用抗辩权成立的前提，那么如果是在注册商标申请日后、核准注册日前他人在先使用该商标，是否可以进行先使用抗辩权呢？结论是明确的，即在先使用权抗辩应在申请日之前，在申请日之后注册日之前的行为不构成法律意义上的在先使用。《商标法》第三十九条规定："注册商标的有效期为十年，自核准注册之日起计算。"可见，注册商标有效期自注册之日起计算，根据法律规定如果在注册日后使用则构成侵权。为此，在注册商标的申请日之后、核准注册日之前的使用行为，其性质介于"在先使用抗辩权"与"商标侵权"之间。在注册商标的核准注册日之前，该善意使用者的使用行为不受注册商标专用权的限制，在注册商标的核准注册日之后，该"善意"使用者的使用行为构成商标侵权。也就是说，善意第三人在注册商标的核准注册日之前，在相同或类似商品或者服务上使用与在先使用商标相同或者近似商标的行为不构成侵权，相应地，即使该期间生产出来的产品或者服务延续到注册商标的核准注册口之后，商标注册权人也无权予以禁止。但是，在先使用人不能在注册商标的核准注册日之后，在与注册商标相同或类似的商品或者服务上继续生产或者提供与注册商标相同或者基本相同的商标的商

品。申请日至注册核准日之间因商标的形式及实质审查流程，存在一定的时间差，在注册之前商标法不赋予注册人注册商标的权利，但并不意味着，他人可以在此期间随意使用并以此作为不侵权抗辩的理由，我国采取商标注册制度，在诚实信用原则的基础上，谁注册在先给予谁保护是基本商标法原理，即便使用人使用时对他人之前提出商标申请并不知情，商标注册人在商标核准之后仍有权禁止他人继续使用。

二、该在先使用行为应善意且早于商标注册人对商标的使用

当然，此处所谓的他人在注册商标申请日之前存在在先使用商标的行为适用前提是商标注册人没有进行使用的情况下，主张在先使用抗辩的他人的使用行为必然早于商标注册人。如果商标注册人在注册商标前同样存在使用行为，并且早于他人的在先使用时间，《商标法》第五十九条第三款还有适用的空间吗？笔者认为，如果商标注册人同样存在在先使用行为且早于他人的在先使用时间，在先使用抗辩权是否成立不能一概而论。第一种情况，假如他人明知或者应知涉案商标使用在先，并且同样进行使用，且在涉案商标注册后仍继续使用，可以推定其存在过错，他人在先使用抗辩权不能成立。第二种情况，假如涉案商标注册人的确使用在先，但是使用的地域与他人使用的地域相距较远，在无证据证明存在其他事实足以使他人知晓涉案商标的情况下，仅仅依据其商标注册人在先使用的事实无法得出他人知晓涉案商标在先使用的结论，不能证明他人在先使用涉案商标存在过错，相应地，亦不能仅基于此而认定他人先用抗辩不能成立。

为此，在先使用抗辩权的要件之二就是该在先使用行为应善意且早于商标注册人对商标的使用。另外，并非只要商标注册人在申请日之前的使用早于其他在先使用人后者便当然丧失先用权抗辩，当无证据表明后者有恶意且其商标已具有一定影响时仍应获得先用权救济。

三、该在先使用的商标应具有一定影响

《商标法》多个条款和《反不正当竞争法》均提及“一定影响”，《商标法》第三十二条规定，申请商标注册不得损害他人现有的在先权利，也不得以不正当手段抢先注册他人已经使用并有一定影响的商标。《反不正当竞争法》第六条规定：“经营者不得实施下列混淆行为，引人误认为是他人商品或者与他人存在特定联系：

（一）擅自使用与他人有一定影响的商品名称、包装、装潢等相同或者近似的标识；（二）擅自使用他人有一定影响的企业名称（包括简称、字号等）、社会组织名称（包括简称等）、姓名（包括笔名、艺名、译名等）；（三）擅自使用他人有一定影响的域名主体部分、网站名称、网页等；（四）其他足以引人误认为是他人商品或者与他人存在特定联系的混淆行为。”第（一）、（二）、（三）项均提及“一定影响”。可见，何谓一定影响是在先使用抗辩成立的关键所在，也是难点所在。

“一定影响的商标”，是指已经使用了一定的时间，因一定的销售量、广告宣传等而在一定范围的相关公众中具有知名度，从而被视为区分商品来源的未注册商业标志。这里所称的“有一定影响”应当是一种基于持续使用行为而产生的法律效果。《最高人民法院关于审理商标授权确权行政案件若干问题的规定》第二十三条第二款对“有一定影响”认定也作出了一定解读：“在先使用人举证证明其在先商标有一定的持续使用时间、区域、销售量或者广告宣传的，人民法院可以认定为有一定影响。”“有一定影响”通常有地域限制，即在一定的区域范围内产生影响。正是因为地域限制才会出现善意不知他人未注册商标在先使用的情况，但是这种地域限制不应过度放大，限制在与在后主体经营范围无交叉的当地相关市场即可，因为一旦在先使用的未注册商标的影响范围过大或存在一定市场交叉，在后主体的主观状态就有可能被判定为“应知”或“明知”。

司法实践中，有很多商标确权和侵权案件中对未注册商标“有一定影响”的具体认定提供了借鉴，印证了“有一定影响”是在一定或者特定的地区具有知名度和影响力，而不是全国性的普遍知名，且关于“有一定影响”的认定通常与驰名商标的认定因素相同，需从持续使用时间、区域、销售量或者广告宣传等方面综合考虑，且对“有一定影响”标准不能提出过高要求。

四、被诉侵权行为系他人在原有范围内的使用

在先使用人继续使用其商标应保持在原有范围内。这里涉及两个条件的认定：“原有”指的是哪个时间点？“范围”从哪些角度来界定？一般认定知晓在后注册商标的申请或使用的事实之前的使用范围属于“原有”范围，时间点就是在后注册商标的初步审查公告日。地域上的范围应当指在先使用商标的“影响”或商誉所涵盖的地域范围，在先使用人不应在该地域范围之外扩张使用商标。此外，商标注册人可以要求在先商标使用人附加适当的区别标识。这一条件是否适用主要取决于相关

公众对于在后注册商标和在先使用商标之间发生混淆误认的可能性程度，如果发生混淆误认的可能性很大，则应附加区别标识，以区分二者并保护相关公众的利益。

对“原有范围”如何理解的问题，北京知识产权法院在（2015）京知民终字第588号案中认定在后使用的“商标”及“商品或服务”应与在先使用的商标及商品或服务“相同”或“基本相同”，且不能延伸到未使用过的类似商品或服务上的近似商标，并提出对使用规模应不予以限制，并及于在先获得授权许可的“被许可使用人”。在上述案件中，北京知识产权法院认定某航考试学校提供的证据足以证明其在涉案商标申请注册之前，已在先使用其商标并有一定影响。而某创公司提供的证据却不足以证明涉案商标注册人存在在先使用涉案商标的行为。从在案证据可以看出，某航考试学校在先使用和在后使用的商标及服务是相同的。在主体方面，涉及某航考试学校及某航公司两个主体的使用行为。对于某航考试学校是其自身对“某航”商标的使用，故其使用未超出原有范围。而某航公司的使用行为，因其未单独使用“某航”商标，二者并非商标法意义上的许可人与被许可人之间的关系。某航公司的行为是否构成侵权，取决于某航考试学校在先抗辩是否成立。在某航考试学校在先抗辩成立的情况下，某航公司的行为亦未构成侵权。

五、结语

可见，对于在先使用并具有一定影响的未注册商标，在注册商标权利稳定的情况下，其因使用而形成的商誉以及在特定消费者中建立的信赖利益应予保护，可以作为不侵犯他人注册商标专用权的抗辩，此举有利于更好地实现在先使用的未注册商标所有人与注册商标权利人之间的利益平衡，体现商标使用的价值，遏制商标恶意抢注行为。

最后，提醒各位企业家朋友，及时注册商标比什么抗辩都重要！

撰稿人：王现辉

商标法不同条款对商标知名度的要求有哪些区别

本文对商标法多个条款中商标知名度是否存在程度不同以及排序、司法实践中应如何提供相应证据进行认定、知名度与恶意有无必然联系等问题进行初步分析。

一、《商标法》对知名度有要求的条款

第十三条第一款 为相关公众所熟知的商标，持有人认为其权利受到侵害时，可以依照本法规定请求驰名商标保护。

第三十二条 申请商标注册不得损害他人现有的在先权利，也不得以不正当手段抢先注册他人已经使用并有一定影响的商标。

第五十九条第三款 商标注册人申请商标注册前，他人已经在同一种商品或者类似商品上先于商标注册人使用与注册商标相同或者近似并有一定影响的商标的，注册商标专用权人无权禁止该使用人在原使用范围内继续使用该商标，但可以要求其附加适当区别标识。

二、《商标法》没有明确要求但与知名度相关的条款

第十五条 未经授权，代理人或者代表人以自己的名义将被代理人或者被代表人的商标进行注册，被代理人或者被代表人提出异议的，不予注册并禁止使用。

就同一种商品或者类似商品申请注册的商标与他人在先使用的未注册商标相同或者近似，申请人与该他人具有前款规定以外的合同、业务往来关系或者其他关系而明知该他人商标存在，该他人提出异议的，不予注册。

第三十条 申请注册的商标，凡不符合本法有关规定或者同他人在同一种商品或者类似商品上已经注册的或者初步审定的商标相同或者近似的，由商标局驳回申请，不予公告。

第四十四条第一款 已经注册的商标，违反本法第四条、第十条、第十一条、第十二条、第十九条第四款规定的，或者是以欺骗手段或者其他不正当手段取得注册的，由商标局宣告该注册商标无效；其他单位或者个人可以请求商标评审委员会宣告该注册商标无效。

三、知名度从高到低排序

表2-1 《商标法》中对知名度有要求的条款

知名度要求	条款	应用人
熟知	第十三条 驰名商标条款	民事侵权案件的原告、被告，异议案件申请人，无效案件申请人
一定影响	第五十九条第三款 在先使用权条款	民事侵权案件的被告
一定影响	第三十二条后半段 恶意抢注条款	异议案申请人、无效案件申请人、民事侵权案件被告
	第十五条第二款 业务往来关系条款	无异议案件申请人、无效案件申请人
	第十五条第一款 代理人条款	被代理人或被代表人
	第三十条 抵触申请条款	商标局

根据《商标法》第十三条第一款的规定，如果寻求以驰名商标进行跨类保护要求达到“熟知”的程度，在民事侵权案件中原告可以主张个案认定驰名商标，被告可以从“熟知”角度进行抗辩。在商标授权确权案件中，对于不同类注册，可以商标已经达到“熟知”程度认定驰名并提出异议或无效。《商标法》第五十九条第三款规定的在先使用及《商标法》第三十二条后半段规定的恶意抢注中条款知名度要求达到“一定影响”，民事侵权案件被告以在先使用权进行抗辩需要证明在先使用的未注册商标有一定影响，这一点也是《商标法》第三十二条后半段商标授权确权规定在民事领域具体细化的呈现。《商标法》第四十四条第一款、第十五条第二款、第十五条第一款、第三十条等对于恶意注册、业务往来关系、代理人及抵触申请等条款并没有知名度明确规定，但实际上相关商标也与知名度有关联，且知名度的高低认定与恶意程度也存在一定关联。

四、恶意程度从高到低排序

表2-2　恶意程度排序

恶意要求	条款
代理人（亲属推定）	第十五条第一款　代理人条款
欺骗手段或者其他不正当手段	第四十四条第一款　恶意注册条款
有关系+明知	第十五条第二款　业务往来关系条款
以不正当手段（适用恶意推定）	第三十二条后半段　恶意抢注条款
复制、模仿或者翻译（恶意注册推定）	第十三条　驰名商标条款
无	第五十九条第三款　在先使用权条款
无	第三十条　抵触申请条款

《商标法》第十五条第一款规定的代理人条款，恶意要求程度最高。《商标法》第四十四条第一款对于恶意注册要求须以欺骗手段或者其他不正当手段。《商标法》第十五条第二款对于业务往来关系条款要求有关系且明知程度。《商标法》第三十二条后半段对于恶意抢注条款要求以不正当手段并且不能说明理由的可以适用恶意推定。《商标法》第十三条驰名商标所有人不受五年的时间限制提出以恶意注册为前提条件。

五、第五十九条第三款、第三十二条中的"有一定影响"是否相同

表2-3　"有一定影响"对比

条款	是否注册	恶意要求	解决问题
第五十九条第三款	已经注册	不要求	解决自己使用
第三十二条（后半段）	初审公告/已经注册	要求	禁止他人注册

《商标法》第五十九条第三款在先使用要求商标已经注册，对于商标注册人不要求存在恶意，目的是解决被诉侵权人自己使用问题。《商标法》第三十二条后半段对于恶意抢注的问题针对的是初审公告或者已经注册的商标，对抢注人恶意有要求，目的是禁止他人注册。《商标法》第五十九条第三款先用权抗辩与《商标法》第三十二条后半段禁止抢注条款的立法目的和法律指引不同，虽采用了"一定影

响”的相同表述，但前者的知名度要求与后者的抢注条款要求并不相同。

《商标法》第五十九条第三款先用权抗辩是为未注册商标提供保护的条款，其主要目的在于保护那些已经在市场上具有一定影响但未注册的商标其所有人的权益，其解决的是在先使用人对其未注册商标进行后续使用行为的合法性问题，对“一定影响”的认定标准不宜要求过高，如果在先使用人能举证证明在先商标有一定的持续使用时间，区域、销售量或广告宣传等，通常应认定其有一定的影响力。因此，只需要部分相关公众通过商标的实际使用建立了稳定的认知，使先使用之商标成为相关公众识别商品来源的标识，应当即可认定商标先用抗辩中的“有一定影响”，该标准应当是较低的。如果两条文对于影响力的认定标准一致，恐均选择第三十二条后半段以宣告他人商标无效的方式保护自身的权利，导致实际对先用抗辩条款的架空。

故而，引用第三十二条禁止抢注的无效宣告案件中，商评委对商标“有一定影响”的否定，并不当然意味着丧失了适用商标先用抗辩的可能性。

六、“知名度”证据准备策略

表2-4　知名度相关证据准备策略

条款	最早使用证据	持续使用证据	争议前
第十三条第二款（未注册）	强	有	强（三年）
第十三条第三款（已注册）	有	有	强（三年）
第三十二条	强	有	强
第五十九条第三款	强	有	谨慎

《商标法》第十三条第二款对于未注册驰名商标使用证据，因未注册应提交强有力的最早使用证据。《商标法》第十三条第三款对于已经注册驰名商标有使用证据材料即可。

《商标法》第三十二条后半段对于恶意抢注的须提供强有力的最早使用证据，证明权利所有，对于争议前的使用并有一定影响证据应提供强证据。《商标法》第五十九条第三款对于在先使用须提供争议前的使用证据，但在先使用抗辩是未知数，有可能构成恶意侵权提高赔偿额的不利证据，为此提供需谨慎。

七、“恶意”证据准备策略

表2-5　恶意等相关证据准备策略

条款	作用	恶意/推定恶意的证据
第十三条第二款（未注册）	禁止混淆	要（特别是五年后撤销注册商标）
第十三条第三款（已注册）	禁止混淆防止淡化	不需要（五年后撤销注册商标除外）
第三十二条后半段	禁止抢注	必须要
第五十九条第三款	保护善意在先市场	不需要（有的加分）

《商标法》第十三条第二款对于未注册驰名商标禁止混淆，两个未注册的，未注册的在先驰名商标需要证明在后申请有恶意才行。《商标法》第十三条第三款对于注册的驰名商标禁止混淆并防止淡化，不考虑恶意问题，除非五年后提无效。《商标法》第三十二条后半段对于恶意抢注的证据必须提交，没有直接证据的提供间接证据。《商标法》第五十九条第三款善意在先，需考虑商标权利人的恶意，有的话更为有利。

八、第四十四条第一款中的“恶意”如何提供证据进行证明

在未达到驰名注册商标的情况下，对于跨类注册商标的打击可以考虑适用第四十四条第一款。提供恶意注册人申请注册的众多与他人在国内外各自领域内已经使用并具有一定知名度的商标相同或者近似的商标，以证明其超出正常的生产经营使用之需，明显有借他人市场声誉牟利之目的，违反诚实信用原则，扰乱正常的商标注册秩序、损害公平竞争的市场环境等，并最终以此无效恶意跨类注册的商标。

撰稿人：王现辉

提供商标的使用证据可以克服“绝对理由”吗

在进行商标注册风险分析的过程中，我们常常会提到“绝对理由”，那么什么是“绝对理由”？如商标因违反“绝对理由”被驳回，申请人提供申请商标的使用证据是否可以克服？本文将为你讲清楚。

一、什么是“绝对理由”

商标法中的绝对理由，主要规定在《商标法》第十条、第十一条和第十二条中。其中，第十条规定了标识“不得作为商标使用”的情形，这一条又被称为“禁用条款”，包括了两层含义，即“禁止注册+禁止使用”。第十一条和第十二条为“不得作为商标注册”的条款，即“禁注条款”，仅指代禁止注册的情形。

二、如商标标识本身违反了“绝对理由”条款，申请人提供商标使用证据是否可以克服

需要分情况进行讨论。

由于分析太长，先说结论：商标标识本身违反《商标法》第十一条的，可以通过提供商标使用证据来证明申请商标已经获得显著性，最终有可能获准注册。但标识本身违反《商标法》第十条的，一般无法通过提供使用证据获得注册。

《商标法》第十一条第二款明确规定了“前款所列标志经过使用取得显著特征，并便于识别的，可以作为商标注册”，即如申请商标违反《商标法》第十一条的，申请人可以提供申请商标的相关使用证据，如证据可以表明申请商标经过大量使用已经取得显著特征并便于识别的，可以注册。例如“两面针”牙膏，“两面针”的本义为一种芸香科植物，为功效出色的中药材，单独以商标来看，如使用在牙膏上，直接指明了牙膏的原料和成分，显著性较弱。但商标“两面针”经柳州两面针股份有限公司在“牙膏”等相关商品上长期、广泛使用后，“两面针”在

中药名之外又获得了第二层含义，即柳州两面针生产的牙膏品牌，从而使得“两面针”获得了显著特征，最终注册成功。

但是《商标法》第十条为禁用条款，即标识不得作为商标使用。因此商标标识本身已经违反了第十条的规定，如申请人考虑通过提供商标的使用证据来证明申请商标已经具有一定的知名度，在相关公众中已经达到一定认知的，法院通常不会采纳。在最高人民法院（2018）最高法行申9340号再审案件中，最高人民法院在审查“混子曰”商标是否违反《商标法》第十条第一款第（八）项情形时指出：“本案申请商标由中文‘混子曰’构成，其中‘混子’一词具有‘混迹于某一社会阶层或团体而无所事事、游手好闲，对一切事务都抱有无所谓态度的人’的含义……作为商标使用时，仍可能会给社会公众带来消极负面的影响。因此，即使申请商标中还含有‘曰’字，但其整体上仍然属于有可能对我国文化和社会生活产生消极、负面影响的标志，依法不得作为商标使用。在此情形下，申请人提交的申请商标的使用证据，不影响对其可注册性的判断。”在北京知识产权法院（2015）京知行初字第6071号判决中，法院也明确指出：“根据商标法第十条第一款第（七）项的规定，若诉争商标属于该项规定的情形，则此类标志属于禁止使用的标志，当事人不得以其对相关标志的实际使用而获得法律予以认可的利益；同时，由于欺骗性标志本身所具有的‘欺骗性’特点的属性，其通常难以通过使用予以消除。即诉争商标申请人提交的其对诉争商标的实际使用证据通常对判断诉争商标是否属于商标法第十条第一款第（七）项规定的情形并无实质性影响。”由此可以看出，如商标标识本身已经违反了《商标法》第十条的规定，则无法通过提供申请商标的使用证据来获得注册。

三、如申请商标因禁用条款被驳回，对于提交的商标使用证据法院是否一概不予认定

不是。

可能大家比较疑惑，我们通过案例来看。在北京市高级人民法院（2020）京行终3627号判决中，对于“某族人”是否违反《商标法》第十条第一款第（八）项的规定，法院认定：“对于本身存在不良影响的商标标志，一般不能通过使用行为消除其不良影响的因素。但对于‘某族人’而言，诉争商标标志本身不具有不良影响的情形，在此基础上，申请人所提交的诉争商标申请注册日之后的使用证

据可以作为商标实际上是否具有不良影响的参考因素。本案中，申请人提交的大量使用证据显示，标有诉争商标的酸辣粉等食品在多家知名电商和全国范围内多家超市进行售卖，销量较大，网络销售平台的买家评价中也未见对于'某族人'商标负面评价的信息。综合考虑其他宣传使用证据，诉争商标作为速食商品品牌，在实际使用中也不存在不良影响的情形。"

据此，我们可以进行总结：如申请商标因禁用条款被驳回的，首先需要就申请商标标识本身进行分析，判断其是否违反了禁用条款。如违反，适用标题二中的分析，即无法以实际使用证据获准注册。但如标识本身不存在违反禁用条款的情形（这种情况可以通过复审或者进一步诉讼来进行认定），在此基础上提供的相关使用证据可以进一步增强说服力。

撰稿人：田雨昕

受新冠肺炎疫情影响无法及时续期的商标权怎么恢复

在知识产权商标领域，由于新冠肺炎疫情原因导致部分商标权利的丧失，应该如何应对?

根据国家知识产权局于2020年发布的《国家知识产权局公告（第三五零号）》及《与疫情相关的办理商标业务期限相关问题解答》，因新冠肺炎疫情导致商标超过相关时限的，可以适用期限中止的规定。

一、可适用期限中止的商标业务有哪些

当事人办理商标业务补正、审查意见书回文、商标规费缴纳、同日申请提供使用证据和协商回文、撤销连续三年不使用注册商标提供使用证据，办理商标异议、商标驳回复审、不予注册复审、无效宣告复审、撤销复审的申请、答辩、补充证据，以及请求无效宣告的答辩、补充证据等商标业务，因疫情导致其不能在法定期限或指定期限内提出的，相关期限自权利行使障碍产生之日起中止，待权利行使障碍消除之日继续计算。

二、“权利行使障碍产生之日”和“权利行使障碍消除之日”如何计算

权利行使障碍产生之日，是指当事人因新型冠状病毒感染肺炎开始住院、隔离，或者因所在地区疫情防控措施不能正常办理商标业务之日。

权利行使障碍消除之日，是指当事人因新型冠状病毒感染肺炎住院治疗、隔离结束，或者所在地区开始复工、人员管控结束之日。

基于疫情的特殊情况，为最大限度保障当事人的权益，当事人同时存在上述时间的，适用对其最有利的时间作为权利行使障碍产生和消除之日。

三、如何主张期限中止

当事人在办理上述商标业务时，一并提交适用期限中止的书面申请，申请书应列明当事人新冠肺炎疫情期间所在地区、权利行使障碍原因和消除时间，并提交相应的证明材料。

四、主张期限中止可以提交哪些证明材料

当事人应提供感染治疗、被隔离或者被管控期限等证明材料，但当事人所在地区政府公开发布的延迟复工通知除外。

为减轻受新冠肺炎疫情影响的当事人的负担，针对多件同类业务申请以相同事由主张期限中止的，可以仅提交一份证明材料，将该证明材料随其中一个案件提交，其他案件仅需在适用期限中止申请书中写明该证明材料所在案件的申请号。

五、因新冠肺炎疫情未能及时办理商标续展怎么办

当事人因新冠肺炎疫情未能在宽展期内办理商标注册续展申请手续，可能导致其商标权利丧失的，可以自权利行使障碍消除之日起2个月内提出续展申请，并参照解答四附送相关证明材料。

在行政诉讼阶段，法院也秉持着保护当事人权利的原则。

根据《行政诉讼法》第四十八条第一款的规定，公民、法人或者其他组织因不可抗力或者其他不属于其自身的原因耽误起诉期限的，被耽误的时间不计算在起诉期限内。在北京市高级人民法院作出的（2020）京行终4096号判决中，二审法院指出，新冠肺炎疫情对人民群众的生活、工作等方面均产生了不同程度的影响。对诉讼当事人而言，其程序利益的影响主要体现在期间利益上。对于受新冠肺炎疫情影响，当事人虽无法在法院指定的期限内提交立案起诉材料，但能举证证明其系因新冠肺炎疫情原因无法交邮或无法按时送达的，应从保护当事人权利的角度出发，对其起诉事项予以立案受理。

但需要注意的是，“因新冠肺炎疫情原因”并不等同于“在新冠肺炎疫情期间的原因”。在（2020）京行终5509号二审判决中，北京市高级人民法院认为：“本

案中，根据已查明的事实及某天公司自述，自2020年1月9日被诉决定妥投，至2020年2月19日某天公司超期提起本案诉讼，某天公司逾期取件、超期起诉主要原因系忙于其他事由。新冠肺炎疫情、文书打印等原因虽可能对当事人提起诉讼造成不便，但并不影响当事人通过邮寄等方式提起诉讼，故某天公司主张耽误起诉期限的事由不符合上诉法律规定。”

六、总结

法律不保护在权利上睡觉的人。虽然官方对新冠肺炎疫情之下的商标权利恢复采用了相对宽松的审查政策，但是，对于当事人及其代理机构而言，由于商标权利丧失之后面临太多不确定的因素，因此应当慎之又慎，及时并穷尽所有方法积极行使权利。

撰稿人：田雨昕

“创意”商标纷纷被驳，为何“受伤”的总是它

不是所有的事情都需要有“创意”，这句话在商标注册程序中体现得更加明显。

中国的注册商标制度经历了这么多年，而至今有效注册商标已经超过了551万件，据某商标注册平台统计，我国2020年1月1日至6月30日，仅仅半年的商标注册申请量就累计4337002件，比去年同期增加684551件商标，同比增长18.74%。[①]如此庞大的数字让笔者很惊讶。说句实话，目前中国的常用字、词语其实大都已经被注册为商标了，随着市场的不断发展，商标注册量还是会逐年递增。想要自己的商标被获准注册且发挥独有的识别价值，需要注册人在标志本身上具有创新能力。

所以，越来越多的注册人为了使自己的商标具有“创意”，纷纷聘请专门的设计团队将自己想要申请的汉字商标进行“艺术化”设计，最终满心欢喜地将自己认为呈现出“美感”的汉字进行商标注册，不料却被商标局冷漠拒绝，凡是不规范使用商标用字的，都有可能会被商标局驳回，这种案例并不少见。

北京知识产权法院的商标申请驳回复审行政纠纷中，大理某蓝染艺文化发展有限公司申请注册的第3621××××商标，在注册、复审以及行政诉讼一审程序当中均因违反《商标法》第十条第一款第（八）项的规定而被驳回了商标注册申请。

图2-1　大理某蓝染艺文化发展有限公司诉争商标样式

为什么商标局和法院对于经过艺术化设计的中国汉字注册商标采取了较为严格的审查标准，它们的法律依据如下：

《商标法》第十条第一款第（八）项规定：有害于社会主义道德风尚或者有其

① 法制日报：《上半年我国商标申请量为428.4万件同比增长24.61%》，载光明网，https://m.gmw.cn/baijia/2020-09/22/1301593904.html，访问日期2020年9月22日。

他不良影响的标志不得作为商标使用。

《国家通用语言文字法》第十四条第（三）项规定：招牌、广告用字，应当以国家通用语言文字为基本的用语用字。

因此，根据以上规定可知，商标标志中的汉字使用应当规范化，不得使用存在明显书写错误的字体、字形。

北京知识产权法院认为：对于包含汉字的商标而言可以通用所呈现的特殊艺术化表现形式，如特殊字体、艺术化设计、色彩组合等要素，一方面表达语言文字含义，另一方面增强其作为区分商品或服务来源的标志所应有的显著性和识别性。但是，将包含文字的商标进行艺术化设计，不仅要符合相关法律规定，亦应符合《商标法》乃至更为广泛的知识产权法律制度所倡导的稳重性以及严肃性的要求。因此对于文字商标的艺术化设计空间并非毫无限度，规范化使用汉字应当为最低限度的要求，否则将可能破坏汉语言文化的统一性，进而对我国的社会文化造成不良影响。诉争商标为图文组合商标，由汉字、英文、不规范书写汉字“蓝”及外围圆圈构成。诉争商标中“蓝”字写法不符合现代汉语的标准，应当认定为汉字的不规范使用。故诉争商标属于《商标法》第十条第一款第（八）项所指禁止作为商标使用的标志。

某腾电业有限责任公司申请注册的第3973××××号商标“某腾电业”，其中“腾”字并非规范化汉字。法院认为，对汉字认读笔画的规范化是起关键作用的，诉争商标虽经艺术化设计，但对原有文字的架构进行了不规范的变造，对相关公众的正确认读造成了一定的误导作用，对我国文化领域的社会公共利益和公共秩序产生了消极、负面影响，故该商标也因构成《商标法》第十条第一款第（八）项所规定之情形，被驳回了注册申请。

图2-2 某腾电业有限责任公司第3973××××号商标

同样都是对中国汉字进行艺术化设计，还有一个“幸运儿”却被核准注册了，那就是下面这枚商标。

图2-3 “某花弄草”商标示意图

笔者之所以认为这枚商标是“幸运儿”，是因为如果根据上述两个案例当中的认定标准，这枚商标汉字主体部分为“某花弄草”，其中的“花”和“弄”其实也是经过了艺术化处理的，按照一般审美标准即可发现此时的“花”和“弄”已经对原有字体进行了变造。

笔者在文章开头说不是所有的事情都需要有“创意”的，此时的创意为什么加了引号？是因为商标注册当然需要注册人具备独创性，申请的商标必须有创意，否则注册商标可能会因为与他人在先注册商标近似而被驳回。

但是，此时的创意，是基于对汉字、拼音、图片的设计上具有别具一格的设计理念而产生的，不能扩大理解认为对汉字进行超出标准限度的“创意”式设计也是创新。

商标其本质是要起到识别商品来源的作用，让消费者看到也能够认出，像某蓝染艺文化发展有限公司申请注册的商标其对汉字的艺术化设计显然已经超出了正常范围，一般消费者很难认出该标志背后所代表的汉字含义。我们认为，注册人将标志设计成当下这种风格倒更像是一种美术作品了。你如果问，什么样的设计是属于规范化的使用？什么样的设计是超出了合理限度？这个问题笔者很难回答，毕竟从前文列举的几枚商标可以看出，不同的审查员其在具体的审查上也存在一定不同。

撰稿人：聂丽敏

被经营范围限制的商标注册类别有哪些

你的公司是一家商贸/文娱/软件开发公司，办理营业执照时进行经营范围的挑选，你觉得范围越广越好，又看到了近几年大热的“知识产权”，于是毫不犹豫地在主营业务后增加了“知识产权代理”“商标代理”服务。而后你在主营的商品/服务上提交了商标注册申请，结果却收到了商标局的《驳回通知书》，驳文上写着“根据《商标法》第十九条第四款的规定，申请的商标予以驳回”。你赶紧搜索《商标法》第十九条，只见第四款规定：“商标代理机构除对其代理服务申请商标注册外，不得申请注册其他商标。”你不明所以，为何你被认定为“商标代理机构”了呢？

一、什么是“商标代理机构”

《商标法实施条例》第八十三条规定：“商标法所称商标代理，是指接受委托人的委托，以委托人的名义办理商标注册申请、商标评审或者其他商标事宜。”第八十四条第一款规定：“商标法所称商标代理机构，包括经工商行政管理部门登记从事商标代理业务的服务机构和从事商标代理业务的律师事务所。”

北京市高级人民法院于2019年4月24日发布的《商标确权授权行政案件审理指南》对此进行了进一步的细化，其中明确指出《商标法》第十九条第四款规定的“商标代理机构”包含三种情况：（1）已经在国家知识产权局进行了备案的从事商标代理业务的主体；（2）工商营业执照中记载从事商标代理业务的主体；（3）虽然未在国家知识产权局进行备案但实际从事商标代理业务的主体。

据此，前文中所述的违反《商标法》第十九条第四款的规定正是因为营业执照的经营范围记载了“知识产权代理”“商标代理”的内容，因此被官方认定为申请人属于第（2）中情形“工商营业执照中记载从事商标代理业务”的商标代理机构。

二、为何被认定为“商标代理机构”就要限制注册的服务项目

目前，商标代理机构自己申请商标注册的，注册的服务内容仅限于4506群组的“知识产权代理；商标代理……”等服务项目。从立法目的来看，《商标法》第十九条第四款对商标代理机构进行了注册的类别以及群组的限制，主要是防止商标代理机构利用其业务上的优势，自己恶意注册他人商标牟利的行为，该条款意在从源头上打击代理机构违反诚实信用原则恶意抢注和囤积商标的行为。

三、如因该条款被驳回，变更经营范围后是否就可以获准注册

这一部分可以从法院的判决中找到一定的适用标准。

在北京市高级人民法院的（2020）京行终2406号二审判决中，北京市高级人民法院认为：“判断是否为商标代理机构，应以诉争商标申请时申请人的经营状态为准。上诉人北京某美科技有限公司主张原审诉讼过程中其经营范围已不包含‘商标代理’服务，原审法院认定……已不再构成阻止诉争商标核准注册的实质法律障碍，属于适用法律错误……故本院予以指明。”在（2019）京73行初6850号判决中，北京知识产权法院也同样采用了该标准，即认为：“对于商标申请注册主体是否为商标代理机构的审查，应以商标注册申请日为准，商标代理机构在申请注册非代理服务商标后对其营业范围的变更，并不能改变商标代理机构注册非代理服务商标，进而扰乱商标注册秩序的行为性质，故原告虽已变更了经营范围，但不能改变诉争商标申请时原告属于商标代理机构的事实。”据此，如经营范围中包含“商标代理”等服务内容的，在注册申请被驳回后进行了经营范围的变更，仍将无法获准注册。

四、实务中如何避免申请商标因该条款被驳回

虽然实务中多有“批判”，认为该条款对商标代理机构的范围进行了扩大解释，以及对商标代理机构的权利进行了“过分”限缩，但在现行的法律规定下，只能尽力避免申请商标因该条款被驳回或者被驳回后及时采取其他措施止损。

普通公司在提交商标申请之前，一定要注意营业执照中的经营范围，如包含与“商标代理”类似的服务项目，需要先对经营范围进行变更或删减，以免被认定为“商标代理机构”。

如前期未注意经营范围，申请商标因该条款被驳回，在进行了营业执照经营范围的变更或删减后需要尽快补充提交新申请。

目前申请商标因《商标法》第十九条第四款的规定被驳回的，以期通过进行复审或者行政诉讼来获得注册的成功概率也极低，因此在提交商标注册申请的前期，需要更加关注营业执照中的经营范围，避免申请商标因该条款的规定被驳回而错失“申请日”的优势。

撰稿人：田雨昕

泽知的商标布局“大揭秘”，如何保护好自家商标

市场未动，商标先行。随着社会经济的不断发展，越来越多的企业意识到了商标的重要性。按照商标授权、用权、维权的三个角度，企业利用商标占领市场优势地位的第一步就是商标授权，即进行商标注册的过程。那么，企业在这一阶段该如何进行商标布局？本文将以“泽知”系列商标为例，具体展开讲解。

“泽知”系列商标申请情况见表2–6。

表2–6 “泽知”系列商标申请情况

序号	申请号	商标	类别	状态
1	23660770	泽知	45	已注册
2	53773677	zezhi	45	审查中
3	53775551		45	审查中
4	27787037	泽知	45	已注册
5	53791858	泽之	45	审查中

一、了解主营业务，精准选择商品/服务

“泽知”系列商标申请的主体为石家庄泽之知识产权代理有限公司（以下简称泽之公司），由于公司的性质为知识产权代理公司，且公司经营范围包括“商标代理”，根据《商标法》第十九条第四款的规定，泽之公司仅能申请注册4506群组的服务项目。

对于申请人而言，需要对自己有精准的定位，了解主营业务和申请商标的市场布局，在此基础上可以确定申请商标指定使用的商品及服务范围。同时，在确定了核心注册的商品/服务后，还可以根据市场需求，在其他关联的商品/服务上提前进行布局。以医药公司为例，商标注册的核心类别为第5类“药品，医用营养

品”等。此外，与之关联的类别为：第10类“医疗器械”等商品；第44类“医疗服务”等服务项目；第30类“营养食品”等商品。申请人可以根据需要在关联的商品/服务项目上提前进行商标布局。

此外，申请人需要特别注意营业执照上记载的经营范围，如包含“商标代理”的，则申请人构成了《商标法》意义上的商标代理机构，注册申请的类别将受到限制（详见前文相关论述）。为防止商标局不予受理或驳回，需要先对营业执照经营范围中的“商标代理”进行变更或删除，完成之后再准备提交商标注册申请。

二、结合商标使用需求及注册风险，对申请的商标标样进行合理布局

从“泽知”的系列商标申请可以看出，商标进行了中文、拼音、图形等单个要素的商标注册申请及组合商标申请，同时组合商标还指定了颜色。主要考虑以下几个方面的原因：

单独要素申请还是组合要素申请：从注册风险角度来讲，商标审查为按照各部分要素分开审查，通常来说，如一个商标包含多个要素，只有在各部分要素都不存在在先近似商标的情况下才有可能通过审查，即：如其中一部分要素存在在先近似商标，则商标整体很可能因此被驳回。故建议以单独要素提交注册申请。以“泽知”商标为例，如果经查询，发现图形部分存在在先商标，且“泽知”商标的图形部分与在先商标存在一定的近似度，为避免商标整体被驳回，建议将“泽知”商标分为“”和“泽知”单独提交申请。从商标使用的方式角度来看，如以单独的要素提交商标注册申请，则注册成功后各要素可以自由横向或纵向排列组合进行使用，而“泽知”组合商标仅能按照申请提交的组合方式使用。

商标指定颜色申请还是不指定颜色申请：从注册风险角度来讲，如商标指定颜色，且指定的颜色具有一定的设计，在一定程度上可以增加申请商标与在先商标的区别度，增加商标注册的成功概率。当然，如商标为单一颜色的，以“泽知”为例，则并不能增加申请商标与在先商标的区别度。从商标使用的方式角度来看，如商标指定颜色提交申请，则注册成功之后只能使用指定的颜色。但商标不指定颜色（黑白标样）提交申请，如“泽知”系列商标中的“”商标，在注册成功后可以使用任何颜色。

三、对字号也要进行商标保护

从“泽知”申请的系列商标可以看出，申请人泽之公司对字号“泽之”也进行了商标注册申请。主要考虑以下原因：

公司字号的保护受到限制。（1）区域限制，即仅在注册地受到保护，无法防止他人使用相同的字号在其他地区进行公司注册；（2）名称限制，即仅能防止相同行业注册相同名称的字号，无法阻止他人在不同行业注册相同字号或相同行业注册近似的字号。

公司字号的使用方式受到限制。通常情况下，一个公司字号的使用方式只能放在企业名称里，不能单独使用。因为单独使用便不再是企业字号，而是作为一种商业标识使用，此种使用方式很有可能侵犯他人的商标权，进而面临停止单独使用字号、赔偿损失的风险。

而由于商标权的特点是具有专有性和垄断性，即在中国大陆范围内，未经注册商标权利人授权，他人不得在相同或类似商品/服务上使用与注册商标权利人相同或近似的商标。因此，有必要对企业的字号进行商标权保护。

四、如商标被驳回，通过驳回复审还可以争取权利

泽之公司的申请商标“泽知”因一枚在先图形商标遭遇了驳回。经分析，申请商标的图形部分与在先商标在构图要素、商标含义、整体外观上存在较大差异，双方未构成近似商标。泽之公司据此进行了复审，最终商评委予以认可并决定申请商标予以初审公告。

通过“泽知”商标驳回复审案件可以看出，申请商标被驳回并不可怕，此时需要根据驳回的原因进行分析，来确定商标是否可以通过复审获得注册。如商标局引证了在先商标驳回申请商标注册的，可以考虑的方案有：论述申请商标与引证商标的差异、与引证商标权利人谈共存、与引证商标权利人谈转让、对引证商标提交三年不使用撤销申请等，申请人可以根据引证商标的权利人情况及引证商标的状态来选择合适的方案进行复审。此外，如申请商标进行驳回复审后仍未能初审公告的，还可以根据具体情况考虑进一步通过行政诉讼来争取权利。

五、结语

很多申请人都误认为申请商标获得授权具有随机性，其实不然。商标要想获得授权，需要在提交注册申请前进行大量的准备工作，通过对类别、商标标样等进行布局，以确定合适的注册申请方案。同时，也要对商号进行商标保护。此外，通过进行注册风险分析还需要提前判断是否有被驳回的可能，如存在在先近似商标的，需要提前采取措施。商标授权之路不易，需要综合商标注册风险及商标使用的方式来进行布局，前期布局越合理，商标获得授权的可能性越高。

撰稿人：田雨昕

商标授权确权案件中作品及角色名称的在先权益应如何保护

对于作品名称和作品中的角色名称而言，如其已经注册为商标的，可以依据《商标法》的相关规定对其进行保护。但如未注册为商标，该如何对其进行保护呢？

《商标法》第三十二条规定："申请商标注册不得损害他人现有的在先权利……"此处的"在先权利"是指在注册商标申请日前已经取得的除商标权外的其他在先权利，包括字号权、著作权、外观设计专利权、姓名权、肖像权等在先权利，以及知名商品/服务特有名称、包装、装潢和其他应予保护的合法在先权益。以动漫作品为例，对于其中的动漫角色形象可以依据美术作品进行著作权保护，但是动漫作品的作品名称和作品角色名称却无法根据著作权予以保护。在这一背景下，对于他人将权利人的作品名称及作品中的角色名称注册为商标的，我国的司法实践经历了**"商品化权→商品化权益→合法在先权益"**的调整。

一、对作品名称及作品中的角色名称以"商品化权"进行保护

2008年12月22日，自然人胡某在第12类"方向盘罩"等商品上申请注册"K××××UPANDA"商标。在商标异议期内，某电影公司认为"K××××UPANDA"为其美术作品名称，胡某将其注册为商标的行为损害了其在先的著作权、将相关美术作品商品化权，案件经过了商标局→商评委→北京市第一中级人民法院→北京市高级人民法院的审理，对于某电影公司主张的"商品化权"，最终二审法院认为："商品化权"确非我国现行法律所明确规定的民事权利或法定民事权益类型，但当电影名称或电影人物形象及其名称因具有一定知名度而不再单纯局限于电影作品本身，与特定商品或服务的商业主体或商业行为相结合，电影相关公众将其对于电影作品的认知与情感投射于电影名称或电影人物名称之上，并对与其结合的商品或服务产生移情作用，使权利人据此获得电影发行以外的商业价值与交易机会时，则该电影名称或电影人物形象及其名称可构成适用"在先

权利”予以保护的在先“商品化权”。此外，二审法院也指出，虽然“某夫熊猫K××××UPANDA”作为某电影公司知名电影名称及知名电影人物形象名称的商品化权应受到保护，但其保护范围仍需明确。需要综合考虑如下因素：一是知名度高低和影响力强弱。知名电影名称及知名电影人物形象名称的商品化权范围，与其知名度及影响力相关。知名度越高，影响力越强，保护范围越宽，且随着知名度增高、影响力增强，该商品化权的保护范围亦随之扩大，反之亦然。二是混淆误认的可能性。在目前的商业环境下，电影作品衍生品已涵盖了多类商品，但商品化权的保护范围并不当然及于全部商品和服务类别，仍应根据诉争商标指定使用的商品或服务与电影衍生商品或服务是否密切相关，容易使诉争商标的权利人利用电影的知名度及影响力获取商业信誉及交易机会，从而挤占了知名电影权利人基于该电影名称及其人物形象名称而享有的市场优势地位和交易机会等因素综合判断。

二、从“商品化权”到“商品化权益”的转变

在2015年12月18日北京市高级人民法院作出的（2015）高行（知）终字第752号判决中，对于诉争商标“TEAMBEATLES添·甲虫及图”在第18类的注册申请是否侵犯“TheBEATLES”乐队名称时，法院认为：文学艺术作品、作品名称、角色名称、某种标识性的名称、姓名等确实会使上述作品或名称的拥有者通过上述作品、姓名等取得声誉、信誉、知名度等，拥有者通过将上述声誉、信誉、知名度等与商品或服务结合进行商业性的使用而实现经济利益，因此，上述作品或名称通过商业化使用，能够给拥有者带来相应的利益，可以作为“在先权利”获得保护。“商品化权”无明确规定，称为“商品化权益”并无不可。权利人所主张的“TheBEATLES”乐队名称可以作为“商品化权益”的载体。此外，在北京知识产权法院（2016）京73行初6529号判决中，对于第12227742号“羽泉YUQUAN”商标在第43类注册是否侵犯“羽泉”乐队的名称，北京知识产权法院也采用了“商品化权益”进行了审理。

三、明确了对作品及角色名称的在先权益保护

在北京知识产权法院作出的（2016）京73行初1823号判决中，对于第

4553473号“铁臂阿童木”商标在第25类上的注册申请是否侵犯了手冢株式会社的在先商品化权，北京知识产权法院认为，在诉争商标申请日前，动漫《铁臂阿童木》已经在中国进行了广泛的宣传并播出，“铁臂阿童木”“阿童木”作为动漫作品的名称以及动漫的角色名称已为相关公众所了解，具有较高知名度，且该知名度的取得是手冢株式会社创造性劳动的结晶，其所带来的商业价值和商业机会亦是手冢株式会社投入大量劳动和资本所获得。因此，“铁臂阿童木”“阿童木”可以作为在先作品名称以及在先作品的角色名称进行保护。2017年3月1日生效的《最高人民法院关于审理商标授权确权行政案件若干问题的规定》以司法解释明确了对于作品及角色名称的保护。其中，第二十二条第二款规定：“对于著作权保护期限内的作品，如果作品名称、作品中的角色名称等具有较高知名度，将其作为商标使用在相关商品上容易导致相关公众误认为其经过权利人的许可或者与权利人存在特定联系，当事人以此主张构成在先权益的，人民法院予以支持。”该条明确了以作品名称及作品中的角色名称作为在先权益保护的条件，即：（1）作品须在著作权保护期限内。（2）作品名称、作品中的角色名称须具有较高的知名度。通常来讲，这种知名度是通过权益人投入大量的劳动和资本、宣传作品而获得的商业价值和商业机会。（3）作品名称和在先作品的角色名称权益的保护仍应以相同或类似商品服务为限，以相关公众对诉争商标核定使用的商品/服务来源与在先权益所有人是否产生混淆误认为判断标准，其保护范围并不当然及于全部的商品或服务类别。至此，对于作品名称及作品中的角色名称的保护，最高人民法院作出的司法解释给出了一定建议。

撰稿人：田雨昕

为什么商标许可中“受伤”的往往是被许可人

成功的商标许可是共赢的，不仅可以为双方带来经济利益，还可以扩大商标的知名度。而失败的商标许可中，由于被许可人并非商标的所有权人，常常处于被动地位，因此在使用他人许可给自己的商标时，往往面临较多风险。

情形一：某田公司为“田某昕”的注册商标权利人（注册类别为第25类“服装”等）。某雨公司为一家服装公司，经与某田公司协商，与某田公司签订了为期10年的商标独占使用许可合同。在许可期限内，由于某雨公司对“田某昕”服装品牌的长期宣传和推广，“田某昕”服装销量大增。但10年商标许可合同到期后，某田公司收回了“田某昕”注册商标的使用权，由于某雨公司无法再继续使用“田某昕”商标，生产经营遭受重大损失。

情形二：某田公司为“田某昕”的注册商标权利人（注册类别为第25类“服装”等）。某雨公司为一家服装公司，经与某田公司协商，与某田公司签订了为期10年的商标排他使用许可合同，但未在商标局进行备案。随后，某田公司又与不知情的小昕公司签署了为期10年的商标排他使用许可合同，并在商标局进行了许可备案登记。由于备案产生了对抗效力，因此某雨公司不得再继续使用“田某昕”商标，生产经营遭受重大损失。

情形三：某田公司为“田某昕”的注册商标权利人（注册类别为第25类“服装”等）。某雨公司为一家服装公司，经与某田公司协商，与某田公司签订了为期10年的商标独占使用许可合同。在许可的第六年，“田某昕”商标被小昕公司提出了三年不使用撤销申请，由于某田公司怠于行使商标权利，“田某昕”商标被撤销。因此某雨公司不得再继续使用“田某昕”商标，生产经营遭受重大损失。

从前述三种情形可以看出，某雨公司作为商标的被许可人，在许可关系中均处于被动地位，因此在使用许可商标的过程中，往往面临较多风险。情形一中，在商标许可合同到期后，许可人某田公司收回了商标使用权，导致被许可人某雨公司不得不更换新的商标，从而失去了多年来积累的商誉。前有王某吉和加某宝因“王某吉”商标许可引发的商标侵权之争，后有某牛公司和某丝公司的“某牛”商标权属之争，皆与情形一类似。情形二中，某田公司与某雨公司的商标许可未进行备案，根据《商标法》第四十三条的规定，商标使用许可未经备案不得对抗善意第三人，因此某雨公司丧失了商标使用权。情形三中，商标权利人某田公司怠于行使商标权利，被许可人某雨公司因许可商标被撤销而丧失了商标使用权。

从保护被许可人的角度出发，被许可人应及早从以下几个方面进行风险防范。

1.提前对许可人及许可商标进行调查

签订许可合同前，应当提前对许可人及许可商标进行调查，选择“靠谱”的合作伙伴。主要调查的内容有：许可人的经营规模、资质信誉、许可商标的权利归属、许可商标是否存在被他人提出撤销或无效的风险等。当然，在签订许可合同后，也要密切关注许可商标的市场价值的起伏变化，以便评估下一阶段的商标许可情况。

2.选择合适的许可方式

许可分为独占使用许可、排他使用许可和普通使用许可。

（1）独占使用许可，是指商标注册人在约定的期间、地域和以约定的方式，将该注册商标仅许可一个被许可人使用，商标注册人依约定不得使用该注册商标。即除了独占被许可人，其他人包括注册人自己均不能使用该注册商标。

（2）排他使用许可，是指商标注册人在约定的期间、地域和以约定的方式，将该注册商标仅许可一个被许可人使用，商标注册人依约定可以使用该注册商标但不得另行许可他人使用该注册商标。即：除商标注册人和排他使用的被许可人外，其他人不能使用该注册商标。

（3）普通使用许可，是指商标注册人在约定的期间、地域和以约定的方式，许可他人使用其注册商标，并可自行使用该注册商标和许可他人使用其注册商标。如各种加盟连锁店的品牌许可通常都是普通许可的方式。在这种许可模式下，许可人及各被许可人均可以使用该许可商标。

在三种许可方式中，独占使用许可最有利于被许可人独占市场和进行商品管控，但其费用也最高。对于被许可人而言，可以根据需要与许可人协商许可方式。

3.及早进行许可合同备案

虽然备案不是许可合同生效的必要条件，但根据《商标法》第四十三条第三款的规定“商标使用许可未经备案不得对抗善意第三人”，如不及时进行备案，许可使用合同的效力范围仅在许可人和被许可人之间有效，其无法对抗善意第三人

（前文情形二）。为保障使用权益，被许可人应在许可合同中明确约定，在许可合同签署后的规定期限内向商标局提交许可备案申请。

4. 许可合同中进行细化约定，保障被许可人的商标使用权益

为保障被许可人的商标使用权益，需要对许可合同作出详细的约定，主要包括以下内容。

（1）许可期间内许可人应积极维护许可商标的有效性。例如，及时办理商标续展、被他人提出“撤三”[①]或无效宣告后积极进行答辩等。

（2）明确违约责任。如因许可人怠于行使商标权利导致被许可人无法使用许可商标的，或与被许可人签订了独占许可协议、排他许可协议后又将商标许可给第三方使用的，许可人需要承担相应的责任（如赔偿损失并支付违约金等）。

（3）约定过渡期限。商标许可合同结束后，对于许可期限内被许可人已经加工或正在加工中的商品，可以约定过渡期限，在过渡期限内被许可人仍可将已生产出和正在加工的商品进行必要的处理或销售。

5. 在商标许可期限内发展自己的品牌

商标许可中，对于被许可人来说，归根结底还是在租用他人商标，并非长久之计。因此在许可期限内，被许可人需要尽快发展自己的品牌。

根据被许可人发展自己的品牌中各措施的实操性，可以考虑如下方案。

（1）尽快申请注册其他商标，并与被许可商标一起使用，逐渐完成品牌更迭。需要注意的是，被许可人在申请注册商标时不要选取与许可商标近似的商标，因为即使商标初审公告或注册也容易因许可人提出异议或无效宣告而无效。

（2）在商标使用许可期间内，可及早与许可人谈判商标转让事宜。该措施适用于商标权利人未实际使用注册商标的情况。尤其对于商标独占使用的被许可人而言，一直是自己在进行商标宣传工作，考虑到培育品牌的不易，被许可人可与许可人进行谈判，争取将许可商标转让至自己名下。

（3）在商标许可使用期间内，可以与许可人谈判商标共存事宜。该措施适用于许可人与被许可人从事的行业相同，但主营项目不同的情况。例如，许可人在第43类“饭店、餐饮、茶饮”等服务项目上申请注册了“田某昕”商标，但实际使用在火锅店上，而被许可人将许可商标“田某昕”用于茶饮店，双方并非竞争对手，且均不再扩大主营项目。在此情况下，被许可人可与许可人协商，被许可

---

① 指撤销连续三年不使用注册商标的申请。

人在附加一定区别标识的前提下在“茶饮”服务上进行商标注册申请，如申请商标因许可商标“田某昕”被驳回的，由许可人出具经公证的共存同意书，助力被许可商标获得注册。

商标许可在市场经济活动中普遍存在，对于被许可人而言，要及早评估商标许可中可能存在的风险，提前进行风险防控，通过各类措施尽快拥有自主品牌。

撰稿人：田雨昕

注册商标不规范使用的法律后果有哪些

商标注册人在实际使用注册商标时，原则上不应随意改变注册商标的样式，但如果其更改使用后未改变注册商标的显著特征的，可以视为对注册商标的使用。

相信有不少人都遇到过这种情况，自己明明对注册商标进行了使用，但是却遭商标局“撤三”。或者，自己明明拥有注册商标，但还是被法院认定“实际使用的商标与他人商标构成近似”，被认定构成商标侵权。为什么自己明明占理，最后却成了没理的一方？种种情况，都是“注册商标不规范使用”惹的祸。

《商标法》第四十九条规定，商标注册人在使用注册商标的过程中，自行改变注册商标、注册人名义、地址或者其他注册事项的，由地方工商行政管理部门责令限期改正；期满不改正的，由商标局撤销其注册商标。注册商标没有正当理由连续三年不使用的，任何单位或者个人可以向商标局申请撤销该注册商标。再根据《最高人民法院关于审理商标授权确权行政案件若干问题的意见》第二十条和《最高人民法院关于审理商标授权确权行政案件若干问题的规定》第二十六条的规定，“实际使用的商标标志与核准注册的商标标志有细微差别，但未改变其显著特征的，可以视为注册商标的使用”。

根据上述法条可知，商标注册人在实际使用注册商标时，原则上不应随意改变注册商标的样式，但如果其更改使用后未改变注册商标的显著特征的，可以视为对注册商标的使用。下面，笔者以几则案例对该规定做一个简单的介绍。

一、在注册商标前增加其他要素的情形

亚某旅游文化发展有限公司（以下简称亚某公司）是商标“亚某”的注册人。[①] 第三人科某国际有限公司认为亚某公司从未实际使用过诉争商标“亚某”，于是向商标局提出撤销诉争商标的申请。亚某公司在商标局及法院提交了证据，证明其

---

① 最高人民法院（2018）最高法行申9330号。

在指定期间内在“汽车运输”“运输旅客”服务上实际使用了“重归亚某”标志，构成对诉争商标的使用。

法院认为本案中，亚某公司提交的在案证据可以证明，其在“汽车运输”“运输旅客”服务上实际使用了“重归亚某”标志。但诉争商标为“亚某”，与亚某公司实际使用的标志具有一定差异，亚某公司对“重归亚某”标志的使用不能视为对诉争商标的使用。

律师评述：“亚某”是文字商标，字体之间大小一致，因此其整体均是该商标的显著识别部分。而“重归亚某”虽然仅仅是在诉争商标前添加了两个字“重归”，但由于“重归”二字与“亚某”字体同样大小一致，未形成明显区别，添加后商标的整体呼叫也与“亚某”区别明显。该种修改很难达到“未改变注册商标的显著特征”的标准。

二、改变注册商标显著性特征的行为可能构成商标侵权

原告某县食品工业协会是“某县豆瓣”商标的合法注册人，该商标核定使用商品类别为第30类“豆瓣”。[①]某川食品有限公司是第2477××××号“某县”商标的注册人，核定使用商品同样为第30类。原告认为被告某顺食品贸易有限责任公司销售的案外人某川食品有限公司生产的“某县风味豆瓣”的商品侵犯了其注册商标专用权。而被告则答辩称被诉侵权产品使用的商标是某川食品有限公司合法拥有的“某县”注册商标，同时“豆瓣”是产品通用名称，因此其产品上使用的商标“某县风味豆瓣”是对其注册商标“某县”的合法使用。

被诉侵权产品包装将“某县豆瓣”标于标签中央位置，采取比其他文字更大的黑色字体并置于红底之上的方式，使得“某县豆瓣”实际发挥了商标性使用的效果。虽然被诉侵权产品桶盖标签“某县豆瓣”中间加入“风味”二字，因其字体较小，对整体视觉效果影响较小，仍然构成与“某县豆瓣”的近似。

律师评述：现实生活中，有一些商家会采取“先注册，后模仿”的行为，即通过注册与知名商标存在一定近似性但又不会被商标局驳回的商标（如本案当中的“某县”），但是在实际使用过程中，又添加其他要素进一步与知名商标构成近似，从而达到“傍名牌”的效果。

---

① 天津市高级人民法院（2020）津民终941号。

本案，被诉侵权产品使用的商标标志为“某县风味豆瓣”，但是“某县豆瓣”在整个商标中字体较大，“风味”二字在“某县豆瓣”中间字体非常小，而且上下排列，该种使用形式使得“某县豆瓣”仍然是该商标的显著识别部分，自然而然会被法院认定构成侵权。

三、结语

建议广大商家，一定要规划好自己经营过程中究竟想要使用的商标标志是怎样的，否则可能因擅自改变注册商标的使用样式而被他人申请“撤三”或者无意间侵害了他人的注册商标专用权。

撰稿人：聂丽敏

企业为什么要及时办理商标变更

企业在发展和扩张的过程中，往往伴随着地址的变迁甚至名称的变更。对于有注册商标的企业而言，需要及时办理变更申请，否则将埋下隐患。

一、什么是商标变更申请

《商标法》第四十一条规定："注册商标需要变更注册人的名义、地址或者其他注册事项的，应当提出变更申请。"《商标法实施条例》第十七条第一款规定："申请人变更其名义、地址、代理人、文件接收人或者删减指定的商品的，应当向商标局办理变更手续。"简言之，商标注册人应当规范使用注册商标，在享有法律赋予权利的同时，还须遵守有关商标使用管理的规定，如商标注册后相关事项需要变更（名称、地址、代理机构、文件接收人、删减商品），应当向商标局提出变更申请。

二、如不办理变更申请，可能存在哪些风险

对于商标注册人而言，最重要的是办理商标名称变更及地址变更，如不及时办理，可能存在如下几种风险。

（一）被商标局撤销

根据《商标法》第四十九条第一款的规定："商标注册人在使用注册商标的过程中，自行改变注册商标、注册人名义、地址或者其他注册事项的，由地方工商行政管理部门责令限期改正；期满不改正的，由商标局撤销其注册商标。"因此，如商标注册人在实际使用注册商标的过程中使用的是新企业名称、企业地址，属于"商标使用过程中自行改变注册人名义、地址"的情况，商标就存在被商标局撤销的风险。

（二）因地址变更无法接收到商标局文件被他人撤销

商标自注册之日起满三年后，任何人均可以连续三年不使用为由对注册商标提出撤销申请。商标局在受理“撤三”案件后，会通过商标注册证上的地址将“撤三”文件邮寄给商标注册人，如商标注册人未及时向商标局申请变更名义或地址，商标局的文件将无法送达，此时商标注册人无法得知商标被他人提出“撤三”的事宜，最终将因为未提供使用证据被商标局撤销。关于因未办理地址变更导致的商标撤销，包括以下几种情况。

1. 商标注册人怠于办理地址变更申请：在最高人民法院（2019）最高法行申2795号行政裁定书中，最高人民法院认为：“《商标法》第四十九条第一款亦赋予行政机关针对商标注册人在使用注册商标过程中不规范行为进行处理的行政职权，其目的并非附加行政机关相应义务，更不应理解为商标注册人可对法律规定其应自行履行的法定义务，可以消极等待行政机关对其进行敦促。本案中，某光咨询所变更实际经营地址未向商标局提出变更申请，导致其最终无法正常维权，属其自身过失所致，现某光咨询所反将该责任归结于行政机关的职责所致，无事实和法律依据，其该再审申请理由不成立。”

2. 商标注册人办理地址变更申请较晚：在北京知识产权法院（2017）京73行初1762号判决中，法院认为：“本案中，第三人于2016年5月30日针对争议商标向被告提出无效宣告请求。被告于2016年9月6日以原告争议商标登记证上所载地址向原告寄送答辩通知书，该邮件显示邮局寄出时的盖戳日期为2016年9月13日。被告于2016年12月14日作出被诉裁定……另外，原告于2016年8月10日将其地址由某市某村三社变更为某县某村顺河组。商标局直至2017年12月11日才收到原告关于变更商标注册人及地址的商标变更申请书，且原告的变更申请直至2018年2月7日才被商标局予以核准。本院认为，原告在争议商标的注册人及地址变更之后，未能及时按照法律的规定进行变更登记，致使被告无法得知原告的相关变更情况，被告按照争议商标登记的原告名称和地址向原告寄送答辩通知书，在该邮件未被退回的情况下，在三个多月之后作出被诉裁定并无不当。该邮件未能及时送达与原告变更名称及地址后未能依法及时进行变更登记具有很大的关系，其相应的法律后果应当由原告承担。被告作出被诉裁定的程序符合相关法律、法规规定。”

3. 商标注册人未办理地址变更申请，仅在“撤三”答辩阶段委托了代理机构，“撤三”复审中官方仍以商标注册人原地址送达，未抄送代理机构：在北京知识产权法院（2016）京73行初4642号判决书中，原告诉称，其在“撤三”答辩阶段委托了商标代理机构，由于企业在正常经营过程中挂号信形式基本不采用，收不到信件的可能性非常大，而被告（商评委）在行政阶段直接通过挂号信方式寄送给原告注册地址，又在退件后直接进行公告，而没有同时抄送给原告的商标代理机构，导致原告及其代理机构均未收到撤销复审答辩通知书，丧失补强证据的机会，故被告在送达程序上存在明显过失。法院认为：“按照相关规定，一般情况下，如若商标注册人未提出变更申请，其申请注册商标时商标档案记录的地址即为接收行政机关寄送的答辩通知书、决定书等文书材料的地址。本案中，原告未就企业注册地址的变更情况向相关机构提出变更申请，且连续三年不使用撤销申请程序中的商标局审查阶段和商标评审委员会复审阶段系不同的行政审查程序，原告于商标局审查阶段提交的商标代理委托书中亦仅勾选‘撤销连续三年不使用注册商标提供证据’的委托权限，不能当然认定代理机构的答辩或接收文书材料等委托权限可以延续至商标评审委员会复审阶段，且商标评审委员会于行政阶段因按照原告注册商标时留存的送达地址寄送的答辩通知书被退回后而采取公告送达方式符合相关法律规定，并无不当。”

（三）新申请商标与原在先注册商标相同/近似，但因申请人前后名义不一致出现自我驳回的情况

如申请人以新的公司名称申请商标，但新申请商标与在先注册商标构成相同/近似商标，因申请人前后名义不一致，因此新申请商标将因“与他人已注册的在先商标近似”而驳回。

（四）影响商标办理转让

在办理商标转让时，需要提交转让人主体资质文件并盖章，如转让人名称已经变更但其名下商标未办理变更申请的，在提交转让时可能因转让人名称与主体资质文件不一致而导致转让申请被驳回。此时，需要先提交变更申请，才能办理商标转让。

（五）影响商标办理续展

情况同（四），在提交续展申请时可能因主体资质文件与续展申请人名义不一致而导致续展失败。

三、如何办理商标变更

商标注册人地址变更后，建议尽快办理商标变更申请。

（一）文书选择

根据商标变更的五种类型，分为三个书式：变更商标申请人名义/地址申请书；变更商标代理人/文件接收人申请书；删减商品/服务项目申请书。

（二）变更注意事项

1.提交变更商标申请人名义/地址的，需要将申请人名下所有商标都进行变更。如部分商标不再使用的，需要办理注销申请。

2.如申请人名称、地址发生多次变更的，不需要逐次办理变更申请，只需一次性将名称/地址变更成最终的名称/地址就可以。

撰稿人：田雨昕

商标权纠纷中的侵权抗辩有哪些

商标侵权纠纷日益增多，越来越多的商家开始注重对商标的保护。但被诉侵权人在收到权利人发起的商标维权诉讼后，也应当勇于对自己的商标进行正当维权，维护自身的合法权益。

商标是商品或者服务提供者为了将自己的商品或服务与他人提供的同种或类似商品或服务相区别而使用的标记，商标具有识别来源、品质保障和广告宣传的功能。未经商标权人许可，在相同或类似商品上使用与其注册商标相同或近似的商标，一般构成商标侵权。但是被诉侵权人在面临侵权诉讼时，即便被诉商品使用了与注册商标完全一致的标识也不一定构成商标侵权。

一、描述商品或服务的特征抗辩

根据《商标法》第五十九条第一款的规定，注册商标中含有的本商品的通用名称、图形、型号，或者直接表示商品的质量、主要原料、功能、用途、重量、数量及其他特点，或者含有的地名，注册商标专用权人无权禁止他人正当使用。

在某宾酒业有限公司（以下简称某宾酒业）诉某得酒业股份有限公司侵害商标权纠纷案[①]中，原告某宾酒业认为被告某得酒业股份有限公司在涉案商品包装装潢上使用“某宾”文字及图标识的行为侵犯其“某宾”系列注册商标专用权，但是两审法院均认为，“某宾”系日常生活中经常使用的固定词语，并非商标权人王某波原创，且在酒类商品领域使用时，存在一定具有指示商品特点、描述商品质量或档次的含义，因此“某宾”作为注册商标本身显著性较低，无权禁止他人非商标性使用。某得酒业股份有限公司在涉案商品上虽使用“某宾”字样，但在字体、排列等方面与涉案注册商标存在差异，且并无突出或显示任何与某宾酒业有关联的内容，从使用该字样所占位置、比例、字体等均未超出说明或客观描述商品的正当使用的界限来看，其涉案行

① 北京知识产权法院（2021）京73民终1941号。

为并未侵犯某宾酒业对涉案注册商标的专用权。

二、说明商品或服务的用途抗辩

如果使用他人商标中的文字或图形，是为了说明自己提供的商品或服务能够与使用该商标的商品或服务配套，或是为了传递商品或服务来源于商标权人这一真实信息，则这种使用不构成商标侵权。

在某内公司诉河北某美公司侵害商标权及不正当竞争纠纷案[①]中，原告某内公司认为河北某美公司未经许可，擅自在其全球教育加盟网上使用了与涉案商标相同或近似的字样，其行为侵害了某内公司涉案商标专用权，同时也构成不正当竞争。但是法官认为，全球教育加盟网页面中标识了公司名称、企业主页、品牌名称、联系我们、公司介绍、招商项目、产品展示等信息，从前述内容展示可以看出，该网站主要是为网络用户提供加盟企业信息并介绍加盟项目。涉案网页多次出现“某程某美”字样，但是综合网页内容来看，该种使用系将“某程某美”作为北京某程某美科技有限公司运营的品牌进行介绍而使用，并非将该“某程某美”字样用于其自身商品或者服务上，该种使用只是为了说明或者描述北京某程某美科技有限公司所运营的业务品牌，其使用目的在于向浏览该网页的用户介绍北京某程某美科技有限公司的业务内容。该种使用方式属于河北某美公司在向网络用户提供加盟信息时为说明来源、指示用途而在必要范围内使用他人注册商标标识的行为，属于正当使用商标标识的行为。某内公司关于该种行为构成商标侵权的主张，并无事实和法律依据。

三、商标权用尽抗辩

商标权用尽，是指商标权商品如经包括商标权所有人和被许可人在内的商标权主体以合法的方式销售或转让，主体对该特定商品上的商标权即告穷竭，无权禁止他人在市场上再行销售该产品或直接使用。即商标权人通过自己的第一次销售行为，已经行使了自己的权利，获得了必要的商业回报，从而穷尽了自己的商标权；即对于经过商标权人许可向公众提供的商品，该商品上的商标权被视为

---

① 北京市海淀区人民法院（2019）京0108民初50007号。

"用尽"或"穷竭"，商标权人无权阻止该商品的所有权人向公众再次出售或提供该商品。

在某燕公司诉某宝网络有限公司、杨某侵害商标权纠纷案[①]中，原告某燕公司发现被告杨某在被告某宝公司经营的某宝网上开设会员名为"某代购2017"的某宝店铺内销售侵权服装商品，容易引起公众的误认和混淆，涉嫌商标侵权。某燕公司指控涉案实物为侵权商品的理由为杨某所售商品并非从某燕公司处进货。法院认为，在涉案实物经查验确属以纯正品的前提下，即便货源并非某燕公司，根据商标权用尽理论，某燕公司亦不能仅凭涉案实物并非从其处进货为由指控其为侵权商品。故某燕公司指控涉案实物为侵权商品的这一理由不能成立，最后法官判令某燕公司指控杨某的涉案行为构成商标侵权的诉请，理据不足，不予支持。

四、在先使用抗辩

根据《商标法》第五十九条第三款的规定，商标注册人申请商标注册前，他人已经在同一种商品或者类似商品上先于商标注册人使用与注册商标相同或者近似并有一定影响的商标的，注册商标专用权人无权禁止该使用人在原使用范围内继续使用该商标，但可以要求其附加适当区别标识。即如果他人在使用或者申请商标注册之前，就已经善意地在相同或类似商品或服务上使用了与注册商标相同或者近似的未注册商标，而且这种使用还产生了一定的影响，那么在先未注册商标者依旧可以在原有范围内继续使用。

在某波公司诉海某公司侵害商标权纠纷案[②]中，原告某波公司认为，海某公司在相同产品的外包装上突出使用与其商标完全相同的"某海"标识，构成商标侵权。被告海某公司辩称，其使用"某海"二字系对商品特点的描述性正当使用，且其在2002年以前就已经在使用"某海"字样了，属于在先使用，不构成商标侵权。一审法院认为，某波公司商标目前尚在有效期内，应受法律保护。海某公司在所销售的其中两款紫菜产品外包装上突出使用"某海"字样，属于在同一种商品上使用与注册商标近似的商标的行为，容易导致混淆，构成对某波公司注册商标专用权的侵害。但二审法院认为，从现有证据来看，尚不足以认定权利商标系

---

① 杭州市余杭区人民法院（2021）浙0110民初12201号。

② 福建省高级人民法院（2021）闽民终208号。

恶意抢注。海某公司在本案中提供的证据足以证明其早在2002年即开始生产销售带有“某海”字样的紫菜产品。该持续性的使用行为已经使“某海”文字成为有一定影响的标识。而且在某波公司涉案商标获得注册后，海某公司在其紫菜产品的包装上继续使用“某海”字样，与在先使用“某海”标识的产品属于相同产品，并没有超出原有使用范围。故海某公司关于在先使用的抗辩成立。遂判决撤销原审判决，驳回某波公司的全部诉讼请求。

五、商标权利滥用抗辩

《商标法》第七条第一款规定，申请注册和使用商标，应当遵循诚实信用原则。注册商标的目的是将自己提供的商品或服务与他人的同类商品或服务分开。但是近年来，一些商标权利人抢注商标，将他人的商誉或公共资源据为己有并向他人兜售注册商标、索取费用的现象时有发生。以损害他人正当权益为目的，恶意取得并行使权利，扰乱市场正当竞争秩序的行为均属于权利滥用。

在某瑞公司诉某港置业有限公司侵害商标权纠纷案件[①]中，原告某瑞公司认为被告某港置业有限公司的楼盘“某这城”侵犯其商标权，“某这城”商标是注册人唐某以排他使用许可方式许可给某瑞公司管理、使用和维护。两审法院均认为，某港置业有限公司在本案中使用“某这城”文字的行为，主观上不具有攀附涉案注册商标商誉的意图，客观上也不会使相关公众对正确识别相关服务来源形成障碍，某瑞公司以非善意取得的商标权对某港置业有限公司的使用行为提起的侵权之诉，构成权利滥用，最后法院判决驳回某瑞公司的诉讼请求。

撰稿人：石素坤

---

① 天津市高级人民法院（2018）津民终114号。

“元宇宙”会变为通用名称吗

导语：刘慈欣说过，人类面前有两条路，一条向外，通向星辰大海；另一条对内，通向虚拟现实。

“元宇宙”（Metaverse）的概念源于1992年尼尔·斯蒂芬森的科幻小说《雪崩》，书中描述的“元宇宙”是一个脱胎于现实世界，但又与现实世界平行、相互影响且始终在线的虚拟世界。

图2-4 “元宇宙”商标申请情况

就在扎克伯格宣布Facebook将部分更名Meta后，各个互联网“大厂”陆续宣布加入“元宇宙”竞赛。微软宣称要打造企业“元世界”，英伟达表示要打造“Omnverse平台”，将现实世界连接到虚拟世界中。而在商标界，“元宇宙”的竞赛更显激烈。根据天眼查数据显示，截至2021年9月，“元宇宙”相关商标的申请量已经达到3300多件！（且在持续增长中）

经商标局官网查询，在部分类别，“元宇宙”商标已经初审公告。（如初审公告后三个月内无人提出异议，商标将注册成功）

申请/注册号	国际分类	申请日期	商标名称	申请人名称
54844433	45	2021年03月31日	元宇宙	北京[redacted]信息科技有限公司
54844421	38	2021年03月31日	元宇宙	北京[redacted]信息科技有限公司
54825666	42	2021年03月31日	元宇宙	北京[redacted]信息科技有限公司
54455152	41	2021年03月19日	元宇宙	苏州[redacted]科技有限公司
54017842	9	2021年03月03日	元宇宙	宁波[redacted]企业管理合伙企业（有限合伙）
54015744	35	2021年03月03日	元宇宙	宁波[redacted]企业管理合伙企业（有限合伙）

图2-5 "元宇宙"商标初审情况

暂且不论"元宇宙"商标最终花落谁家，即便注册成功，也将面临两大风险。

一、目前"元宇宙"已经出现泛化的趋势

在各个大厂加入"元宇宙"竞赛后，"剧本杀元宇宙""虚拟偶像元宇宙"概念相继出现。同时，在后的申请人知晓"元宇宙"商标注册无望后，纷纷转向申请"×××元宇宙"商标。

此种情形使我们联想到"蓝牙"。"Bluetooth"在经过本土化的使用后，逐渐演变为直译词"蓝牙"。若干年后，布鲁特斯SIG有限公司注意到这一现象，申请"蓝牙"商标，但仍为时已晚，经过驳回复审、一审、二审而未注册成功。二审法院认为，商标的注册和保护遵循地域性原则，在中国大陆，"蓝牙"是一种支持设备短距离通信的无线技术，使用在电话机等商品上，直接表示了指定商品的技术特点，缺乏商标应有的显著性，已构成《商标法》第十一条第一款第（二）项规定的情形。

与"蓝牙"商标类似，多个市场主体已经开始使用"×××元宇宙"标识，因此"元宇宙"商标即便注册成功，也面临着被迫泛化的风险。试想，一年后，如果喜马拉雅"元宇宙"、梦三国"元宇宙"等各路"×××元宇宙"商标均注册成功，"元宇宙"必将变为通用名称。

二、"元宇宙"商标在注册成功后，权利人需要花费巨额资金来进行维权

当然，"元宇宙"商标在注册成功后，为维持商标的显著性，权利人可以对其他商标采取异议申请或无效宣告申请等多种措施。

另一个典型的案例是“Jeep”商标。当克莱斯勒有限公司发现自己使用在汽车等商品上的“Jeep”商标可能变为通用名称时，迅速采取了一系列措施进行维权。包括：（1）立即通过商标异议申请、无效宣告、诉讼等方式对包含“Jeep”的商标进行打击，主动维权；（2）加强媒体宣传，采用了“不是所有的吉普都叫Jeep”的广告语，加深消费者对于“Jeep”品牌的印象；（3）积极行使字典订正，强调注册商标专用权，将“Jeep”与权利人克莱斯勒公司紧密联系在一起。

但“元宇宙”商标的权利人面临的是数千个“×××元宇宙”商标，如进行维权以及品牌推广工作，将花费巨额资金。

那么作为“元宇宙”商标的权利人，可以采取哪些措施避免商标泛化呢？

在我们看来，很多互联网投资者认为“元宇宙”将是下一个互联网时代的风口，因此，如果“元宇宙”商标权利人确实要加入“元宇宙”竞赛中，那么在商标注册成功后，一方面要加强品牌宣传，广泛进行使用；另一方面须通过商标异议、无效宣告等行政措施和商标侵权及不正当竞争等民事诉讼来积极进行维权工作，以期达到商标驰名、国家知识产权局主动驳回包含“元宇宙”商标的效果。

但如商标权利人规模小、投资少、运营能力欠缺的，鉴于“元宇宙”商标在短期内的热度，权利人或许可以考虑把商标尽快转让给某一互联网“大厂”，将无形资产尽快变现，未尝不是一种好的投资手段。（不以使用为目的的恶意商标注册申请暂不考虑）

撰稿人：田雨昕

在互联网推广中使用他人商标作为关键词属于什么行为

在互联网环境下，商标使用的表现形式越来越多样化，在广告服务中，广告主使用他人商标作为关键词来进行自身商品或服务的推广营销的行为时有发生。确认其行为构成商标侵权或是不正当竞争，需要结合个案情形来具体判断。

一、在推广中使用他人商标作为关键词的行为表现

关键词搜索通常是指网络用户在搜索引擎中利用关键词进行检索，从而获取与该关键词相关联的内容的行为。

通常来说，广告主在关键词搜索中使用与他人商标相同或者近似的商标的常见情形主要有两种：一是显性使用。即使用他人商标作为关键词，在搜索结果中的显著部分或是链接到自己的商品/服务的描述中也显示该关键词。二是隐性使用。即该关键词仅用于关键词推广，虽然搜索结果显示了广告主的商品/服务，但在搜索结果中并不显示该关键词。

二、显性使用的行为性质探讨

在广告主将他人商标作为关键词的显性使用中，广告主不仅将他人商标设置为搜索关键词，还在推广的内容中使用了他人的商标，这种情况可能会被法院认定为商标侵权或（和）不正当竞争。

但是对于使用的他人商标既是其注册商标或其注册商标的组成部分，同时也是其字号的，目前在司法实践中存在两种观点。

一种观点认为，前文情况为商标侵权与不正当竞争的竞合，由于前者是保护注册商标专用权的专门法，后者用于制止其他违反诚实信用原则的不正当竞争行为，发挥补充保护的功能，因此在实践中，通常以知识产权侵权认定为

主，如果能认定被告属于知识产权侵权，则不再适用《反不正当竞争法》的有关规定。

在北京市海淀区人民法院（2020）京0108民初5597号“某德公司诉某杰公司等侵害商标权及不正当竞争纠纷案”中，法院认定：（1）某杰公司在其推广服务中，添加了“某德led显示屏”作为关键词（“某德”为某德公司的注册商标），并在链接标题和链接描述中进行使用、展示的行为，目的是将搜索涉案关键词的相关公众吸引至某杰公司所经营的网站中，以获得交易机会的增加，进而获取商业利益，故其性质属于在商业交流和交易过程中将涉案关键词作为商业标识进行使用的商标性使用行为。（2）某杰公司的使用行为构成在类似商品上使用与原告涉案商标近似的商标的行为，该行为极易使相关公众误认为某德公司与某杰公司之间存在特定联系，造成消费者混淆，系商标侵权行为。（3）在已经判定该行为侵害原告商标权的情况下，不再适用《反不正当竞争法》予以规制。

另一种观点认为，如使用的他人商标既是其注册商标或其注册商标的组成部分，同时也是其字号的，注册商标和字号是权利人分别享有并主张的两项权利基础，因此该行为不仅构成侵害商标权，也构成不正当竞争。

在浙江省高级人民法院（2020）浙民终463号“浙江某教育集团有限公司诉诸暨某学校侵害商标权纠纷案”中，二审法院认为，“某亮”不仅是权利人商标，还是其字号。该字号经过长期宣传使用已经具有很高的知名度，属于法条规定的“有一定影响的字号”。本案双方为同业竞争者，在明知“某亮”字号知名度的情况下，擅自在相关搜索结果页面上使用“某亮”字样，容易使相关公众混淆服务来源或误认为两者存在特定联系，构成侵害他人企业名称权益的不正当竞争行为。

三、认定显性使用行为构成商标侵权的考虑因素

从上述案件可以看出，使用他人商标作为互联网推广关键词的，不论法院最终是否适用了《反不正当竞争法》，首先可以考虑该行为构成商标侵权行为。商标侵权的认定主要考虑以下几个方面。

1.使用他人商标的推广行为是否构成商标性使用。根据《商标法》的规定，商标的使用，是指将商标用于商品、商品包装或者容器以及商品交易文书上，或者将商标用于广告宣传、展览以及其他商业活动中，用于识别商品来源的行为。据此，如果不是以识别商品来源为目的使用商标，或者将商标用于非商业活动

中，都不构成商标法意义上的使用行为。如在“某阿胶公司与某堂公司商标侵权及不正当竞争纠纷案”[①]中，对于某堂公司在商品描述中使用某阿胶公司的商标“某阿胶”文字的行为，二审法院认定：“在使用‘某阿胶’文字时，就既涉及对整个商标标识的使用，又涉及对其商标中描述性信息的使用。在此种情形下判断被诉行为是否构成商标法意义上的使用，需要根据被诉行为的具体使用方式，结合《商标法》第四十四条和第五十九条第一款的规定，判断该使用行为系发挥商标指示商品或服务来源的功能，还是发挥其中描述性信息的作用。”以“某阿胶”为关键词进行搜索时，出现的结果包含商品的搜索结果“山东某阿胶块某美阿胶片240g铁盒装……”其对“某阿胶”的使用为对商品产地、性质的描述，不构成商标侵权。

2.是否容易导致消费者的混淆。这主要看双方是否构成相同或类似商品/服务上的相同/近似商标。在“某德公司诉某杰公司等侵害商标权及不正当竞争纠纷”案件中，涉案商标核定使用范围为第9类，从某杰公司的官网可以看出，其提供的产品和服务与涉案商标核定使用的范围具有关联性。某杰公司使用“某德led显示屏”作为其关键词，“led显示屏”为体现产品或者服务的词汇，“某德”具有明显的指示来源的作用，因此某杰公司的使用行为构成在类似商品上使用与原告涉案商标近似的商标的行为，该行为极易使相关公众误认为某德公司与某杰公司之间存在特定联系，从而造成消费者混淆。

四、关键词隐性使用的行为性质探讨

在将他人商标作为关键词的隐性使用中，广告主仅将他人商标设置为搜索关键词，但并未在推广的内容中使用他人商标，对于该行为，主流观点是通过《反不正当竞争法》来进行规制。

首先，隐性使用行为不构成商标侵权，主要原因在于其并未进行商标性使用。根据《商标法》的规定，商标的使用，是指将商标用于商品、商品包装或者容器以及商品交易文书上，或者将商标用于广告宣传、展览以及其他商业活动中，用于识别商品来源的行为。据此，如果不是以识别商品来源为目的使用商标，或者将商标用于非商业活动中，都不构成商标法意义上的使用行为。而关键词隐性使

---

① 北京知识产权法院（2015）京知民终字第1196号。

用为后台使用关键词的行为，并未使用在商品名称或商品描述中，因此没有发挥识别商品来源的作用，不构成商标侵权行为。

其次，对于关键词隐性使用行为是否构成不正当竞争，目前各法院判决存在差异。在广东省广州市天河区人民法院（2016）粤0106民初5333号判决中，法院认为："某度公司根据网络用户点击客户所设置的关键词数量、价格自动从推广服务客户的预付款中扣除点击费用，关键词推广链接服务目的在于吸引网络用户的注意力，从而增加被推广网站的交易机会。涉案推广链接标题中虽未包含'某游''某游手游'字样，但从推广链接的设置原理和作用分析，足以推定该推广链接的设置者已将'某游''某游手游'设为关键词并已实际投入推广服务，推广链接所涉《某语》游戏与某火公司主张权利的《某游》游戏同属回合制网络游戏，两者具有直接的竞争关系。设置者通过关键词推广链接服务，导致希望了解某火公司《某游》手游相关信息的相关公众在搜索游戏名称时却找到推荐、宣传《某语》游戏的网站链接，进而误导其进入《某语》游戏网站，可能使相关公众误以为两个游戏存在某种联系，从而增加了下载、注册、运行《某语》游戏并从中获利的机会，减少了《某游》游戏的交易机会，损害了某火公司的合法利益。故该行为虽系隐性使用，但仍构成擅自使用某火公司知名商品（服务）名称'某游''某游手游'的不正当竞争行为。"但在江苏省高级人民法院（2017）苏民申2676号判决中，法院认为："《反不正当竞争法》及相关解释并未将使用他人商标或企业名称作为关键词进行搜索的行为规定为不正当竞争行为，故只能根据《反不正当竞争法》第二条的一般规定进行分析，但适用该一般条款应严格把握适用条件。总体而言，适用《反不正当竞争法》第二条认定构成不正当竞争应当同时具备以下条件：一是法律对该种竞争行为未作出特别规定，二是其他经营者的合法权益确因该竞争行为受到实质性损害，三是该竞争行为因确属违反诚实信用原则和公认的商业道德而具有不正当性或可责性。本案中，某兰公司将某人公司'某人'作为推广服务关键词的行为，其目的是增加该公司网站的点击量，增加该公司的知名度，希望为其带来潜在的商业交易机会，但这种商业交易机会并非法定权利，某人公司也未提供证据证明某兰公司的行为实质性损害了某人公司的正当利益或消费者利益。某兰公司仅在系统后台设置关键词，某人公司官网链接仍排搜索结果第一位、某兰公司链接只排在第三位，某兰公司链接描述内容及点击打开后的网站中并无'某人'商标等相关内容，某兰公司的行为并未使相关公众产生混淆误认，也未误导消费者……因此某兰公司将某人公司‘某人’作为推广服务的关键词的行为不构成不正当竞争。”

五、关键词隐性使用构成不正当竞争的要件分析

对于关键词隐性使用是否构成不正当竞争，在上海市浦东新区人民法院发布的互联网不正当竞争典型案例①中给出了较为详细的判断。该案中，法院认为，关键词隐性使用是否构成不正当竞争，可遵循以下路径加以判别：首先，是否存在混淆、虚假宣传等反不正当竞争法明确列举的不正当竞争行为；其次，该行为是否损害了经营者、消费者的合法权益，是否扰乱了正常的市场竞争秩序；最后，该行为是否违反诚实信用原则和商业道德而具有不正当性和可责性。

首先，在该案中，虽然某天公司将某地公司的网络地址设置为搜索关键词，但某地公司官方网站依旧出现在搜索结果的首位。这种无须支付费用的“显示”已经保证了商业标识专用权人的网址对于消费者的可见性，某地公司的合法权益未因此而受到损害。

其次，从消费者利益的角度来看，若允许选用他人商标、企业名称、域名等商业标识作为关键词，则能够帮助消费者获得更多的信息和选择的机会，降低其搜索成本。关键词隐性使用未剥夺消费者信息选择权。某天公司推广链接的内容本身无某地公司任何信息且对自身商品来源及相关信息作了清晰描述，相关公众依其认知能力完全能够识别两者之间的不同，该种关键词的隐性使用未扰乱正常的市场秩序。

最后，通过使用他人商业标识作为关键词，使用人能够借助搜索引擎的服务实时地捕捉到哪些互联网用户在对竞争对手的商品或服务感兴趣，当这些消费者出现时，搜索引擎会即时地将使用人的网址链接呈现在这部分消费者面前。所以，在付费搜索广告服务提供商与广告商之间形成一种信息的交换，这是一种以“竞争对手的目标消费者群体的信息”为客体的交易，是一种帮助广告商定位到竞争对手的目标消费者群体的服务。这种关键词选用行为本身，是一种市场竞争的手段。在开放的竞争环境下，隐性关键词的使用方式符合现代销售和合法竞争的精神，该竞争行为并不违反诚实信用原则和

① 上海市浦东新区人民法院（2020）沪0115民初3814号。

公认的商业道德。

综上，如关键词隐性使用未破坏权利人的商业标识对于消费者的可见性，不会导致相关公众的混淆，未扰乱正常的市场竞争秩序，亦不违反诚信原则和公认的商业道德，则不构成不正当竞争。

撰稿人：田雨昕

驰名商标认定应注意什么

驰名商标又称为周知商标，是指经过有权机关（国家知识产权局工商局、商标评审委员会或人民法院）依照法律程序认定为驰名商标的商标。

驰名商标，是中国国家知识产权局商标局，根据企业的申请，官方认定的一种商标类型，在中国国内为公众广为知晓并享有较高声誉。对驰名商标的保护不仅仅局限于相同或者类似商品或服务，就不相同或者不相类似的商品申请注册或者使用时，都将不予注册并禁止使用，因此驰名商标被赋予了比较广泛的排他性权利。而且驰名商标持有企业的公司名以及网址域名都会受到不同于普通商标的格外法律保护。

一、驰名商标认定的显著意义

1. 巨大的经济效益： 驰名商标是品牌知名度与美誉度的结合，是依法律程序经权威部门认定的。在消费者心中这才是货真价实而非自我标榜的"名牌"，由此带来的综合效益，将使企业在激烈的市场竞争中获得更大的领先优势。

2. 企业无形资产大幅度增值： 驰名商标是中国商标领域的最高荣誉。获得驰名商标认定，可以进一步提升企业的品牌形象，使企业的无形资产大大增值。

3. 驰名商标可受到更严密的法律保护：

（1）保护范围扩大： 不仅在该商标核准注册的范围内保护获得商标专用权的保护，还可禁止他人在其他有一定关联性的领域擅自使用该商标。这样就能有效防止他人"搭便车"，防止将企业的品牌淡化，同时为企业在时机成熟时采取多元化发展、在多个生产和服务领域广泛使用核心品牌打下坚实的基础。

（2）保护力度加大： 在对抗商标恶意抢注、对抗不相同、不类似商品服务商标的影响和在近似商标的认定等方面都将得到更大力度的保护。

（3）保护领域增加： 不仅在商标领域进行保护，在企业名称、互联网域名等其他领域，中国驰名商标仍可得到更多的保护。这就会更加突出该商标的显著性，使商标的无形资产大大增值。

二、驰名商标认定的原则

1.个案认定

首先，当事人必须在具体的商标案件中，认为系争商标构成对其已为相关公众所熟知商标的复制、模仿、翻译并且容易导致混淆或者误导公众，致使该驰名商标持有人的利益可能受到损害时才可以提起驰名商标认定；其次，在需要认定驰名商标的案件中，驰名商标的认定结果只对本案有效。曾被认定为驰名商标的，在本案中可以作为驰名商标保护记录予以考虑。

2.被动保护

商标局、商标评审委员会可以在具体的商标案件中应当事人的请求就其商标是否驰名进行认定，并在事实认定的基础上作出决定或裁决。当事人未主张驰名商标保护的，商标局、商标评审委员会不予主动认定。

3.按需认定

如果系争商标与他人商标区别较大，或者系争商标指定使用的商品/服务与他人商标指定使用的商品/服务相差较大，系争商标的申请注册不会导致混淆或者误导公众，致使该驰名商标注册人的利益可能受到损害的，商标局、商标评审委员会无须对他人商标是否驰名进行认定。

三、驰名商标认定的重要因素

第一个因素是时间：包括商标的注册时间和使用时间，注册使用时间越长，不仅构成驰名商标的概率越高，而且驰名商标扩大保护的范围也越广，比如伊利驰名商标从1993年就开始使用。

第二个因素是地域：包括产品的销售地域、服务的营业地域、广告的覆盖地域等。地域范围越广，不仅构成驰名商标的概率越高，而且驰名商标扩大保护的范围也越广。

第三个因素是经济数据：包括产品销售收入、服务营业收入、净利润、广告投入额、市场占有率排名等重要的经济数据。经济数据越高，构成驰名商标的概率越大，而且驰名商标扩大保护的范围也越广。

第四个因素是知名度：包括企业获得的荣誉，第三方知名媒体的评价报道，组织或参加的高级别会议、商务活动、赛事等。比如百度荣获国家工商总局和世界知识产权组织联合颁发的中国商标金奖“商标创新奖”，伊利是我国唯一同时服务夏季奥运会和冬季奥运会的乳制品企业等。

四、驰名商标认定的途径

表2-7　驰名商标认定途径及分析

性质	机关	程序	权威性	证据	优缺点
司法认定	一般为全国各地中级人民法院	**司法认定程序**是指对他人生产、销售的侵犯驰名商标的产品，向有管辖权的法院提起侵权诉讼，并请求认定驰名商标	司法认定的权威性不强，不被国家知识产权局认可	侵权日前三年商标驰名的证据	认定难度相对较低，但对抗性强
行政认定	国家知识产权局	**商标管理程序**是指对他人生产销售的侵犯驰名商标的产品，向各地知识产权局进行侵权投诉并请求认定驰名商标	权威性强，国家知识产权局认可	侵权日前三年商标驰名的证据	涉及地方各级知识产权局部门多，并且若认定不成功，没有后续程序
	国家知识产权局	**商标异议程序**是指对他人初步审定公告的商标向国家知识产权局提出异议，并请求认定驰名商标	权威性强，国家知识产权局认可	被异议商标申请日前三年商标驰名的证据	若认定不成功，没有后续程序
	国家知识产权局/北京知识产权法院/北京市高级人民法院	**商标无效宣告及后续的诉讼程序**是指对他人已经注册的商标向国家知识产权局提出无效宣告，并请求认定驰名商标	权威性强，国家知识产权局认可	争议商标申请日前三年商标驰名的证据	若认定不成功，有后续诉讼程序，而且后续诉讼程序的认定结果，国家知识产权局、北京知识产权法院及北京市高级人民法院均认可

通过以上表格的分析比较，我们可以看到无效宣告及后续的诉讼程序，属于

行政认定权威性高，而且即使国家知识产权局认定不成功，还有后续的法院程序继续认定，而且后续法院诉讼程序属于行政认定，其认定结果，国家知识产权局、北京知识产权法院、北京市高级人民法院均认可，因此，无效宣告及后续诉讼程序是目前比较适宜的驰名商标认定程序。

五、驰名商标认定后的宣传禁忌

《商标法》第十四条第五款规定，生产、经营者不得将“驰名商标”字样用于商品、商品包装或者容器上，或者用于广告宣传、展览以及其他商业活动中。该规定表现了认定驰名商标制度的本意：要把驰名商标当作防止不正当竞争的一种制度，而不是当作一种荣誉称号和进行广告宣传的资本，更不能为了获得这种特殊的“资本”弄虚作假，甚至制造根本不存在的商标纠纷，以求在诉讼中被认定为驰名商标。**驰名商标是用来维护公平竞争的，而不能把它作为工具**进行不正当**竞争**。

六、结语

商标是商品经济的产物，其目的用来标识产品或服务的来源，被认定为驰名商标，则意味着企业的服务、产品质量、企业的信誉都获得了消费者的广泛认可，同时商标被认定为驰名商标本身，也会让广大消费者更进一步提高对企业的认同度，增加企业的知名度，扩大企业的品牌效应。驰名商标认定的目的是激励社会经济进步，维护使用该商标的商品或服务的相关公众利益，防止对该商标的混淆、淡化或不当利用，从而达到维护商标专有权人的权利的目的。

撰稿人：张晓汉

“竞价排名”是否侵权

近年来知识产权已经成为国家及企业高度重视的核心资产之一，也成了社会关注热点。为了保护自身的知识产权合法权益，企业应通过司法途径确认互联网付费推广应当遵循的法律规则以及互联网搜索引擎提供商的责任承担。

随着互联网经济的蓬勃发展，互联网推广领域已成为知识产权保护的重要阵地。由于互联网付费推广取证难、内容传播快且侵权人侵权成本低、风险低、侵权回报率高等因素，互联网付费推广领域存在不靠产品靠广告、漠视知识产权规则进行推广的乱象。

一、案情简介

某英商标事务所享有两个“某英”商标，核定使用在知识产权咨询、代理等服务上，并两次获评某省著名商标。某戒公司与某度公司约定在某度网站进行关键词搜索推广（竞价排名）服务。某戒公司将“某英商标”设置为搜索关键词，在某度网站下拉菜单中出现“某英商标、某英商标事务所、某英知识产权、深圳某英商标”，并在第一个搜索结果中显示“某英商标某戒知识产权”“深圳某英商标—某戒知识产权”等，点击该搜索结果即进入某戒公司网站。某英商标事务所认为某戒公司侵害其商标权，并损害其企业名称权构成不正当竞争，遂诉诸法院，请求判令某戒公司立即停止侵权，并赔偿经济损失503万元，某度公司对其中53万元承担连带责任。

某省高级人民法院生效判决认为：涉案两个商标在知识产权法律服务上具有一定知名度，某戒公司将“某英商标”设置为搜索关键词的行为，构成商标侵权。某戒公司还将“深圳某英商标”“某英商标事务所”作为搜索关键词，擅自使用某英商标事务所有一定影响的企业名称，构成不正当竞争。故判决某戒公司立即停止侵权，并赔偿某英商标事务所经济损失及合理维权费用共50万元。某度公司在接到某英商标事务所要求删除的有效通知后，未及时采取删除等必要措施，造成损害进一步扩大，故改判某度公司对其中10万元承担连带责任。

二、律师评述

1.“竞价排名”侵害商标权的认定标准

《最高人民法院关于审理商标民事纠纷案件适用法律若干问题的解释》第十条规定，认定商标相同或者近似，应当按照以下原则进行：（1）以相关公众的一般注意力为标准；（2）既要进行对商标的整体比对，又要进行对商标主要部分的比对，比对应当在比对对象隔离的状态下分别进行；（3）判断商标是否近似，应当考虑请求保护注册商标的显著性和知名度。本案中虽然涉案商标“某英”是固有的中文词汇，作为商标的固有显著性不高。但其注册后经过近十年的使用，分别于2011年和2015年两次被某省工商行政管理局评为“某省著名商标”。某英商标事务所亦先后获得某省科技服务业百强机构、某市知识产权工作先进单位、首届某市知识产权梧桐金奖评选“最佳服务奖”等多项省市级荣誉，并且成为多个知名商标的注册申请代理人。因此认定涉案商标通过长期使用和经营管理，提升了显著性，并在知识产权法律服务上具有一定的知名度。同时某戒公司在与某英商标事务所同为商标代理服务提供商的情况下，使用的“某英商标”与涉案商标构成近似商标，在商业活动中以识别服务来源为目的将注册商标“某英”作为搜索关键词显性使用，构成商标性使用。因此认定某戒公司将“某英商标”设置为搜索关键词的行为，属于在同一种商品或服务上使用与其注册商标近似的商标，容易导致混淆，依法构成商标侵权。

2.“竞价排名”中互联网搜索引擎提供商的责任承担

在本案中，某戒公司通过购买某度公司竞价排名服务并将“某英商标”设置为搜索关键词推广其商标服务，促成交易。某英商标事务所在发现该行为后立即依法向某度公司投诉，对此某度公司辩称，某英商标事务所未能按其系统反馈的答复和要求进行投诉，属于无效通知，故某度公司对其没有及时采取删除搜索关键词等必要措施造成的损害不必承担连带责任。二审法院认为，对于此类侵权行为的投诉，法律并未规定投诉形式，某度公司收到了某英商标事务所有理有据的通知，即为有效通知。某度公司作为互联网服务提供商，对于客户利用网络服务实施侵权行为的，应设置便捷、清晰、快速的投诉方式和途径，方便权利人通知网络推广服务提供者采取删除、屏蔽、断开相关链接和搜索关键词等必要措施，尽最大努力降低权利人的损失。对于侵权事实比较明显的行为，对投诉人提供书面通知不应过于苛求，在相关通知足以判断侵权行为可能存在的情况下，网络服务提供者即应采取必要措施，以防止损害后果的进一步扩大。某度公司在收到有理有据的有效通知后，并未立即采取删除、屏蔽搜索关键词等必要措施，故对损害的扩大部分应承担连带责任。

三、结语

此案对于侵权行为人利用网络进行侵权的类似案件具有重大的指导意义。一是侵权行为人在某度竞价排名关键词中使用他人商标、字号推广自身的行为明确被认定为商标侵权行为，对后期同类侵权行为认定具有指导意义，体现了商标侵权行为的认定从传统单一过渡到开放多元的趋势，也体现了国家加大保护注册商标的力度；二是竞价排名服务提供商某度公司被判决对侵权损害承担连带赔偿责任，全国范围内均较为少见。互联网公司在今后应当更加注意其提供的互联网商业推广服务所面临的侵权风险，对权利人投诉侵权的通知尽到互联网商业推广服务商的监管责任，否则将面临承担侵权损害赔偿连带责任的风险。权利人对于侵权规模不大、损害结果轻微的情况，更愿意选择能迅速制止侵权行为、减少持续损失的维权手段，若平台能够尽到监管责任及时采取措施制止侵害，权利人则不必采用成本高昂、维权周期长的诉讼维护权利。

撰稿人：张晓汉

“通用名称”的显著性如何判断

商标的显著性可能会随着实际使用情况发生变化，一个固有显著性较弱的商标，完全可以经过实际使用增强其来源识别作用，因而增强其显著性。即便是仅有商品的通用名称、图形、型号或者仅直接表示商品特点的标志，依然可以通过使用获得显著性。

商品或服务的通用名称是指在某一范围内法定或约定俗成的，被普遍使用的某种商品或服务的名称。例如，“电视机”“洗衣机”“冰箱”等都属于通用名称。商标的显著性，又称商标的区别性或识别性，即商标能起到区别作用的特性。各国商标法都将显著性作为商标最重要的构成要件。根据《与贸易有关的知识产权协议》（TRIPS），显著性是指是否具备区分商品或服务的能力，显著性也是判断某一标志可否注册为商标的唯一决定性因素。《商标法》第九条第一款规定，申请注册的商标，应当有显著特征，便于识别，并不得与他人在先取得的合法权利相冲突。

一、案情简介

中国某安保险（集团）股份有限公司（以下简称中国某安）于1988年注册成立，通过持续经营，业务范围遍布全国并发展至海外多个国家和地区。中国某安在保险、银行和投资等服务类别注册了多个“某安”商标，“某安”商标多次被认定为驰名商标，具有极高的知名度。中国某安已经发展成为一家大型民营金融企业集团，在国内外享有较高的声誉。某安国际大酒店有限公司成立于2013年1月18日，某安国际大酒店在其位于深圳市福田区某路的酒店醒目位置使用“某安国际酒店”标识，并通过官方网站、某酒店预订服务网站等进行宣传推广，从事经营活动。中国某安认为，在某安国际大酒店成立时，中国某安第697××××号“某安”注册商标已属于“保险”“银行”“投资”服务类别上的驰名商标，某安国际大酒店将“某安”作为字号注册并使用，具有明显的攀附“某安”商标知名度的主观故意，构成不正当竞争行为。某市中级人民法院一审判决某安国际大酒店有限公司赔偿原告中国某安经济损失人民币200万元，某省高级人民法院二审判决：驳回上诉，维持原判。

本案涉及跨类保护，权利人可以选择知名度更高、禁用权更强的商标行使权利，驰名商标认定因此成为必要；通用词汇通过长期的宣传、使用，能够获得后天的显著性，对于“通用词汇”性质的商标的“合理使用”仅限于对词汇第一含义也即字面固有含义的使用，对“通用词汇”第二含义的利用，实际系攀附他人驰名商标良好声誉，属于侵权行为。

二、律师评述

1.通用名称“某安”是否具有显著性

中国某安最初以“某安”为字号，主要是使用该词汇本身的寓意，不可否认，与臆造词相比较，叙述词、通用词其通常内在显著性较弱。“某安”作为普通词汇，其先天显著性不强。但是，商标的显著性是一个动态的过程。具有较强先天显著性的商标可能因为不恰当的宣传与使用，成为商品的通用名称，丧失显著性。相反，先天显著性欠缺的商标，通过长期的宣传、使用，也能够获得后天的显著性。经过近30年的发展与实际宣传使用，中国“某安”作为保险金融类别的服务商标，已经具有很强的后天显著性，且知名度、美誉度均极高。“某安”具备了除字面意义以外的第二含义，亦即“某安”意味着中国某安所提供的可靠、可信赖与优质的保险、银行、资本投资服务，“某安”彰显中国某安的雄厚实力、良好的社会形象与诚信的社会担当。

2.使用通用名称“某安”作为字号是否构成混淆与误认

某安国际大酒店的使用通用名称“某安”作为字号不具有正当识别意义。某安国际大酒店企业名称为“某安国际大酒店有限公司”，其中，“有限公司”代表企业性质，“大酒店”代表行业，“国际”仅起修饰作用。故而，某安国际大酒店企业名称中仅“某安”两字起到识别作用。而“某安”无论作为知名企业字号还是著名、驰名商标，均指向中国某安。某安国际大酒店将企业命名为“某安国际大酒店有限公司”，导致相关消费者无法正确判断某安国际大酒店与中国某安或中国某安关联企业的关系。同时某安国际大酒店的地理位置与高端酒店的定位，更加容易导致消费者的混淆与误认。正是由于某安国际大酒店在深圳，在市中心商业繁华地带，在距离中国某安总部“某安国际金融中心”不过三公里的地方，某安国际大酒店以“某安国际大酒店有限公司”命名，从事高档酒店服务，显而易见会导致相关消费者对某安国际大酒店与中国某安的关系产生误解，会误认为某安国际大酒店的酒店系由中国某安开办，或与中国某安存在许可使用、关联企业等特定关系。

三、经营启示

1.创立自有品牌：在社会生活中，很多商家在创业初期，往往为了“搭顺风车”，使用与通用名称近似的商标，以期吸引消费者，使消费者基于对通用名称或者类似店铺的兴趣进店消费。这样的做法在初期的确能起到一定作用，消费者无法甄别类似名称的店铺之间的关系，可能会在误以为是连锁店或分店的心态下进店尝试，使得商家初期面临客源缺乏的困境相对较少。但从长期发展来看，这样的选择是极其不利于商家创立自己的品牌的。由于其商标近似通用名称，势必面临缺乏辨识度的问题，即使其商标日后没有因为缺乏显著性而被撤销，也因为过于通用而不易与其他商家区别，这对一个品牌的建立是致命性的障碍。

2.加强商标的显著性：企业可以通过添加描述性词汇，提升商标的独特性，通过宣传用语进行提醒大众商标的独特属性。保存商标市场宣传、荣誉、采访资料等证据，企业在品牌形成影响力后，应在同类或不同类产品上注册防御商标，以降低商标沦为商品通用名称的风险。这对于广告宣传投入量大、力求创立驰名品牌形象的企业来说，具有实质性的战略意义。同时在察觉到商标有成为通用名称的危险时，企业应通过广告或媒体向公众声明该商标的所有权，提醒他人不当使用属于侵权行为。

撰稿人：张晓汉

使用自有商标时也会侵权吗

注册商标权人在使用自有商标时，应当严格按照核定使用的类别和商标形态进行标注，超出核定商品或服务的范围或者以改变显著特征、拆分、组合等方式使用注册商标的，很可能侵入他人注册商标权的保护范围，从而构成侵权行为。

行为人在非类似商品上注册有与驰名商标相同或近似的商标，但如其不规范使用，可能会误导消费者作出错误判断，同时淡化驰名商标的显著性，商标权人享有的商标权利将受到损害。因此，对于具有较高知名度已为消费者所熟知的商标，在符合“按需认定”原则下，应通过认定商标驰名，以维护商标权人的合法权益，打击“蹭名牌”的现象。

一、案情简介

某太厨具有限公司（以下简称某太公司）系第97××××号、第191××××号、第529××××号三枚注册商标的权利人，最早一枚商标核准注册于1997年3月28日。上述商标核定使用于第11类油烟机、燃气灶等，经过某太公司多年的宣传和使用，已具有很高的知名度。某顺工贸有限公司（以下简称某顺公司）拥有第155××××号注册商标，核准注册于2001年4月14日，核定使用类别为第8类刀具，某太公司曾对该商标提出撤销注册申请，但未获支持。某太公司认为某顺公司在其销售的刀具产品、包装上，以及在广告宣传过程中单独或突出使用“某太”文字，并将其天猫网店命名为“某太家居旗舰店”，构成商标侵权及不正当竞争，某芬日用百货店（以下简称某芬百货店）销售某顺公司生产的上述刀具产品，亦构成商标侵权，遂诉至法院，请求认定涉案三枚商标为驰名商标，并判令某顺公司停止侵害、消除影响以及赔偿损失500万元（含合理开支），某芬百货店停止侵害以及赔偿损失20万元（含合理开支）。某市中级人民法院经审理认定构成不正当竞争，判决某顺公司赔偿某太公司经济损失40万元（含合理开支）。某省高级人民法院经审理认定某顺公司构成商标侵权及不正当竞争，判决赔偿某太公司经济损失100

万元（含合理开支）。

司法认定驰名商标应坚持按需认定、被动认定、个案认定、事实认定原则。按需认定意味着在案件审理确有必要的情况下，法院才能够并且也应当在个案中认定驰名商标。本案判决丰富和完善了驰名商标按需认定的内涵，即当权利人提出请求认定多枚商标驰名的情况下，可以根据案件处理实际需要，在确保权利人获得充分救济的前提下，认定其中一枚或部分商标驰名。此外，注册商标权人在使用自有商标时，应当严格按照核定使用的类别和商标形态进行标注，超出核定商品或服务的范围或者以改变显著特征、拆分、组合等方式使用注册商标的，很可能侵入他人注册商标权的保护范围，从而构成侵权行为。

二、律师评述

1.驰名商标必要性审查主要包括哪些内容?

《商标法》第十三条第一款、第三款规定，为相关公众所熟知的商标，持有人认为其权利受到侵害时，可以依照本法规定请求驰名商标保护。就不相同或者不相类似商品申请注册的商标是复制、模仿或者翻译他人已经在中国注册的驰名商标，误导公众，致使该驰名商标注册人的利益可能受到损害的，不予注册并禁止使用。第十四条第一款规定，驰名商标应当根据当事人的请求，作为处理涉及商标案件需要认定的事实进行认定。《最高人民法院关于审理涉及驰名商标保护的民事纠纷案件应用法律若干问题的解释》第二条第（一）项规定：以违反商标法第十三条的规定为由提起的侵犯商标权诉讼中，当事人以商标驰名作为事实根据，人民法院根据案件具体情况，认为确有必要的，对所涉商标是否驰名作出认定。因此，驰名商标特殊保护制度的宗旨意在具体案件中，保护商标权利人通过长期使用和宣传凝结在为相关公众所熟知的商标上的巨大商誉，故人民法院需对当事人提出的商标驰名的事实依据作出必要性审查，即驰名商标认定应坚持“按需认定”原则。商标侵权案件中，驰名商标必要性审查的内容主要包括：（1）当事人是否以侵害商标权为由提出驰名商标认定申请；（2）涉案商标核定使用的商品或服务与被诉侵权商品或服务是否构成相同或类似；（3）是否可以通过其他其他途径获得充分救济。

2.注册商标权人在使用自有商标时，超出核定商品或服务范围的是否构成侵权?

本案中某顺公司自有注册商标中含有“某太”文字，但其未严格按照核定使用的商标形态进行使用，而是单独或突出使用了与涉案商标文字相同的“某太”标识，并在旁边打上“®”标，改变了其自有商标的特征，容易导致相关公众误认为其与某太公司存在关联关系，落入某太公司涉案商标权的保护范围；网店名称“某太家居旗舰店”亦超出了其自有商标核定使用的商品类别。某顺公司主观上具有攀附涉案第97××××号驰名商标商誉的主观故意；客观上会使消费者误以为被诉侵权商品与某太公司具有某种联系，从而弱化该商标与某太公司的唯一对应关系，不正当地利用了该商标的市场声誉，属于误导公众、致使该驰名商标注册人的利益可能受到损害之情形。因此注册商标权人在使用自有商标时超出核定商品或服务的范围或者以改变显著特征、拆分、组合等方式使用注册商标的，属于侵入他人注册商标权的保护范围，构成商标侵权。

三、经营启示

商标使用不当，是指商标注册人在使用注册商标的过程中，违反了商标法中有关义务性规定的情形。商标使用不当主要包括以下情形：（1）自行改变注册商标的；（2）自行改变注册商标的注册人名义、地址或者其他注册事项的；（3）自行转让注册商标的；（4）连续三年停止使用的；（5）使用注册商标，其商品粗制滥造，以次充好，欺骗消费者的。

商标注册后，应当严格按照核定使用的类别和商标形态进行标注，注册商标在使用时，不能随意修改商标信息进行标注，否则容易侵入他人注册商标权的保护范围，从而构成侵权行为。同时经营者除了应当注意不规范使用可能导致的侵权风险之外，也应当随时做好市场监测，避免自有商标被他人滥用而陷入商标预期利益的损失、交易机会的丧失、品牌发展受限等经营窘境。

撰稿人：张晓汉

著作权篇

网页被抄袭了要怎么维权

网页抄袭行为时有发生，如何有效保护相关网页权利，各地司法判决又阐释了哪些观点；网页是否构成著作权法意义上的作品，如果构成又属于哪个具体的作品类型；司法实践中都有哪些保护路径，反不正当竞争法能提供哪些有效的保护，本文对上述问题予以扼要分析。

网页设计一般分为两种情况，一种是计算机软件运行的网站系统，另一种是单纯的网页设计。无论是自己设计的功能强大的网站系统还是精美的网页设计，时常被他人模仿、抄袭，看似简单的侵权动作，却有着不一般的维权路径。

司法实践中，针对网页被抄袭的维权思路一般有两种，一种是从网页设计是否构成著作权法意义上的作品，是否应受我国著作权法保护的角度出发，通过判断被诉侵权网站是否存在接触涉案网页的可能性，加上被诉侵权网页与涉案网页是否构成实质性近似，认定是否构成侵权；另一种是通过判断抄袭、剽窃涉案网站内容的行为是否损害了经营者的合法权益以及市场竞争秩序，通过反不正当竞争路径进行规制。无论是哪种路径，都有其适用的难点所在。

一、以著作权路径保护

法院在审理相关案件时，如果采用著作权法角度进行保护，则判断相关网页是否构成著作权意义上的汇编作品是能否确定侵权的关键。

通过著作权路径保护时应注意以下几点。

（一）网页是否构成著作权意义上的作品

第一种观点认为，如果网页设计除了具有一般网页均有的栏目和结构要素之外，在整体体系构成、栏目索引及排列设计、标题和图片文字内容的取舍或组合等方面，与网站各页面有机联系，网页内容在选取和编排上均为方便用户体验及网站整体服务，体现了设计者的独特构思，具有独创性；网页中的排版、文字图片内容均可以有形形式进行复制。因此，应认定该网页设计构成著作权法意义上的汇编作品。

第二种观点认为，网页如果在内容的选择和编排上体现出独创性，可以作为汇编作品进行保护，但汇编作品是以体系化的方式呈现的信息的集合，不能脱离被汇编的内容，仅仅体现独创性选择或编排的网页的版式设计不能作为汇编作品进行保护。

上述两种观点的分歧在于如果包括网页设计及内容且有独创性则构成汇编作品，如果仅仅是网页设计则不构成汇编作品。产生的后果是如果被诉网页仅仅是复制网页设计布局，而没有完全复制内容，则会导致司法实践中认定不一。

（二）被诉侵权网页是否与涉案网页相同或者实质性近似

1. 被诉侵权网页完全复制涉案网页

被诉侵权网页如在整体版式结构、企业标识位置、标题栏设置、背景图片文字选取、文字图片布局等方面均与涉案网页内容相同，给公众造成了混淆的可能。且被控网站建成时间晚于涉案网站发布时间，被诉网站设计者具有接触涉案网站的可能性，则侵犯了涉案网页的著作权可能性较大，应停止侵权即撤销侵权网站现有的所有内容，并赔偿损失。

2. 被诉侵权网页抄袭涉案网页

如果两者在网页整体布局、栏目设置、色彩搭配、悬浮框效果以及部分文字和图片的内容相同，但是两者在一些栏目项下具体内容上存在差异。即两者网页虽然在整体布局上相同，但是其中大部分的文字、图片并不完全相同，被诉侵权网页在保留了涉案网站设计模板的情况下对其中内容进行了简单替换，从整体的角度看，两者网页并不构成实质性近似，在司法实践中一般认定不侵犯涉案网页汇编作品享有的著作权。

二、以不正当竞争路径保护

鉴于司法实践中对于著作权汇编作品的保护观点并不统一，我们建议维权时选择“侵害著作权及不正当竞争纠纷”作为案由。

在司法适用中，反不正当竞争法仅在有限的范围内提供知识产权的补充保护，凡是知识产权专门法已经做穷尽保护的，不能再适用反不正当竞争法寻求额外的保护。

为此，如果法院认定构成汇编作品，则可以通过专门法进行保护，如果不认定构成汇编作品，我们至少还可以通过反不正当竞争法路径去保护。即如果构成作品且完全复制可以通过著作权法保护外，如果构成作品不完全复制、不构成作品完全复制、不构成作品不完全复制等情形下可以尝试反不正当竞争路径进行保护。

在适用《反不正当竞争法》保护时，应注意以下几个问题：

1.网页的设计者对于网页的风格选择、整体布局、色彩搭配等付出了劳动，该网页可以为涉案网页的权益人带来经济利益。抄袭行为将淡化涉案网页的权益人基于该网页享有的竞争优势，损害其合法权益。抄袭者不是主动对相关素材进行构思、创作，而是将涉案网站进行复制后稍加修改即用于自己的网站，这种省却自身劳动，不正当地利用他人的劳动成果攫取竞争优势，并以此参与市场竞争活动的行为明显有违公认的商业道德，超出了模仿自由的界限，损害了竞争秩序，构成不正当竞争行为。在我们代理的某通拍卖有限公司与某宝电子商务股份有限公司侵害著作权及不正当竞争纠纷一案中，就采取了反不正当竞争法的保护路径，诉求被告立即停止抄袭原告网站的不正当竞争行为并赔偿损失，获得了有益结果。

2.对于具体适用反不正当竞争法一般条款或者特殊条款来说，完全模仿抄袭网页版式设计的行为，目的不在于混淆商品和服务的来源，故本身并不属于反不正当竞争法具体条款规定的仿冒行为，不能通过《反不正当竞争法》第六条进行保护。当然如果被诉侵权网站上多处使用与涉案网页相同的宣传用语，完全可以通过《反不正当竞争法》第八条予以规制，不过，虚假宣传的问题与我们今天讨论的内容并不十分相关。

3.如果考虑从反不正当竞争法角度进行保护，应从适用《反不正当竞争法》原则性条款条件入手，着重分析法律对该种竞争行为是否未作出特别规定；其他经营者的合法权益是否确因该竞争行为而受到了实际损害；该种竞争行为是否因确属违反诚实信用原则和公认的商业道德而具有不正当性或者说可责性。如果上述认定成立，则可以适用反不正当竞争法路径，反之，只要其竞争行为未违反公认的商业道德，便不构成对反不正当竞争法所保护的竞争秩序的破坏。

律师提示，不论通过什么路径保护，如果网页被抄袭，委托专业律师及时维权都应是第一步。

撰稿人：王现辉

图片侵权应如何进行抗辩

你或许收到过相应的邮件或电话，告诉你经营的自媒体当中引用的图片构成侵权，对方要求赔偿了事，且金额不高，一般几百元到几千元。如果不能达成和解，对方会通过诉讼方式达到自己的目的。无论是与对方进行交流还是诉讼，你或许感觉非常不解，甚至感觉对方在无理取闹，我们已经习惯了的操作似乎出现了问题。

一、成因

有报告显示，在图片侵权主体上，直接侵权主体类型多样，涉诉群体广泛，既有机关、企事业单位，也有个体工商户、个人。新闻网站等媒体侵权多发，微博、微信、博客、贴吧等平台上的自媒体用户侵权现象亦十分普遍。图片权利人将维权诉讼作为经营方式之一，通过诉讼获取商业利益、促进版权交易的目的较为明显。图片使用人版权保护意识不足、版权保护意识淡薄、法律知识欠缺、获取授权渠道不畅是侵权纠纷多发的主要原因。

二、事件

2019年4月，随着人类历史上首张黑洞照片的公布，某觉（中国）文化发展股份有限公司（以下简称某觉中国）的经营“黑洞”也随之曝光。从最开始声称的“版权所有”，到后来的“编辑图片”，更为甚者，在某觉中国网站上，国旗、国徽、故宫等图片也被打上了版权水印，还被明码标价。

针对“黑洞”照片，某觉中国在官方微博回应称照片属于A组织，某觉中国通过合作伙伴获得编辑类使用授权。B天文台（隶属于A组织）对媒体回应表示某觉中国的这种版权主张不合法，B天文台从未也不能将他们的图片版权转让给其他个人或组织，某觉中国从未就该图片联系过B天文台。而某觉中国方面也对此作了澄清，确实并未直接联系过B天文台，是通过法某社拿到的编辑类使用授权。从著作权法角度来讲，编辑图片如果与原图片没有实质区别，编辑本身不存在什么独创性，就不产生新的作品，所以，某觉中国以编辑图片为由主张版权，缺乏事实和法律依据。对国旗、国徽、商标等的翻拍行为是著作权法中的复制行为，一般来说也不存在新的独创性，不产生新的作品，而且因为我国著作权法没有对普通图片的邻接权保护，所以，他人使用这样的摄影图片，也就不存在侵犯其版权的问题。

至此，某觉中国一夜之间从有多个知识产权维权案例入选法院系统典型的“版权卫士”，变得富有争议。上述事件也一定程度上使社会公众产生了错觉，认为使用某觉中国或者其他权利人的图片似乎不构成侵权。

三、风险

图片保护往往有两个极端，一方面是真正的摄影或者美术作品的著作权人对版权保护感到无力，另一方面是社会公众对高度一致性、类型化的图片商业维权模式讨厌至极。有数据显示，某觉中国的商业维权模式并不是个例，多家图片公司或律师专门从事图片维权获利成为图片维权的主流存在，诉讼结果一般支持权利人要求停止侵权的主张并赔偿相应数额，可见除了极端情形之外，绝大多数维权我们还应积极应对。知识产权免费使用的时代已经成为历史，如果我们不改变原来的意识，被诉的法律风险将始终存在。

四、特点

图片侵权类案件中，原告多为国内较大的图片版权公司，将特定区域的维权事项打包委托给律师或代理机构，由专业团队分工进行程式化操作，具体环节包括运用图像网络追踪系统抓取侵权图片，确定侵权主体，然后通过电子存证技术固定证据，最后批量起诉要求相应赔偿。被诉侵权图片一般发布在被告运营的各类微信公众号或微博上，绝大多数被告对网络使用图片存在不同程度的认识误区，往往侵权而不自知，或者心存侥幸，认为图片来源于网络已公开图片，可以下载就能任意使用，自己分享信息未收取任何费用不算侵权，被诉后只要删除图片就不用承担赔偿责任。

五、避免侵权风险

图片使用人应当转变观念，尊重他人的劳动创造，牢固树立“先付费，后使用”的理念，充分利用线上版权交易市场获取图片资源的使用许可。在确有需要又缺乏获取授权路径时，图片使用人应保持最大善意，遵守诚实信用原则，可采取预先向集体管理组织、公证处等机构提存合理使用费的方式，避免侵权风险。发生侵权争议时，应当积极应对，以最大诚意解决纠纷。

六、具体操作

1.初步核查对方所描述的图片等侵权行为是否真实，包括：（1）对方是否具有证明著作权归属的初步证据；（2）是否确实存在对方所描述的著作权等侵权行为；（3）对方是否已就侵权行为实施证据固定（可要求对方提供公证文书、截图等相关证据）；（4）基于版权方提供的版权登记材料到国家版权局网站查询和核对作品登记证书，并确定著作权人信息与首次公开发表/出版/制作日期是否与证明材料有出入。

2.完成侵权行为识别并确认存在侵权行为的，无论侵权素材来源于哪里，都建议先删除或下线侵权素材并积极采取应对措施。

七、处理

1.鉴于目前著作权等侵权纠纷中原告多采取“广撒网”的策略，最终是否起诉存在不确定因素。因此，建议在收到正式的诉讼材料前，一般不主动向对方进行赔付。

2.根据对方提供的诉讼材料，如果认定对方具备相关权属，且已经对侵权行为进行证据固定，则最终承担赔偿责任的可能性较大的话，建议进行协商，协商时可以考虑以下策略：（1）进行相关判例检索，以当地法院对该类案件的判决金额为参考依据与对方协商；（2）如果未来对相关素材仍有使用需求的，可以与对方开展后续合作作为谈判条件，一并处理侵权纠纷；（3）在可能的情况下，应要求对方承诺在妥善处理本次侵权纠纷后，对方就在此之前可能存在的侵权行为予以免责，这一点往往被忽视。

3. 如在与对方谈判的过程中无法取得理想价格，案件进入诉讼流程的，建议委托专业律师参与诉讼，进行质证、答辩，避免承担更高赔偿金额等不利后果。

有人咨询我们，如果使用了未经授权的图片收到相应的函件或被起诉了怎么办？以上就是我们的回答。

撰稿人：王现辉

“短视频”的著作权应如何保护

当今社会，新媒体平台成为手机应用高频程序，“短视频”也逐渐成为人们消磨碎片时间的主要娱乐方式。但是作为短视频的制作者和发布者，如何保证自己的作品不受侵害或者保证自己的行为不侵害他人著作权，是当今必须掌握的基础法律知识。

2020年8月19日，北京知识产权法院召开“短视频著作权案件审判情况”新闻通报会，介绍短视频侵权行为、责任认定、合理使用的界定等问题，发布典型案例并对相关从业者作出了五点提示，我们将围绕该五点提示进行详细分析。

一、创作短视频要注意在作品上加上权利标记和维权声明，这对后续的维权至关重要

根据《著作权法》第二条第一款规定，中国公民、法人或者其他组织的作品，不论是否发表，依照本法享有著作权。第十一条①规定，如无相反证明，在作品上署名的公民、法人或者其他组织为作者。

目前，法院已经对短视频的作品进行了定性，即凡是具有独创性的表达都属于作品，而短视频则属于其中的“类电作品”。因此，短视频只要构成法律意义上的作品，就可受到保护。而如何证明涉案作品属于创作作品的作者呢？最简单明了的办法就是在作品上署名，针对短视频等作品，就要在短视频作品上增加权利标记，用以证明作者身份。若日后发生纠纷，在作品上署名还可以证明涉案作品的创作时间早于其他作品。同时，在作品发布时增加维权声明，既表明了本作品未经授权不得使用，也对后续的维权起到了至关重要的作用。

二、将短视频进行对外授权，也要保存好授权传播的证据，否则产生纠纷时很难证明谁发表在先

现实中，无论是短视频对外授权还是一般作品对外授权，都应该签订合法有

---

① 2020年修正后，现为《著作权法》第十二条。

效的授权文件，对授权对象、授权性质、授权范围、授权时间进行详细的约定。这样做的好处：其一，产生纠纷时能够证明作品的权属、创作时间；其二，能够防止超出授权时间后，被授权人未经同意仍然对作品进行不正当的使用；其三，有利于最大限度地约束被授权人。

三、保存短视频发出和收到通知的证据对认定平台承担责任的重要性

由于短视频使用者及其播出平台经营者往往不是同一的，因此实践中权利人往往向播出平台发出权利通知，要求播出平台停止播出。要注意保存短视频播出平台发出通知以及短视频播出平台收到通知的证据，这一点对平台是否应当承担责任的认定是非常重要的。

根据短视频制作发布的特点，涉及的侵权主体主要是：短视频作品内的表演者，短视频的制作者以及播放短视频的网络经营平台。涉及的行为主要有三种：一是将他人制作的短视频发布到网络上进行传播；二是利用他人作品通过表演等方式制作短视频；三是利用他人制作完成的视频或作品进行重新组合，制作短视频发布到网络上进行传播。

对于短视频的制作者，其是侵权责任的主体无可置疑，而短视频的播出平台在一般情况下，只对视频内容是否合法进行审查，对用户上传视频的版权是否合法不承担审查义务或者说很难尽到审查义务，尽管如此，法律仍然对播出平台承担责任的形式及播出平台在什么情况下承担责任进行了规定。《民法典》第一千一百九十四条和第一千一百九十五条规定：网络用户、网络服务提供者利用网络侵害他人民事权益的，应当承担侵权责任。网络用户利用网络服务实施侵权行为的，权利人有权通知网络服务提供者采取删除、屏蔽、断开链接等必要措施。网络服务提供者接到通知后未及时采取必要措施的，对损害的扩大部分与该网络用户承担连带责任。网络服务提供者知道网络用户利用其网络服务侵害他人民事权益，未采取必要措施的，与该网络用户承担连带责任。因此，实践当中，权利人发现侵权行为后，需要第一时间通知短视频播出平台，要求其采取必要的删除、屏蔽措施，如果此时平台经营者未履行相关义务，在后续的法律程序中被诉侵权行为一旦被法院认定构成侵权，平台经营者将很难全身而退。

四、要注意保存侵权行为损害程度的具体证据，如侵权持续时间、侵权影响范围、被告盈利情况等，上述证据是影响赔偿定量的重要因素

权利人针对侵权行为起诉后，要求赔偿相应的经济损失。法律对于损失的计算依据是《著作权法》第四十九条[①]规定：侵犯著作权或者与著作权有关的权利的，侵权人应当按照权利人的实际损失给予赔偿；实际损失难以计算的，可以按照侵权人的违法所得给予赔偿。赔偿数额还应当包括权利人为制止侵权行为所支付的合理开支。权利人的实际损失或者侵权人的违法所得不能确定的，由人民法院根据侵权行为的情节，判决给予50万元以下的赔偿。

实践当中，因侵权行为给权利人造成的损失和侵权人所获得的违法所得往往是难以计算，或者难以取得的。目前法院采取的普遍计算方法是，根据侵权行为的情节在50万元的赔偿额度内进行酌定，而考虑侵权行为的情节是否严重往往需要综合考虑以下因素：涉案作品的创作难度、涉案作品创造性的程度、涉案作品的知名度、涉案侵权行为的性质、侵权的范围、侵权人的主观过错等，上述因素均对赔偿数额的确定有一定影响。因此，权利人拟采取起诉的方式维权的话，应当采取合理合法的途径，围绕上述因素将相关证据进行保全，为侵权诉讼打下坚实的基础。

五、播放他人短视频应当取得短视频著作权人的许可

《著作权法》对于侵权行为的形式进行了规定，第四十七条[②]规定，有下列侵权行为的，应当根据情况，承担停止侵害、消除影响、赔礼道歉、赔偿损失等民事责任：（一）未经著作权人许可，发表其作品的；（二）未经合作作者许可，将

---

① 2020年修正后，现计算依据为《著作权法》第五十四条第一、二、三款：“侵犯著作权或者与著作权有关的权利的，侵权人应当按照权利人因此受到的实际损失或者侵权人的违法所得给予赔偿；权利人的实际损失或者侵权人的违法所得难以计算的，可以参照该权利使用费给予赔偿。对故意侵犯著作权或者与著作权有关的权利，情节严重的，可以在按照上述方法确定数额的一倍以上五倍以下给予赔偿。权利人的实际损失、侵权人的违法所得、权利使用费难以计算的，由人民法院根据侵权行为的情节，判决给予五百元以上五百万元以下的赔偿。赔偿数额还应当包括权利人为制止侵权行为所支付的合理开支。”

② 2020年修正后，现为《著作权法》第五十二条。

与他人合作创作的作品当作自己单独创作的作品发表的；（三）没有参加创作，为谋取个人名利，在他人作品上署名的；（四）歪曲、篡改他人作品的；（五）剽窃他人作品的；（六）未经著作权人许可，以展览、摄制电影和以类似摄制电影的方法使用作品，或者以改编、翻译、注释等方式使用作品的，本法另有规定的除外；（七）使用他人作品，应当支付报酬而未支付的；（八）未经电影作品和以类似摄制电影的方法创作的作品、计算机软件、录音录像制品的著作权人或者与著作权有关的权利人许可，出租其作品或者录音录像制品的，本法另有规定的除外；（九）未经出版者许可，使用其出版的图书、期刊的版式设计的；（十）未经表演者许可，从现场直播或者公开传送其现场表演，或者录制其表演的；（十一）其他侵犯著作权以及与著作权有关的权益的行为。

在当今网络盛行的年代，短视频的创作无疑给那些具有才华的人带来名气的同时，也带来了巨大的物质利益。虽然钱财易得，但是随着国家保护知识产权的制度越来越全面，权利人版权保护意识越来越强，需要短视频的制作者从源头开始了解侵权的行为形式和后果，尊重他人的知识产权劳动成果，才能为短视频创造一个干净的网络环境，避免为侵权行为付出惨痛的代价。

撰稿人：聂丽敏

信息网络传播权如何保护转播视频片段

网络科技的快速发展虽给人们提供了便捷，但也为影视作品著作权的保护带来了严峻挑战。随着信息网络传播权利人作品、表演、录音录像制品的情况越来越普遍，视频著作权人更加容易受到侵害。近年来，侵权案件数量迅速上升，信息网络传播权侵权纠纷在著作权侵权纠纷中占比较大。

一、信息网络传播权侵权案件频发之因

（一）社会经济进一步发展

近年来，在大型网站迅猛发展的同时，随之而起的是一些短视频平台，越来越多交流平台的兴起，不仅为广大网络用户提供了交流机会，也严重降低了视频侵权的成本。侵权行为的廉价与简易，使得大多数网络用户将自己喜欢的网络作品上传或转载至网络空间，使大众可以在其选定的时间或地点获得该作品。其上传侵权视频的目的往往不是牟利，而是增加自己上传作品的点击率或增加自己的曝光度，以提升自己的知名度。在我们办理过的案件中，随意转发他人享有著作权的视频片段，并在相关公众号利用他人影响力，借机宣传自身业务的案例屡见不鲜。该行为构成对他人信息网络传播权的侵犯及不正当竞争，为他人带来了极大的负面影响及经济损失的同时，还会造成社会的恶性竞争。

（二）法律保护体系尚不成熟

法律永远滞后于社会的发展。虽然随着《著作权法》及相关法律的进一步修正完善，权利人的信息网络传播权得到了较为完善的保护。但由于立法的稳定性与网络的变动性相冲突，立法中仍然存在一些无法预料的情况，使权利人的合法权益受到侵害。由于网络的隐私性与技术性，使得权利人无法轻易获得侵权者的真实身份，网络中的虚拟身份以及相关网站成了侵权者的保护伞。无论权利人通

过向网站客服投诉或是寻找其他救济途径，都需要浪费大量时间及精力，还并非一定成功。即使权利人想优先追究网站的法律责任，网站总是利用法律对网络服务提供商的保护条款寻找免责事由，对“避风港”规则的误解是网站上侵权作品大量存在的原因之一。网站将该条款普遍理解为当网站上出现侵权作品时，只要履行“通知+删除”义务，就可以免予承担责任。基于此种理解，网站在没有接到相关通知时，其往往采取无视侵权视频的存在，纵容侵权行为并从中获取利益。这种侵权之路坦坦荡荡，维权之路举步维艰的局面不但不利于对权利人的保护，更会阻碍社会的良性发展。

二、信息网络传播权的适用主体

根据《著作权法》第十条第一款第（十二）项的规定：信息网络传播权，即以有线或者无线方式向公众提供，使公众可以在其选定的时间和地点获得作品的权利。关于“作品”,《著作权法》第三条进行了明确的规定：本法所称的作品，是指文学、艺术和科学领域内具有独创性并能以一定形式表现的智力成果。并在第五条进一步阐明了法律、法规，国家机关的决议、决定、命令和其他具有立法、行政、司法性质的文件，及其官方正式译文；单纯事实消息；历法、通用数表、通用表格和公式不适用《著作权法》。在该除外情形中，最易发生纠纷的即为“单纯事实消息”，在新闻类视频中，经常会有侵权者误认为转发的视频为新闻报道的“单纯事实消息”而不受《著作权法》规制，从而发生侵权事件。单纯事实消息仅仅是对时间、地点、人物、起因、经过、结果等新闻要素的简单排列组合。涉案视频一旦融入了作者对相关事件的讲解、采访、评论，加入了新闻工作者的独立思考及独创性的评论分析，而且在内容的选择、结构的编排、文字的表达上均体现出作者的独创性时，就可能不仅仅是单纯描述客观事实本身，即属于《著作权法》上的作品，受《著作权法》保护。

三、规范“避风港原则”与“红旗原则”的适用，营造良好的网络环境

依据《信息网络传播权保护条例》的规定，网络服务提供者通常将该条例第二十二条第（五）项的规定，网络服务提供者为服务对象提供信息存储空间，“在

接到权利人的通知书后，根据本条例规定删除权利人认为侵权的作品、表演、录音录像制品”的不承担赔偿责任，及第二十三条的规定“网络服务提供者为服务对象提供搜索或者链接服务，在接到权利人的通知书后，根据本条例规定断开与侵权的作品、表演、录音录像制品的链接的，不承担赔偿责任”作为其免责的依据，也就是“避风港原则”。

在现实中，当一部作品被截取成几分钟的片段上传至各个网络平台时，基于不特定用户自主高频上传，真正的权利人往往难以及时发现进而要求其删除或进一步追究侵权责任，滞后的通知删除实际上为时已晚，对于权利人的救济远远无法与其付出的制作费及版权费等成本相匹配。因此，虽然《著作权法》规定了网站方对著作权人信息网络传播权的免责条款，但该条款并非网站方万能的挡箭牌，其适用是有条件的。从互联网行业良性发展角度考虑，在肆意转播视频片段的问题上，网络服务提供者应视为侵权责任主体之一，应当负有更高程度的注意义务。所以本文认为在判定网络侵权时，“红旗原则”应优先于“避风港原则”。只有在网络服务提供者“不明知，不应知”的情况下发生侵权行为时，才适用“避风港原则”。而当侵权行为明显到如同鲜艳的红旗一样，连普通人也能够看出来时，网络服务商就不能再视而不见，应该负起监测、删除、排除的义务。即在发生侵权行为而需适用“避风港原则”之前，应首先考虑“红旗原则”。

撰稿人：刘兴稳

IPTV[1]宽带电视的“回看”业务是否构成侵权

IPTV宽带电视的“回看”业务经常被涉案作品版权方提起侵权诉讼，那么IPTV宽带电视的“回看”业务的性质如何界定，其是否构成侵权？

观点一：IPTV宽带电视的“回看”业务不构成侵权

案情：某视网信息技术有限公司（以下简称某视公司）诉某信股份有限公司杭州分公司（以下简称某信杭州分公司）侵害作品信息网络传播权。某卫视直播的电视剧《某月传》被某信杭州分公司以“回看”的方式向用户提供，某视公司认为IPTV的“回看”业务侵犯了其信息网络传播权，遂对某信杭州分公司提起诉讼，请求停止对某视公司著作权的侵害并赔偿某视公司经济损失及合理费用支出共计20万元。

法院认定：两级法院均认为IPTV“回看”模式应不属于典型意义上的信息网络传播行为，某信杭州分公司实施的仍系其从广播组织处获得的单向播放、传送电视信号的行为，公众被动接收上述信号，某信杭州分公司自动、完整传输直播节目并滚动保留72小时的传播行为与其同步转播某卫视电视频道直播密不可分，仍系广播行为的应有之义。对于本案中与转播某卫视电视频道直播密不可分的传播行为系某信杭州分公司在与某新媒体有限公司的年度IPTV合作备忘录项下所实施的，在某新媒体有限公司已经取得传送某卫视（含高清）直播频道中《某月传》内容授权的情况下，某信杭州分公司有权实施案涉广播行为。因此，法院认定某信杭州分公司的IPTV“回看”业务不构成侵权，驳回了某视公司的诉讼请求。

① 交互式网络电视。

观点二：IPTV宽带电视的“回看”业务构成侵权

案情：某艺科技有限公司（以下简称某艺公司）诉某合网络通信有限公司辽宁省分公司（以下简称某合辽宁省分公司）侵害作品信息网络传播权。某艺公司认为某合辽宁省分公司为用户提供的IPTV“回看”业务属于在线播放业务，侵犯了其信息网络传播权。某艺公司通过授权享有涉案作品《某金瞳》在中国大陆地区独占专有的信息网络传播权，但是某合辽宁省分公司未经某艺公司合法授权，擅自通过IPTV“回看”业务向用户提供涉案作品《某金瞳》的播放服务。某艺公司请求法院判令某合辽宁省分公司停止侵权并赔偿经济损失、合理费用共计30万元。

法院认定：两级法院均认为“回看”虽然只限于对有线电视观众开放，但这种网络环境仍属于信息网络。“回看”功能虽只提供了电视台直播节目播出后7天内的回看时间，但就本案而言，辽宁省大连地区有线电视用户可以在该地区通过相应的终端设备登录平台，在7天内的任意时间段观看当时的直播节目，这些均符合信息网络传播权“公众可以在选定的时间和地点获得作品”的法律特征，故《某金瞳》的回放行为属于信息网络传播权的控制范围。根据《最高人民法院关于审理侵害信息网络传播权民事纠纷案件适用法律若干问题的规定》第三条第一款的规定：网络用户、网络服务提供者未经许可，通过信息网络提供权利人享有信息网络传播权的作品、表演、录音录像制品，除法律、行政法规另有规定外，人民法院应当认定其构成侵害信息网络传播权行为。某合辽宁省分公司IPTV“回看”行为属于侵害某艺公司所享有的信息网络传播权的行为，故认定IPTV“回看”业务构成侵权。

从上述两个案例中我们可以发现，判定IPTV宽带电视的“回看”业务是否构成侵权的关键在于被诉侵权的性质是信息网络传播权还是广播权。

根据《著作权法》第十条第一款第（十一）项、第（十二）项的规定，广播权，即以有线或者无线方式公开传播或者转播作品，以及通过扩音器或者其他传送符号、声音、图像的类似工具向公众传播广播的作品的权利；信息网络传播权，即以有线或者无线方式向公众提供，使公众可以在其选定的时间和地点获得作品的权利。从法律层面分析，认为“回看”行为侵权的一方观点是，回看功能使得公众可以在选定的时间和地点获得作品，是一种典型的交互式传播，属于信息网络传播权的范畴，应当认定为侵权。而认为“回看”行为不侵权的一方观点是，IPTV“回看”模式既有时间限制，又有地点选择限定，并不符合严格意义上的信息网络传播的“选定”特点，其仅限于IPTV专网的用户，播放的信号仅限于相应电视台限定时间内播放的信号，特定用户仅能在限定回放时间内，在特定环境下通过特定入口按需求观看电视节目。因此IPTV宽带电视“回看”行为属于广播权范畴，不认定为侵权。

根据我们检索的结果，IPTV宽带电视的“回看”业务属于信息网络传播权的权利范畴的观点在学界较多。例如，王迁教授认为“IPTV回看属于交互式传播，可以使公众在其个人选定的时间（数天内的任意时间）和地点（任何安装了IPTV的场所）获得作品，符合信息网络传播行为的构成要件”。绝大多数的法院也认为IPTV宽带电视的“回看”业务属于信息网络传播权的权利范畴，并以此判定IPTV宽带电视的“回看”业务构成侵权。

但我们认为“公众可以在其选定的时间和地点”意在强调获取时间与地点的自由性，而“回看”业务与点播服务的明显不同就是对时间与地点存在明显的限制，例如时间上的限制是在“72小时”或者7天，地点上的限制是必须固定在播放的电视频道中观看。直接将“回看”业务认定为信息网络传播权的范畴存在不妥之处。IPTV“回看”为机械性地通过流媒体服务技术对电视频道直播信号切割，不涉及任何人为干预，回看内容与直播频道内容无差异，IPTV“回看”不能独立于直播而存在，因此“回看”属于直播的有限延伸，是直播的一项附属功能，不能由用户任意选定时间和地点，因此IPTV“回看”业务属于广播权的权利范畴更为合理。

此外，即使IPTV“回看”业务属于信息网络传播权的权利范畴，是否应当直接认定侵权也值得探讨。“法律本身就是利益平衡的体现，精准适用法律，才能最大限度地实现公共利益。”IPTV业务是传统广播电视产业借助于互联网技术手段和国家“三网融合”的政策推动，创新、培育出IPTV等覆盖全国的广播电视新业态。“回看”业务更是借助专网技术，通过合理改变观看时间，留住并吸引了广播电视产业的广大受众；不仅如此，“回看”功能在降低用户成本的同时，既不与原权利人权利的正常使用相冲突，也不至于不合理地损害原权利人的正当利益。因此，法院是否可以在基于IPTV无法单独移除侵权作品的特殊情况下不判决停止侵权，抑或直接判定IPTV“回看”业务不构成侵权。

撰稿人：石素坤

综艺节目的版权应如何保护

近年来，我国综艺节目充斥着电视荧幕，各大卫视更是争先恐后地从国外购买热播综艺节目的版权。那么，在国内综艺节目市场，综艺节目的版权是否能得到保护，应当采取何种方式进行保护，都值得我们深思。

一、国内综艺节目市场现状

经常刷综艺的朋友都知道，近些年各种类型的综艺层出不穷，从国外购进的节目经过本土化后深受大众喜爱。但一些本土化的综艺，由于与国外节目有相似之处，一直被指责抄袭……但从“抄袭”到法律意义上认定为“侵权”却是一个难题。对于综艺节目模式来说，创意是关键，而节目流程、规则、环节等均由创意引发。而创意则属于思想范畴，《著作权法》只保护有独创性的表达，而不保护思想本身，这是我国综艺市场版权争议频出的根本原因。

二、法律现状

2015年4月8日，《北京市高级人民法院关于审理涉及综艺节目著作权纠纷案件若干问题的解答》（以下简称《综艺节目著作权解答》）发布。该文第十条明确规定：“综艺节目模式是综艺节目创意、流程、规则、技术规定、主持风格等多种元素的综合体。综艺节目模式属于思想的，不受《著作权法》的保护。”同时该文明确了综艺节目中的节目文字脚本、舞美设计、音乐等构成作品的，可以受《著作权法》的保护。根据上述规定，《综艺节目著作权解答》并未明确将综艺节目模式排除在著作权法保护范围之外，影响综艺节目模式是否受版权保护的核心是综艺节目中的文字脚本、舞美设计、音乐等是否具有独创性，是否构成《著作权法》上的作品。《综艺节目著作权解答》认可了具备独创性的综艺节目影像是受《著作权法》保护的作品。该文第二条规定，根据独创性的有无，综艺节目影像分为以类似摄制电影的方式创作的作品或录像制品。在第三条具体区分了综艺节目影像是作品还是制品：如果系根据文字脚本、分镜头剧本，通过镜头切换、画面选择拍摄、后期剪辑等过程完成，其连续的画面反映出制片者的构思、表达了某种思想内容的，是以类似摄制电影的方式创作的作品；如果系机械方式录制完成，在场景选择、机位设置、镜头切换上只进行了简单调整，或者在录制后对画面、声音进行了简单剪辑的，是录像制品。但是，关于何种情形下综艺节目可以被认定为是具有独创性的影像，《综艺节目著作权解答》并未作进一步阐述。

三、为何还要买“综艺节目版权”

通常我们说的买综艺版权，实际上买的是节目的形式、具体制作的操作规则等。综艺节目模式是由创意、规则、流程等多种元素组合而成。比如，节目中的游戏设计，这是一种创意，属于思想范畴，不受《著作权法》及相关法律保护。所以，当两档节目出现相类似的游戏环节时，《著作权法》并不能就此认定其存在侵权。如国内某综艺节目购买了韩国某节目版权，所以即使两档节目的节目形式与具体操作规则极为相似，也不会被认定为侵权，毕竟前期花费了大量的版权费。而有一些综艺节目并没有购买国外相关节目版权，虽然内容环节设置都极为相似，但由于属于思想范畴，不受《著作权法》保护，同样也未认定为侵权；但节目的歌曲、舞美设计、标志等构成作品的，受《著作权法》及相关法律保护。

四、结语

总而言之，保护综艺节目合法权益的具体法律条文仍较少，法律法规并不完善，综艺节目如何可以获得法律保护尚不明晰，这使得综艺节目市场版权问题较多。在此，呼吁相关立法机构根据市场环境现状及时出台和调整相关法律法规，营造一个良好的综艺市场环境。

撰稿人：刘兴稳

“接触”加“实质性相似”就能认定文学作品侵权吗

“接触”和“实质性相似”是判断文学作品是否侵权的关键环节，尽管该关键环节未条文化，但它们在实践中被广泛使用。通过相关步骤对原被告的文字作品进行比对，在保护著作权人积极创造性的同时，也起到对非法攫取他人劳动成果行为进行打击的社会效果。

一、判断作品侵权的基本原则

改编权，即改变作品从而创作出具有独创性的新作品的权利。新作品应当保留原作品的基本表达，否则仅仅根据原作品的思想创作出来的新作品不受改编权的控制。除法律另有规定外，未经许可利用他人的原作品实施改编行为，构成对原作品著作权人改编权的侵犯。判断被诉行为是否侵犯权利人的改编权，在司法实践中，以“接触”加“实质性相似”作为判断作品侵权的基本原则。

二、“接触”的认定

接触，是指被诉侵权人有机会接触到、了解到或者感受到权利人享有著作权的作品。接触可以是一种推定。权利人的作品通过展览、刊登、表演、广播、放映等方式公开，也可以视为将作品公之于众，也就是进行了发表，被诉侵权人依据社会通常情况具有获知权利人作品的机会和可能，即可以被推定为接触。

三、“实质性相似”的认定

判断作品实质性相似，应该重点关注作者在作品表达中的选择、安排、设计等是否相似，不应从主题、创意、情感等思想层面进行比较。思想与表达二分法是区分作品中受保护的要素和不受保护的要素的基本原则，其内涵是我国《著作权法》

保护思想的表达而不保护思想本身。若被诉侵权作品与权利人的作品构成实质性相似，应当是表达构成实质性相似而不是思想。表达不仅指文字、色彩、线条等符号的最终形式，当作品的内容被用于体现作者的思想、情感时，内容也属于受著作权法保护的表达，但创意、素材或公有领域的信息、创作形式、必要场景和唯一或有限表达则被排除在《著作权法》的保护范围之外。判断作品是否构成实质性相似时，首先应判断权利人主张的作品要素是否属于《著作权法》保护的表达。

文学作品中思想与表达的划分较为复杂。文学作品的表达既不能仅仅局限为对白、台词、修辞造句，也不能将主题、题材、普通人物关系等认定为《著作权法》保护的表达。因为《著作权法》并不保护抽象的思想、思路、观念、理论、构思、创意、概念、操作方法、技术方案，而只是保护以文字、音乐、美术等各种有形方式对思想的具体表达。文学作品的表达，不仅表现为文字性的表达，也包括文字所表述的故事内容，但人物设置及相互之间的关系，以及由具体事件的发生、发展和先后顺序等构成的情节，只有反映出作者独创的选择、判断、取舍，才能成为著作权法保护的表达。确定文学作品保护的表达是不断抽象过滤的过程。

四、结语

综合来看，界定“思想与表达”范畴分界问题是一个复杂的过程，需要运用各种判断方法，并结合实际情况进行个案分析。只有确定好是否属于《著作权法》所保护的内容，我们才有资格讨论两作品是否实质性相似，进而对是否侵权进行判定。

撰稿人：刘兴稳

著作权中的网络服务提供者有哪些责任

随着互联网技术的飞速发展，网络侵权情况日益严重。著作权人向网络服务提供者发出合格通知的认定标准变得越来越难界定。本文从实际出发，分析网络服务提供者在收到“不合格通知”时，是否应当承担调查、联系等责任。

一、相关法条

《信息网络传播权保护条例》第十四条规定，对提供信息存储空间或者提供搜索、链接服务的网络服务提供者，权利人认为其服务所涉及的作品、表演、录音录像制品，侵犯自己的信息网络传播权或者被删除、改变了自己的权利管理电子信息的，可以向该网络服务提供者提交书面通知，要求网络服务提供者删除该作品、表演、录音录像制品，或者断开与该作品、表演、录音录像制品的链接。通知书应当包含下列内容：（一）权利人的姓名（名称）、联系方式和地址；（二）要求删除或者断开链接的侵权作品、表演、录音录像制品的名称和网络地址；（三）构成侵权的初步证明材料。权利人应当对通知书的真实性负责。

第十五条规定，网络服务提供者接到权利人的通知书后，应当立即删除涉嫌侵权的作品、表演、录音录像制品，或者断开与涉嫌侵权的作品、表演、录音录像制品的链接，并同时将通知书转送提供作品、表演、录音录像制品的服务对象；服务对象网络地址不明、无法转送的，应当将通知书的内容同时在信息网络上公告。

由以上两条可知，《信息网络传播权保护条例》仅规定了合格通知的要件和网络服务提供者在收到合格通知后的处理规则，但并未规定网络服务提供者在收到不合格、不清楚、不完整通知后是否应承担联系、核实、调查等责任。

而且，我国《民法典》第一千一百九十五条第一款明确规定：网络用户利用网络服务实施侵权行为的，权利人有权通知网络服务提供者采取删除、屏蔽、断开链接等必要措施。通知应当包括构成侵权的初步证据及权利人的真实身份信息。

二、法院裁判观点

北京知识产权法院指出，权利人发出的通知符合法律规定的合格通知要件即为合格通知，而不应对权利人提出额外的形式或内容要求。反之，权利人发出的通知不满足法律规定的合格通知要件即为不合格通知，不应对网络服务提供者苛以进一步联系、核实、调查等责任。

三、根据前述分析，在收到“不合格通知”时，应要求网络服务提供者调查还是应归责权利人？

1.网络服务提供者方向

如果容忍通知缺少法律规定的要件，并要求网络服务提供者进一步联系、核实、调查，无疑使法律对通知合格要件的规定落空，进而引发对缺失哪些要件的通知时，网络服务提供者才有义务进一步联系、核实、调查的争论，以及由于通知人联络渠道或专业能力不同而导致不能通过一次联络解决问题，进而讨论进一步联系、核实、调查的频次，以及核实到何种程度等问题。在法律对前述问题没有规定的情况下，上述要求必然使得网络服务提供者面临责任承担的不确定性。

2.权利人方向

如果权利人在依法通知时本着对自身权利负责的态度，认真、全面、准确地准备通知书及相关证明材料，避免因内容残缺等问题导致通知不符合法律规定，从而避免网络服务提供者因通知不符合法律规定而无法及时采取必要措施，造成权利人进一步损失。权利人依法向网络服务提供者发出的通知应符合法律规定是权利人的义务，不能因为权利人未全面尽到前述义务，转而为网络服务提供者增加进一步联系、核实、调查等义务。

四、结语

权利人应当就其发出的通知是否符合法律规定承担责任，网络服务提供者则应当就其接到通知后判断是否为合格通知承担法律风险。网络服务提供者就通知合格与否判断准确，并相应采取措施或拒绝采取措施，可依法免责。网络服务提供者就通知合格与否判断错误，未进行断开链接、删除侵权内容等操作时，则应依法承担责任。与要求网络服务提供者在收到不准确或不清楚的“通知”时，进一步联系、核实、调查相比，要求权利人发出符合法律规定并准确表述侵权行为的通知更符合知识产权保护的利益平衡原则。

撰稿人：刘兴稳

口述作品的相关权利如何保护

《著作权法实施条例》第四条第（二）项规定：口述作品，是指即兴的演说、授课、法庭辩论等以口头语言形式表现的作品。本文对口述作品的定义及特征作简要介绍的同时，还对国外立法以及未经许可"口述"（朗读）其他文字作品，是否会涉嫌侵权的问题进行了分析，希望对大家了解口述作品有所帮助。

一、口述作品的定义

口述作品亦称口头作品，是指即兴的演说、授课、法庭辩论、即赋诗词等以口头语言创作，未以任何物质载体固定的作品。例如，人们在公众场合的即兴演讲、教师的授课、律师的法庭辩论等。口述作品应当是以口述的方式来创作产生的，而用预先已有的文字作品加以口头表演的作品或讲话、诗歌或散文的朗诵、播音员的播音、相声或小品演员的演出等尽管有口述的过程，但其口述并非创作的过程，创作在口述之前均已完成，因而不属于口述作品。

二、口述作品的特点

《著作权法实施条例》第四条第（二）项对口述作品的含义概括为：口述作品，是指即兴的演说、授课、法庭辩论等以口头语言形式表现的作品。由此可见，口述作品成立要件为即兴创作、口头语言表达、不以任何物质载体固定。

即兴创作，是指事先无文字稿或仅有简单的文字提纲的创作，这种创作一般是指事先仅对自己的创作有初步的粗略构思，如公众集会上的演说、学校课堂或学术报告的讲课、法庭上的辩论等。这些创作构成口述作品的前提是无文字稿或有文字稿也仅限于简单的文字提纲。即兴作品，是指不根据脚本而表演或口述的作品，其特点是创作和表演同时出现，创作者和表演者合二为一。即兴作品，例如比较流行的"freestyle

（即兴说唱）”“无前稿的脱口秀”中均含有口述作品，但它是以口述作品形式加上艺术的加工，虽然也是即兴创作，可以成为口述作品，但在实践中，由于其表现形式相当于表演而通常将其纳入邻接权的保护范畴。所以，在展示口述作品时，尽量降低表演的成分，否则该创作将不再受《著作权法》及相关法律对口述作品的保护。

口头语言表达，是口述作品最直观的特点，它是指口述作品必须以声音形式表达，当然这种声音形式可以辅之以必要的手势，但仅为辅助，它不能喧宾夺主，弄巧成拙，最终反而变成即兴表演。当然，仅仅是日常的会话或交谈等也不能成为口述作品，因为要成为作品，必须要有创作者的思想或情感的表现，仅凭表现形式不能成为作品，单纯的表述客观事物或事实的东西，如口述生产工艺步骤规则等不能表现制作人的任何思想或情感的话，也不能成为作品。

不以任何物质载体固定是口述作品最突出的特点。口述作品，顾名思义，仅仅为口头形式的作品，是无形的，没有承载工具的。很多口述作品往往没有固定下来（如被录音或者被记录），因而如果发生侵权诉讼时作者在举证方面常陷入窘境，这也从另一角度解释了为何在司法实务中，相对于其他作品类型，口述作品引发的侵权诉讼并不多见的原因。

三、国外对口述作品保护的现状

《著作权法》中的作品是指文学、艺术和科学领域内具有独创性，并能以某种有形形式复制的智力创作成果。所谓《著作权法》保护作者，实际上受到保护的是作者的作品。对于作品的保护原则，各国立法一致原则为：必须是创作的原作，而不是从其他作品中抄袭而来，故也称为独创性。对于作品是否一定要有固定物，从世界各国立法实践来看，也是仁者见仁，智者见智。

英美法系的著作权立法理论认为，要受到著作权保护的作品必须固定在某种有形物体上，也就是说英美法系要求受保护的作品必须有固定物。例如，美国《著作权法》规定，受法律保护的作品必须是其表现形式已固定下来的作品。

大陆法系的著作权立法理论中，并不要求作品必须固定其表现形式，而只保护作品的具体表现形式。如日本的《著作权法》规定，构成作品并不需要固定物，作品只要属于文艺、学术或音乐领域的具有独创性的原作即可。

四、未经许可“口述”（朗读）其他文字作品，是否会涉嫌侵权

在学理上，这被称为“朗读权”，是指一种对作品通过公开朗读进行再现的一种权利。而在我国，《著作权法》及相关法律既没有规定朗读权，也没有明确当众朗读他人作品或者自己的作品是否属于一种对作品的“表演”，这在实践中存在很大的争议。

例如，很多网络平台取得某作者作品的复制权和信息网络传播权后，让主持人采取朗读作品的形式在网上实时传播，这引发了作者的维权警告，认为这侵犯了其“表演权”；网络平台则认为这种寻常的“朗读”根本算不上“表演”，实为一种“复制”和“网络传播”，因此并未构成侵权。

目前这类问题如何解决在理论上尚有争议。尽管如此，一些法院在司法实践中也开展了有益的探索，通过判决说理认可“朗读作品”也可以构成对作品的“表演”。法院认为，有声读物实为朗读涉案作品并进行录音后形成的录音制品，被改变的仅仅是形式，其文字内容并未被改变，不属于对涉案作品进行演绎之后形成的新作品，依原文朗读文字作品属于“表演”行为。

五、结语

由于人们对口述作品保护意识不强，且口述作品又无任何物质载体进行固定，所以使得对口述作品著作权的侵犯变得更加容易。而在司法实践中更是存在对口述作品著作权问题认识的不一致、立法不完善以及缺乏可操作标准等问题，导致口述作品的著作权人的权利无法获得有效保障。因此，应不断加大对口述作品保护的宣传，完善立法体系，营造良好的著作权保护氛围，促进我国文学文化的不断发展。

撰稿人：刘兴稳

人工智能生成内容是否构成著作权法上的作品

人工智能软件生成的内容是人的意志体现吗？如果符合独创性的要求，可否被认定为作品？人工智能是目前人类创新活动的前沿领域，在世界范围内具有非常广阔的发展前景。技术的发展总会带来复杂的法律问题，人工智能的出现引发人们对人工智能生成内容在著作权法上定性的深入思考，同时亦产生了巨大争议。本案判决认为人工智能生成内容符合作品独创性的要求，应当被认定为作品，作品的著作权归属于利用人工智能软件从事创作的人。如果行为人未经许可将人工智能生成的内容在互联网上传播，使公众可以在个人选定的时间和地点获得该作品，将被认定为侵犯信息网络传播权。

一、案例导入

原告某讯计算机系统有限公司诉称某writer计算机软件系由原告关联企业某讯科技（北京）有限公司自主开发的一套基于数据和算法的智能写作辅助系统，原告于2018年8月20日在某证券网站上首次发表的标题为《午评：沪指小幅上涨0.11%报2671.93点通信运营、石油开采等板块领涨》的财经报道文章（以下简称涉案文章）是由原告主创团队人员使用某writer智能写作助手完成，原告在某证券网站上发表涉案文章时采用末尾注明“本文由某讯机器人某writer自动撰写”的方式表达文章属原告法人意志创作。原告发现被告某盈科技有限公司未经原告许可在原告文章发表当日复制了原告涉案文章（以下简称侵权文章），并在被告运营的“某贷之家”网站通过信息网络向公众传播。侵权文章的内容与原告享有著作权的《午评：沪指小幅上涨0.11%报2671.93点通信运营、石油开采等板块领涨》作品内容完全相同，原告认为被告的行为侵犯了原告的信息网络传播权。此外，原告对于财经报道内容的高效产出是原告通过一系列创造性劳动所累积形成的竞争优势，被告未经智力劳动创作，直接复制原告的工作成果用于被告网站获取网络流量攫取竞争利益，违背了诚信信用原则和公认的商业道德，扰乱了财经媒体市场的公平竞争秩序，构成不正当竞争行为。

二、法院裁判

法院认定涉案文章构成文字作品且构成署名主体的法人作品。

《著作权法实施条例》第二条规定，著作权法所称作品，是指文学、艺术和科学领域内具有独创性并能以某种有形形式复制的智力成果。第四条第（一）项规定，文字作品，是指小说、诗词、散文、论文等以文字形式表现的作品。涉案文章是一篇股市财经综述文章，属于文学领域的表达，具备可复制性。因此，涉案文章是否构成文字作品的关键在于判断涉案文章是否具有独创性。

首先，判断涉案文章是否具有独创性，应当从是否独立创作及外在表现上是否与已有作品存在一定程度的差异，或具备最低限度的创造性来进行分析判断。涉案文章由原告主创团队人员运用某writer软件生成，其外在表现符合文字作品的形式要求，其表现的内容体现出对当日上午相关股市信息、数据的选择、分析、判断，文章结构合理、表达逻辑清晰，具有一定的独创性。

其次，从涉案文章的生成过程来分析是否体现了创作者的个性化选择、判断及技巧等因素。根据原告的陈述，原告组织包含编辑团队、产品团队和技术开发团队在内的主创团队运行某writer软件生成包含涉案文章在内的财经新闻类文章。涉案文章的生成过程主要经历数据服务、触发和写作、智能校验和智能分发四个环节。在上述环节中，数据类型的输入与数据格式的处理、触发条件的设定、文章框架模板的选择和语料的设定、智能校验算法模型的训练等均由主创团队相关人员选择与安排。涉案文章的创作过程与普通文字作品创作过程的不同之处在于创作者收集素材、决定表达的主题、写作的风格以及具体的语句形式的行为也即原告主创团队为涉案文章生成作出的相关选择与安排和涉案文章的实际撰写之间存在一定时间上的间隔。法院认为，涉案文章这种缺乏同步性的特点是由技术路径或原告所使用的工具本身所具备的特性决定的。原告主创团队相关人员的上述选择与安排符合著作权法关于创作的要求，应当将其纳入涉案文章的创作过程。根据《著作权法实施条例》第三条的规定，著作权法所称创作，是指直接产生文学、艺术和科学作品的智力活动。据此，具体认定是否属于创作行为时应当考虑该行为是否属于一种智力活动以及该行为与作品的特定表现形式之间是否具有直接的联系。根据本案查明的事实，显然，本案中原告主创团队在数据输入、触发条件设定、模板和语料风格的取舍上的安排与选择属于与涉案文章的特定表现形式之间具有直接联系的智力活动。从整个生成过程来看，如果仅将某writer软件自动生成涉案文章的这两分钟时间视为创作过程，确实没有人的参与，仅仅是计算机软件运行既定的规则、算法和模板的结果，但某writer软件的自动运行并非无缘无故或具有自我意识，其自动运行的方式体现了原告的选择，也是由某writer软件这一技术本身的特性决定的。如果仅将某writer软件自动运行的过程视为创作过程，这在某种意义上是将计算机软件视为创作的主体，这与客观情况不符，也有失公允。从涉案文章的外在表现形式与生成过程来分析，该文章的特定表现形式及其源于创作者个性化的选择与安排，并由某writer软件在技术上"生成"的创作过程均满足著作权法对文字作品的保护条件，涉案文章属于我国著作权法所保护的文字作品。

涉案文章是在原告的主持下，由包含编辑团队、产品团队、技术开发团队在内的主创团队运用某writer软件完成，并未提及涉案文章还有其他参与创作的主体。涉案文章是由原告主持的多团队、多人分工形成的整体智力创作完成了作品，整体体现出原告对于发布股评综述类文章的需求和意图。涉案文章在由原告运营的某证券网站上发布，文章末尾注明"本文由某讯机器人某writer自动撰写"，其中的"某讯"署名的指向结合其发布平台应理解为原告，说明涉案文章由原告对外承担责任。故在无相反证据的情况下，涉案文章是原告主持创作的法人作品。

三、人工智能生成的内容可以被认定为受保护的作品

本案涉及人工智能自动生成的文章是否构成作品的法律问题。多年来，人工智能能否成为著作权主体，人工智能生成的内容能否构成著作权客体的作品，存在广泛争议。

在北京某林律师事务所诉北京某度网讯科技有限公司侵害署名权、保护作品完整权、信息网络传播权纠纷一案中，法院认为，虽然计算机软件智能生成的文字内容体现了针对相关数据的选择、判断、分析，具有一定的独创性。但是，自然人创作完成应是著作权法上作品的必要条件。即使人工智能软件"创作"的文字内容具有独创性，也不属于著作权法意义上的作品，不能认定人工智能软件是其作者并享有著作权法规定的相关权利，并进而认定虽然计算机软件智能生成的文字内容不构成作品，但并不意味着其进入公有领域，可以被公众自由使用。计

算机软件智能生成的文字内容既凝结了软件研发者的投入，也凝结了软件使用者的投入，具备传播价值。软件研发者（所有者）可通过收取软件使用费，使其投入获得回报。而软件使用者通过付费使用进行了投入，基于自身需求设置关键词并生成了相应内容，具有进一步使用、传播的动力和预期。因此，应当激励软件使用者的使用和传播行为，将相关权益赋予其享有。软件使用者虽不能以作者的身份在相应内容上署名，但可以采用合理方式表明其享有相关权益。

在刑事审判领域，一般认定人工智能及其操作系统和硬件（设施）应当视为管理者意志的体现，可以认为是属于“有意识的主体”。

笔者认为，对于利用人工智能所产生的内容或成果的版权问题，不应该局限于自然人创作或者人类创作的形式要件，应实质考虑人工智能所产生的内容本身是否符合版权法对作品的独创性要求，如果符合，其就是作品，应该受版权法保护，其权利主体当然属于人工智能的所有者或使用者所有。相对于其他案件审判思路来讲，一方面囿于创作主体的形式要件限制不能给予著作权定性，另一方面又赋予其主体享有相关权益的间接保护方式来讲，本案给出了指导性的审判思路，对于人工智能成果的保护定将起到直接的、积极的作用。

撰稿人：王现辉

侵权责任承担方式如何平衡权利人与公共利益

本案跳出了“一旦认定侵权即判令停止侵害”的著作权保护常见思路，在适当提高判赔额、停止侵害权利人署名权的情况下，许可侵权行为人继续使用侵权作品，作为停止侵害著作权财产权责任形式的替代。这种以提高判赔额的方式作为停止侵权行为的责任替代，为特定情形下平衡著作权人的权利与公共利益提供了有益的思路。

一、导入案例

王某在某歌舞团任职期间创作了乐谱《给你一个微笑》。某边防检查站未经许可擅自使用该音乐作品重新填词，录制了《给你一个微笑——边检之歌》音乐MV视频，用作单位宣传，也未标明王某的作者身份。王某在发现该音乐视频被上传至某文化公司的视频播放平台后，认为某边防检查站侵犯其作品的署名权、信息网络传播权、表演权和摄制权，请求法院判令某边防检查站立即停止侵权、赔偿损失等。某边防检查站辩称，涉案音乐作品系王某在某歌舞团任职期间创作的乐曲，应属于职务作品，故其作为作品著作权人的主体资格存疑。同时，某边防检查站系国家机关，其出于宣传边检形象目的使用涉案音乐作品，未造成王某的实际损失也没有因此获利，应属于对作品的合理使用，王某所主张的赔偿数额缺乏事实及法律依据。

二、法院裁判

某互联网法院经审理认为，王某对涉案音乐作品享有著作权。某边防检查站将涉案侵权作品用于边检工作宣传，不属于执行公务行为，故不构成作品合理使用，其行为构成对王某署名权、摄制权及信息网络传播权的侵犯，应当承担侵权责任。考虑到某边防检查站制作涉案侵权作品是为了宣传国家政府机关的相关工作，未对王某作品内容予以歪曲和恶意篡改，其使用行为具有一定公共属性，且不实质挤占王某作品的商业价值。故在已支付判决确定的赔偿金额且在音乐视频中表明王某的作曲者身份后，某边防检查站可基于原目的继续使用涉案侵权作品。

三、合理使用的界定

"合理使用"的法律规定如下，《著作权法》第二十四条规定，在下列情况下使用作品，可以不经著作权人许可，不向其支付报酬，但应当指明作者姓名、作品名称，并且不得侵犯著作权人依照本法享有的其他权利：（一）为个人学习、研究或者欣赏，使用他人已经发表的作品；（二）为介绍、评论某一作品或者说明某一问题，在作品中适当引用他人已经发表的作品；（三）为报道时事新闻，在报纸、期刊、广播电台、电视台等媒体中不可避免地再现或者引用已经发表的作品；（四）报纸、期刊、广播电台、电视台等媒体刊登或者播放其他报纸、期刊、广播电台、电视台等媒体已经发表的关于政治、经济、宗教问题的时事性文章，但作者声明不许刊登、播放的除外；（五）报纸、期刊、广播电台、电视台等媒体刊登或者播放在公众集会上发表的讲话，但作者声明不许刊登、播放的除外；（六）为学校课堂教学或者科学研究，翻译或者少量复制已经发表的作品，供教学或者科研人员使用，但不得出版发行；（七）国家机关为执行公务在合理范围内使用已经发表的作品；（八）图书馆、档案馆、纪念馆、博物馆、美术馆等为陈列或者保存版本的需要，复制本馆收藏的作品；（九）免费表演已经发表的作品，该表演未向公众收取费用，也未向表演者支付报酬；（十）对设置或者陈列在室外公共场所的艺术作品进行临摹、绘画、摄影、录像；（十一）将中国公民、法人或者其他组织已经发表的以汉语言文字创作的作品翻译成少数民族语言文字作品在国内出版发行；（十二）将已经发表的作品改成盲文出版。前款规定适用于对出版者、表演者、录音录像制作者、广播电台、电视台的权利的限制。

著作权的合理使用是指在特定的条件下，法律允许他人可以不经著作权人准许使用作品，而不必征得权利人的许可，并且不向其支付报酬的合法行为。但是，根据上述法条可知，国家机关使用他人的作品构成合理使用是有严格的条件限制的，其使用作品的目的是为执行公务，而且使用的方式、数量和内容等须限于合理范围内。所以，国家机关构成合理使用的重要条件是使用目的为执行公务。本案中，某边防检查站在全篇使用王某的音乐作品时，没有指明王某作者姓名，侵犯了王某的署名权，不符合合理使用的规范。而且某边防检查站利用王某的乐曲制作音乐宣传视频的行为既非为实现公共安全的需要，也非在法律授权范围内行使行政管理职责，不属于执行公务，所以法院认定某边防检查站的行为超出了合理使用的范畴，侵犯了王某的著作权，符合法律规定。另外，即使国家机关为执行公务合理使用相关权利作品，也需注意使用的方式、数量和内容，并且应当标明作者姓名和作品名称内容等，避免造成他人误解。

该案明确了国家机关为宣传目的使用他人已发表的音乐作品，若非出于公共安全的需要，也非在法律授权范围内行使行政管理职责，不属于合理使用的范畴。在确定赔偿数额时，综合考虑作品类型、合理使用费、侵权行为性质、后果以及为制止侵权行为所支付的合理开支等情节，发挥司法裁量作用合理确定判赔尺度。

撰稿人：刘兴稳

如何规制大型网络游戏的“换皮抄袭”行为

随着科学技术的日新月异，大型网络游戏开发层出不穷，而且这些游戏的开发需要投入大量人力、物力、财力，面对该领域频频出现的“换皮抄袭”行为，如何准确适用法律加以规制，是当前亟待解决的热点问题。而本案作为全国首例“先行判决+临时禁令”的案件，体现出了法院在审理思路和救济模式上的大胆创新，大大提升了司法保护的实效性，对其他法院处理此类型案件提供了参考。

一、案例导入

某和网络科技有限公司（以下简称某和公司）系涉案网页游戏《某传奇》的著作权人，某英网络科技有限公司（以下简称某英公司）系该游戏独家授权的发行运营公司，亦享有《某传奇》的著作权使用许可。某和公司、某英公司认为某峰网络科技股份有限公司（以下简称某峰公司）运营的《某武尊》手游在整体上复制了《某传奇》网页游戏的基本表达，侵害其游戏著作权，遂向法院提起诉讼，请求判令某峰公司停止侵害、刊登声明消除影响，并赔偿经济损失3000万元及合理开支65万元。[①]

杭州市中级人民法院经审理认为：《某武尊》包含了大量与《某传奇》相同或近似的具体情节，且其部分游戏界面与《某传奇》的游戏界面在外观上基本一致，故应认定某峰公司侵权行为成立。考虑到确定本案侵权损害赔偿数额将花费大量时间，出于及时制止侵权的需要，该院于2019年4月26日作出先行判决，某峰公司立即停止复制或通过信息网络传播《某武尊》手机游戏。同时，考虑到当事人上诉后一审判决即处于未生效状态，不具有强制执行力，故该院还根据当事人申请作出诉中行为保全裁定，责令某峰公司立即停止侵权行为。

某峰公司不服一审判决，向浙江省高级人民法院提出上诉。浙江省高级人民法

① 一审：杭州市中级人民法院（2018）浙01民初3728号；二审：浙江省高级人民法院（2019）浙民终709号。

院认为,《某武尊》对《某传奇》游戏特定玩法规则的独创性表达进行了照搬和复制，侵害了《某传奇》的改编权、复制权和信息网络传播权。该院遂于2020年3月2日判决，驳回上诉，维持原判。有关本案侵权损害赔偿等部分由一审法院继续审理。

2020年8月7日，杭州市中级人民法院以某峰公司未履行行为保全裁定为由，决定对某峰公司罚款100万元。某峰公司不服，向浙江省高级人民法院申请复议，该院认为，某峰公司未及时履行行为保全裁定，应当承担相应的法律责任。一审法院根据《某武尊》的总流水金额和收入金额，结合相关违法情节与后果，裁定罚款100万元并无不当，遂驳回某峰公司的复议申请，维持原罚款决定。

二、涉案作品著作权保护范围的确定

根据《著作权法》第三条的规定，本法所称的作品，包括以下列形式创作的文学、艺术和自然科学、社会科学、工程技术等作品:（一）文字作品;（二）口述作品;（三）音乐、戏剧、曲艺、舞蹈、杂技艺术作品;（四）美术、建筑作品;（五）摄影作品;（六）电影作品和以类似摄制电影的方法创作的作品;（七）工程设计图、产品设计图、地图、示意图等图形作品和模型作品;（八）计算机软件;（九）法律、行政法规规定的其他作品。

本案中,《某传奇》是由玩法规则、技能体系、装备数值、画面美工、配音配乐、界面布局等诸多设计元素有机组合而成的作品，属于角色扮演类网络游戏，蕴含了游戏设计者的大量智力成果，通过程序预设和玩家操作，游戏的情节以有机连续动态画面的形式对外表达并被玩家所感知，游戏整体运行环境亦可实现有形复制，属于著作权法规定的具有独创性的作品。其故事设定、情节的选择与安排类似于电影剧本的创作；随着玩家操作形成的一系列有伴音或者无伴音的连续动态画面，类似于电影的摄制和成像过程；游戏创作完成后亦可存储在一定介质上，并可借助电脑等数字播放设备予以传播。基于以上特征，该游戏可以作为著作权法规定的类似摄制电影的方法创作的作品予以保护。

另,《某传奇》游戏中关于“打怪升级”的游戏玩法和三大系统的基本架构属于思想范畴，亦是传奇类游戏常见的设计模式，不属于其独创；游戏的角色、技能和装备名称、孤立的属性和数值等元素本身由于表达过于简单，尚未达到著作权法要求的作品创作性高度；所以此部分不具有独创性的表达部分和公有领域的表达内容不属于《著作权法》所保护的范围。

三、构成实质性相似的判定

认定《某武尊》是否实质性利用了《某传奇》的独创性表达，应先判断两者子系统的特定呈现方式是否相同或相似，再看整体游戏架构中对于子系统的选择、安排、组合是否相同或相似。

《某武尊》与《某传奇》均由三大系统五层架构组成，两者在角色养成系统的17个子系统、消费奖励系统的10个子系统、场景（副本）段落的6个子系统的设置上存在对应关系。相应的，呈现以上内容的操作界面和动态画面视觉效果也存在部分相似性。以上与《某传奇》相同或相似的内容覆盖了《某武尊》游戏的绝大部分子系统，数量和程度上已经明显超出了合理借鉴的范围，从整体游戏架构来看，《某武尊》对于子系统的选择、安排、组合方式与《某传奇》构成实质性相似。尽管《某武尊》进行了美术、动画、音乐等内容的再创作，但其在玩法规则的特定呈现方式上利用了《某传奇》的独创性表达，对于普通游戏玩家而言，其所感知到的游戏整体情节相似度极高，故两者整体上构成实质性相似。

四、结语

本案涉及如何区分再创作游戏中的独创性表达与公有领域素材，对该独创性部分能否认定为受著作权法保护的作品及作品的具体类型等极具研究价值的问题。法院认为，涉案网络游戏的设计对于创作元素及其属性与数值的取舍、安排形成了特定对应关系，各系统之间组合而成的特定玩法规则和情节达到区别于其他游戏的创作性高度，并能够通过操作界面内直白的文字形式或连续动态画面方式对外呈现，这些具体表达属于受著作权法保护的客体。将这些独创性部分作为整体作品进行保护，有利于遏制“换皮抄袭”行为，使游戏开发者所付出的创造性劳动获得充分保护。

撰稿人：刘兴稳

知名武侠小说元素能否被游戏“借用”

2021年11月26日，北京知识产权法院就某界公司诉某蟹公司著作权侵权及不正当竞争案作出二审判决，对一审判赔2000万元等予以维持。

一、案情简介

某界公司享有著名作家的若干部武侠小说（以下简称涉案小说）及其元素在游戏改编开发、发行及运营方面的独占权利。2013年1月，某界公司发现某蟹公司开发、运营的移动终端游戏《某门》（以下简称涉案游戏）上线，并于各大手机软件市场提供下载。其中，涉案游戏使用了涉案小说中的人物名称、生平介绍、武功、装备、关卡、人物间关系、人物与武功间关系、人物与装备间关系等元素。2013年10月1日，某蟹公司与某界公司的关联公司某界（北京）软件有限公司（以下简称某界软件公司）等签署《协议书》，约定某蟹公司可继续使用涉案小说内容至2015年7月31日，并向原作者及上述某界软件公司等支付授权金。此后，某蟹公司共支付授权金929971.62元。但2015年7月31日授权终止后，某蟹公司仍继续使用涉案小说内容，因此某界公司以“著作权侵权及不正当竞争”为由诉至法院。

争议焦点：

（1）某界公司获得涉案小说独家游戏改编权的授权链条是否存在瑕疵？

（2）某蟹公司开发、运营的移动终端游戏《某门》使用了涉案小说中的人物名称、生平介绍、武功、装备、人物关系等元素是否侵害了某界公司对涉案小说享有的改编权？

（3）某蟹公司在其网站、“某门游戏”微博、“某门”微信公众号中发布的文章大量使用涉案小说中的人物名称、故事梗概等元素，还有部分文章直接使用“《某门》中囊括了涉案小说中200多位耳熟能详的知名豪侠，还将涉案小说中经典剧情再现”等行为是否构成不正当竞争？

二、案件分析

1.某界公司享有的著作权授权链条梳理

由于本案提及的主体较多，故我们通过图示化的方式将授权链条进行了梳理。

（1）根据图3-1可知，作者对广州市某声图书有限公司进行的著作权授权，仅系对涉案小说文字作品的出版授权，并非对涉案小说的全部著作权的授权，该在先授权行为并不影响其此后将涉案小说的独家游戏改编权授权他人。

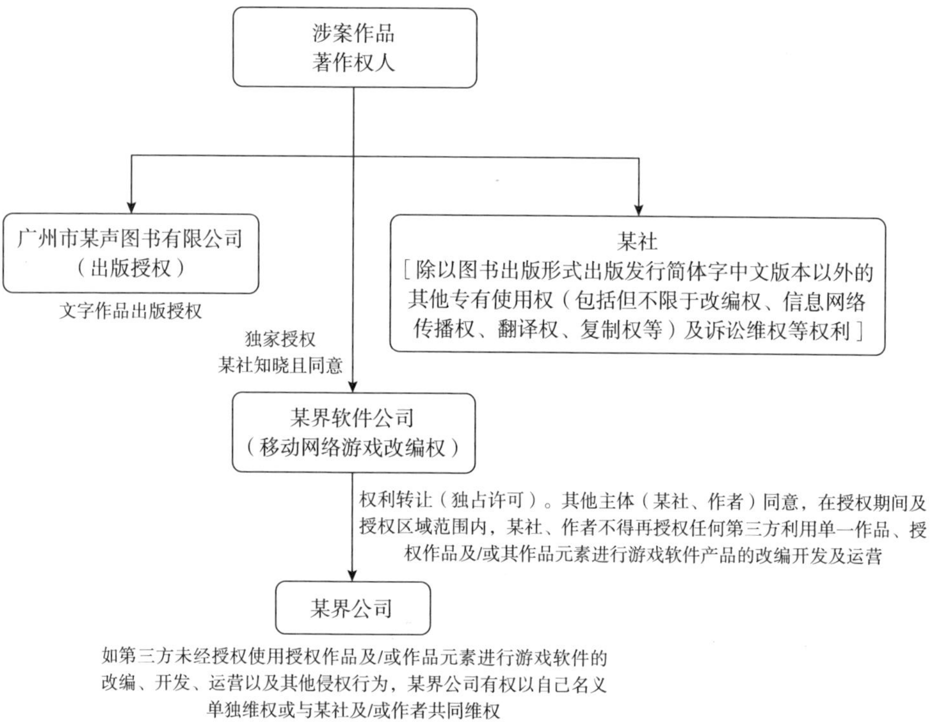

图3-1　本案授权链条

（2）根据作者与某界公司的授权链条，其将涉案小说在中国大陆地区的移动网络游戏改编权独家授予了某界软件公司，对此，某社知晓且同意。在某界软件公司将原协议约定的作者给予其的授权转让给某界公司时，某社、作者也明确同意。因此可认定某界公司经授权获得涉案小说独家游戏改编权。

2. 某蟹公司开发运营的《某门》游戏是否侵犯某界公司对涉案小说享有的改编权?

北京知识产权法院二审认为，某蟹公司未经许可，擅自将涉案小说改编成涉案游戏，侵犯了某界公司对涉案小说享有的改编权。

（1）判断涉案游戏是否构成对涉案小说的改编，首先应判断涉案游戏中使用的涉案小说元素是否属于著作权法保护的独创性表达。本案中，涉案小说中的人物名称、武功、装备等元素相互结合，较为完整地展现了不同人物的身世背景、性格特征、独门绝技、人物关系等，通过特定形式的组合相对完整地表达了作者对特定人物的塑造和故事脉络的构思，体现了作者的安排及设计的具有独创性的表达，因此应当受到著作权法的保护。

（2）涉案游戏对涉案小说中相关人物的技能、经历、不同人物之间的相互关系等进行了高度提炼，保留了与涉案小说实质性相似并且能够构成表达的独创性元素及设定，与涉案小说具有高度的关联性及依存性。

（3）涉案游戏对涉案小说中独创性表达的使用仅是改变了涉案作品中独创性表达的表现形式，并未形成脱离于涉案作品的全新表达，但涉案游戏亦非对涉案小说进行了简单复制，而系通过具有独创性的创作行为而形成。一方面，涉案游戏所表现的人物特征、人物关系以及其他要素间的组合关系与涉案小说中的选择、安排、设计等并不存在实质性差别，尚未形成完全脱离涉案小说中独创性表达的全新表达。另一方面，涉案游戏虽依托于涉案小说的内容与架构，但其根据游戏特性而设计的对白、游戏关卡等在涉案小说中显然无法一一对应，且人物简介等内容亦系对涉案小说相关内容的选取、整合，使涉案小说的表现形式有了根本性的转变。因此，涉案游戏属于对涉案小说的改编。

3. 某蟹公司实施的被诉行为是否构成不正当竞争?

北京知识产权法院认为，某蟹公司在其运营的网站、微博、微信公众号发布的文章中大量使用涉案小说中人物名称、故事梗概等元素，直接利用了涉案小说的知名度以及相关公众对涉案小说的喜爱，不当夺取了某界公司依据涉案小说进行游戏开发的机会，亦使相关公众对涉案游戏的来源产生误解，损害了其他经营者及消费者的合法权益。因此，构成不正当竞争行为。

值得注意的是，法院在判决书中提到，某蟹公司在宣传文章中使用涉案小说中相关元素的行为虽然不符合《反不正当竞争法》第二条规定的具体不正当竞争行为要件，但确有依法予以规制的必要，因此根据《反不正当竞争法》第二条的规定认定其构成不正当竞争行为。

三、案件思考

1.改编权及改编行为的认定

在学理分类上，改编权属于演绎权的一种，演绎权包括了翻译、改编、摄制视听作品和汇编等，演绎权控制的即是在保留原作品表达的情况下，通过发展这种表达在原作品基础之上创作新作品并加以后续利用的行为。因此，虽然《著作权法》对于改编权定义为“改变作品，创作出具有独创性的新作品的权利”，并未提及原作品与新作品之间的关系，但根据演绎权的定性，仍应认为改编行为系在原作品基础上进行的再度创作。即一方面使用了原作品的表达，未脱离原作品；另一方面再度创作而成的新作品与原作品之间存在明显差异，能够体现改编者对新作品投入的创造性劳动。

改编行为既可以是将已有作品由一种体裁改为另一种体裁，采用不同的文学、艺术形式进行再创作，也可以是对已有作品在同一体裁范围内进行改动，即在原作品的基础上对作品进行同一文学、艺术形式范畴内再创作，以使之适于不同的利用条件。只要在利用原作品表达的基础上，创作出不同于原作品的新作品，且这种改动体现了改编者的独创性，均属于改编行为。

2.改编权侵权的认定

认定改编权侵权的核心在于被控侵权作品是否使用了权利人作品中的独创性表达。具体的认定步骤可以分为以下两步：其一，梳理出权利人作品与被控侵权作品中的相似之处；其二，判断此相似之处是否是权利人作品的基本独创性表达。

例如，在金某诉《某间》著作权侵权及不正当竞争纠纷案中，权利人作品与被控侵权作品中的相似之处为数十名原告作品中的人物姓名，但这些都属于思想领域，并非独创性表达；相反，被告作品中同名人物的性格特征、人物关系及故事情节在具体表达的取舍、选择、安排、设计上与原告作品并不一致，二者并不构成实质性相似，因此《某间》并未侵害原告所享有的改编权。而在本案中，涉案游戏使用了涉案小说中的人物名称、生平介绍、武功、装备、关卡、人物间关系、人物与武功间关系、人物与装备间关系等元素，且这些元素构成了涉案小说的独创性表达，因此构成侵害其改编权。

3.《反不正当竞争法》第二条的适用

在金某诉《某间》著作权侵权及不正当竞争纠纷案中，法院即以《反不正当竞争法》第二条认定《某间》构成不正当竞争。法院认为金某的作品及作品元素具有极高的知名度、影响力和商业价值，被告利用了金某作品角色的影响力提高自己作品的关注度，以营利为目的多次出版且发行量巨大，其行为已超出了必要的限度，属于以不正当的手段攫取金某可以合理预期获得的商业利益，具有恶意，构成不正当竞争。在本案中，法院也根据《反不正当竞争法》第二条认定某蟹公司实施的被诉行为构成不正当竞争。

实际上，早在（2009）民申字第1065号裁定中，最高人民法院对于《反不正当竞争法》第二条作为一般条款适用的基本条件已给出了判断根据，认为适用该一般条款认定构成不正当竞争应当同时具备以下条件：（1）法律对于该种竞争行为未作出特别规定；（2）其他经营者的合法权益确因该竞争行为受到了实际损害；（3）该种竞争行为因确属违反诚实信用原则和公认的商业道德而具有不正当性或可责性。同时，最高人民法院强调，虽然法院可以适用该一般条款来维护市场公平竞争，但同时应当注意严格把握适用条件，以避免不适当干预而阻碍市场自由竞争。

2022年3月20日施行的《最高人民法院关于适用〈中华人民共和国反不正当竞争法〉若干问题的解释》沿袭了（2009）民申字第1065号裁定中的观点，对于《反不正当竞争法》第二条是否能够独立适用的问题进行了解释。第一条规定：“经营者扰乱市场竞争秩序，损害其他经营者或者消费者合法权益，且属于违反反不正当竞争法第二章及专利法、商标法、著作权法等规定之外情形的，人民法院可以适用反不正当竞争法第二条予以认定。”第三条规定：“特定商业领域普遍遵循和认可的行为规范，人民法院可以认定为反不正当竞争法第二条规定的‘商业道德’。人民法院应当结合案件具体情况，综合考虑行业规则或者商业惯例、经营者的主观状态、交易相对人的选择意愿、对消费者权益、市场竞争秩序、社会公共利益的影响等因素，依法判断经营者是否违反商业道德。人民法院认定经营者是否违反商业道德时，可以参考行业主管部门、行业协会或者自律组织制定的从业规范、技术规范、自律公约等。”相信《最高人民法院关于适用〈中华人民共和国反不正当竞争法〉若干问题的解释》中对于《反不正当竞争法》第二条细化的规定必然可以增强该条款的适用效果。

撰稿人：田雨昕

计算机软件实质性相似如何认定

计算机软件著作权的侵权判断中，软件的“实质性相似”如何认定依旧是目前的难点问题。在司法实践中，源程序的比对能够更直观、简单地对软件的实质性相似进行认定，但是源程序的比对并非计算机软件著作权侵权判断的必备条件和必需环节。除了源程序之外，可以根据计算机软件在组织结构、处理流程、所用数据结构、所产生的输出方式、所要求的输入形式等方面或者运行界面、运行结果等方面的比对实现对软件“实质性相似”的认定。本文通过对计算机软件著作权保护的研究，分析计算机软件专利保护的重要性。

一、什么是计算机软件

在数字经济高速发展的时代，计算机软件的应用已经渗透到商业交易以及日常生活中。《最高人民法院知识产权法庭年度报告（2020）》数据显示，计算机软件纠纷的案件数量以154%的增长速度攀升。那么什么是计算机软件？计算机软件又包括哪些内容呢？

《计算机软件保护条例》第二条及第三条规定，计算机软件，是指计算机程序及其有关文档。计算机程序，是指为了得到某种结果而可以由计算机等具有信息处理能力的装置执行的代码化指令序列，或者可以被自动转换成代码化指令序列的符号化指令序列或者符号化语句序列。计算机程序又包括计算机源程序和目标程序，源程序是程序员用高级语言编写成的，能够为其他程序员所理解的程序；而目标程序由高级语言转化而来，只能为计算机所读取，而无法为人所理解，且二者为同一作品。计算机文档，是指用来描述程序的内容、组成、设计、功能规格、开发情况、测试结果及使用方法的文字资料和图表等，如程序设计说明书、流程图、用户手册等。计算机软件的运行流程如图3-2所示。

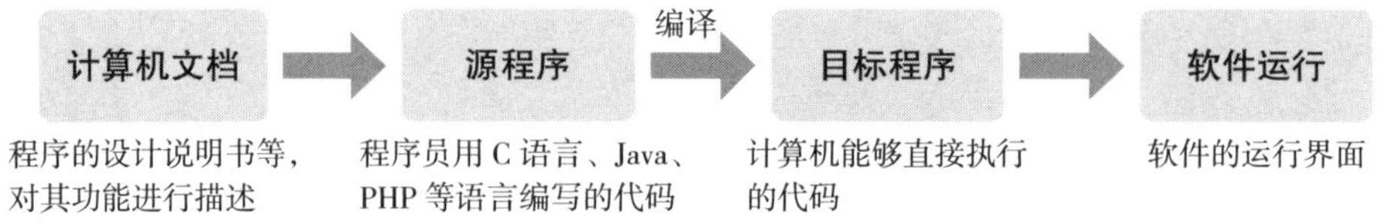

图3-2　计算机软件运行流程示意图

二、计算机软件程序是实质性相似认定的关键

司法实务中，法院依旧以“实质性相似”加“接触”为原则判定涉案软件是否侵权，而主张权利的软件与被诉侵权软件是否构成“实质性相似”一直是法院判定侵权与否的难点问题。法院一般认为，在案证据如果能够证明原告主张权利的计算机软件程序、文档等文件与被诉侵权的计算机软件相同或者相近似的，可以认定二者构成实质性相似。

在陈某与某软电脑科技有限公司计算机软件著作权权属纠纷、著作权权属纠纷一案[①]中，陈某以三张软盘和一张光盘主张其计算机软件程序的权利，以三份作为计算机软件文档的文件主张其计算机软件文档的著作权。但由于陈某提交的三张软盘和一张光盘无法运行，因此法院认为：“陈某提交的三份作为计算机软件文档的文件并无对应的计算机软件程序。软件文档是用来描述软件程序的内容、组成、设计、功能规格、开发情况、测试结果及使用方法的文字资料和图表，在其没有对应计算机软件程序的情况下，计算机文档一般不单独成为计算机软件保护的客体。”

计算机文档能够用来描述软件的功能，但不同的代码也能实现相同的功能，因此仅通过计算机文档并不能说明计算机软件也是相同的。人民法院在审理计算机软件侵权案件中，计算机文档一般不单独成为计算机软件保护的客体，因此计算机软件的程序仍应成为认定实质性相似的比对重点。

三、源程序并非实质性相似认定的必备条件

同一计算机程序的源程序和目标程序为同一作品，因为目标程序是源程序经过编译而形成的，源程序和目标程序仅是计算机程序的两种不同表现形式。因此

---

① 最高人民法院（2020）最高法知民终717号。

源程序相似则能够认定计算机软件相似，可见源程序对实质性相似的认定起着关键性作用。但是在司法实务中，由于软件源程序属于内部的保密信息，一般被诉侵权软件的源程序由被诉侵权人掌握，其他人难以通过一般方式获取。如果一味将源程序的比对作为认定“实质性相似”的唯一标准，那么这无疑会增加原告的举证难度，无法维护软件著作权人的合法权益。

（一）依据软件的组织结构、处理流程、所用数据结构、所产生的输出方式、所要求的输入形式等方面的对比判定实质性相似

陈锦川在其所著《著作权审判：原理解读与实务指导》[①]一书中指出，软件的实质性相似有两类：一是文字部分相似，即两个对比软件的源程序代码、目标程序代码相似；二是非文字部分相似，强调两个对比软件整体上的相似，包括软件的组织结构、处理流程、所用数据结构、所产生的输出方式、所要求的输入形式等方面的相似，不是单纯地以程序代码的相似来判断。总的来说，所谓实质性相似不能单纯以引用的文字、代码百分比来判断。

部分法院在原、被告不提供源程序的前提下，根据软件的组织结构、处理流程、所用数据结构、所产生的输出方式、所要求的输入形式等方面的对比来判定是否构成实质性相似。例如，某思公司与某动公司侵害计算机软件著作权纠纷一案[②]中，原告某思公司诉被告某动公司复制、使用原告甲软件，原告在证据保全时通过输入探查命令来查询涉案软件的客观状态，结果显示甲软件与被诉侵权的软件存在相同结构的文件目录配置形态。一审法官认为根据计算机软件设计的一般性原理，计算机软件名称、目录结构是开发者进行软件编译设计后所展现的独立表现形式，从技术上讲其他软件名称、目录、文件名称与其完全相同的可能性几乎不存在。以初步证明被控电脑（所属某动公司）存在复制、运行涉案甲软件的结果。此时法院认为权利人完成了初步举证责任，举证责任转移至被诉侵权人，应由其提供相反证据以证明其未实施侵权行为。但是某动公司未提供源程序进行比对，仅以“环境变量等运行环境下复制客户软件目录”的抗辩未能得到法院的支持。一审法院与二审法院均认为：“某思公司在本案中既可以程序代码相同或实质相似来主张某动公司侵犯其软件著作权，亦可以双方软件之间组织结构、数据

① 陈锦川：《著作权审判：原理解读与实务指导》，法律出版社2014年版。

② 最高人民法院（2020）最高法知民终1139号。

结构、输入输出形式等方面相同或实质相似来主张某动公司侵犯其软件著作权。”最后在某动公司未能提供相关证据的情形下，一、二审法院均判定某动公司存在侵害某思公司涉案软件著作权的行为。

（二）依据运行界面、运行结果等方面的对比判定实质性相似

作为普通用户，我们并不能直接看到计算机的后台程序，而最直观的是计算机软件运行后的结果，即计算机运行界面。计算机软件的运行界面由整体布局、构图比例、背景颜色、字体大小、功能模块分布、按键设置、下拉菜单栏设置、操作方式等部分构成。因此有些法院根据运行界面、运行结果等可视化内容相同或实质性近似推定权利软件与被诉侵权软件构成相同或实质性近似。

在某特公司与某鼎公司计算机软件著作权纠纷一案①中，原告某鼎公司诉被告某特公司构成对乙软件的侵权。法院查明涉案软件与被诉侵权软件在各运行界面的整体布局、构图比例、背景颜色、字体大小、功能模块分布、按键设置、下拉菜单栏设置、操作方式、其中包含的四种算法等诸多细节上均保持一致，管理员密码也相同。一审、二审法院均认为，在权利人提交初步证据证明被诉侵权软件可能涉嫌侵权的情况下，如被诉侵权软件与权利软件在运行界面、运行结果等方面相同或实质性近似，则通常需要被诉侵权人提供被诉侵权软件的源程序以供比对。如果被诉侵权人拒不提供源程序，也无其他途径取得，则可以根据两软件的运行界面、运行结果等可视化内容相同或实质性近似推定权利软件与被诉侵权软件构成相同或实质性近似。在某特公司未提交被诉侵权软件源代码以证明该软件系其独立研发的情况下，可以认定被诉侵权软件系抄袭涉案软件而来。

综上，计算机软件实质性相似的认定中，虽然源代码的比对能够更直观地证明主张权利的软件与被诉侵权软件存在实质性相似，但是源代码的比对并非计算机软件著作权侵权判断的必备条件和必需环节。如果权利人已经举证证明被诉侵权软件与主张权利的软件在组织结构、处理流程、所用数据结构、所产生的输出方式、所要求的输入形式等方面相似，或者运行界面、运行结果高度近似，则可以认为权利人完成了初步举证责任，此时举证责任转移至被诉侵权人。此时被诉侵权人未能提供软件源程序或者其他的有效证据，则即便没有源程序，也能认定主张权利的软件与被诉侵权软件存在“实质性相似”。

---

① 最高人民法院（2021）最高法知民终1210号。

四、思维延伸

计算机软件申请著作权保护，可以直接保护计算机软件源程序、目标程序和文档。但是对于计算机软件的创作者来说，为解决某种计算机难题所提出的技术方案更具有独创性，也更值得法律的保护。然而非常遗憾的是，我国《计算机软件保护条例》第六条规定，本条例对软件著作权的保护不延及开发软件所用的思想、处理过程、操作方法或者数学概念等。因此仅通过计算机软件著作权的申请并不能实现对计算机软件的创新思想、技术方案的保护。

在某星科技有限公司与某市机动车污染管理处等侵害计算机软件著作权纠纷一案[①]中，判决书载明："计算机软件作为一种具有实用性的作品，同类软件在功能和操作方法上往往具有较大的相似性，不同的计算机软件程序可以实现相同的功能，因此功能是否相同不能成为判断程序是否相同的依据。虽然能够实现相同的功能，但只要是该程序系使用了不同的代码独立编写而成，也不构成著作权侵权。"该案中法院认为软件的功能和操作方法并非软件著作权保护的范围，因此仅通过软件著作权并不能使计算机软件得到实质性的保护，如计算机软件的核心"技术方案"并不能得到保护。而计算机软件的专利保护能够有效解决创新思想、技术方案等不能得到保护的问题。

根据《专利法》第二条第二款的规定，发明，是指对产品、方法或者其改进所提出的新的技术方案。因此对于申请发明专利的计算机软件，不仅可以对软件的本身进行保护，软件的实施方法、技术方案也可以得到保护。除此之外计算机软件申请发明专利的保护还具有保护程度高、权利效力大、保护期限长等特点。

关于计算机程序的专利申请能否获得授权，是很多人存在疑惑的地方。我国《专利审查指南》[②]（2010年版）对涉及计算机程序的专利申请分两种情况处理：

（1）如果仅利用计算机程序这一手段实现了某种数学计算方法和规则，则该程序实际上是智力活动的规则和方法的一种表现形式，是不能被授予专利权的。

（2）但是，如果计算机程序的执行是一种正确利用自然规律的技术手段，并且能够解决具体技术问题，则该计算机程序就属于技术方案或其组成部分，是可

---

① 辽宁省高级人民法院（2016）辽02民终5082号。

② 新修改的《专利审查指南》，于2021年1月15日起施行。

以获得专利权的。例如，某人针对便携式计算机、手机等移动设备存储容量较小的技术问题，设计了一种利用虚拟设备文件系统来扩充移动设备的存储容量的方法，使移动设备能够将服务器上的大容量存储空间用于存储本地数据。该设计方案实现了对设备存储容量的扩充，是利用自然规律的技术方案，属于专利法保护的客体，因此能够对该计算机程序授予专利权。

计算机软件的开发并非易事，其开发的周期长、资金成本高，且涵括无数计算机程序员智慧的凝结。但计算机软件代码却是最容易被复制、篡改的，因此对计算机软件的保护也越来越受到重视。相较于软件著作权仅能对计算机程序和文档进行保护而言，专利的保护能及于计算机软件的设计思想、技术方案，更符合计算机软件创作者的需求，可促进发明创造投入实际应用，推动社会的发展进程。

撰稿人：石素坤

反不正当竞争、反垄断篇

客户名单能否被认定为商业秘密中的经营信息

客户名单的认定是商业秘密案件审判中的难点，客户名单并不是指简单的客户名称，而是通过长期稳定的交易模式形成的交易习惯、意向等特定内容，即深度信息。企业人员流动带走客户已成为企业商业秘密流失的主要渠道，企业若不采取合理措施保护客户名单，在案件纠纷时就难以主张将客户名单作为商业秘密予以保护，从而导致维权难的局面。

商业秘密原本包括两种形式即技术信息和经营信息，2019年修正《反不正当竞争法》时扩大了商业秘密类型，将商业秘密界限扩大至商业信息，即商业秘密为商业信息，而商业信息的具体形式除了包括技术信息、经营信息之外，还存在其他形式等，即技术秘密和经营信息是商业秘密的主要部分，但商业秘密还可以有其他内容。例如，故事主题、情节构思、广告宣传创意、特殊训练方法等文学、艺术、教育、医疗卫生等方面的信息既不属技术信息也不属经营信息，在符合商业秘密保密性、秘密性、价值性的基础上，仍可作为商业秘密进行保护。

一、经营信息的种类

《最高人民法院关于审理侵犯商业秘密民事案件适用法律若干问题的规定》第一条第二款规定，与经营活动有关的创意、管理、销售、财务、计划、样本、招投标材料、客户信息、数据等信息，构成反不正当竞争法规定的经营信息。《国家工商行政管理局关于禁止侵犯商业秘密行为的若干规定》①中解释，经营信息包括："管理诀窍、客户名单、货源情报、产销策略、招投标中的标底及标书内容等信息。"根据上述法律规定经营信息具体包括以下三个方面的内容。

（1）管理信息。包括财务状况、资信情况、组织结构、人员改组计划、人员配备情况、资产购置状况、技术装备水平等。

① 原工商行政管理局已改制为国家市场监督管理总局。

（2）业务信息。包括原材料来源、地区及渠道、原材料供应商名单、推销手段、对外业务合同、产品和服务的价格、招标底数、投标报价、客户名单、广告计划、营销计划、兼并计划等。

（3）估价信息。包括对原材料供应发展前景的研究资料及研究结论，对市场调研的结果，对代理商、中间商、合作人资信情况的估价，对兼并对象的研究资料和研究报告等。

二、客户名单的认定

经营信息类商业秘密实践中发生争议最多的就是客户名单，对于许多企业来说，经过自己长期开发并与客户发生交易行为，获取客户的联系方式，了解客户的交易习惯，并通过总结客户的需求从而形成的自己独有的客户信息，这些客户信息能给企业创造经济效益。《最高人民法院关于审理侵犯商业秘密民事案件适用法律若干问题的规定》第一条第三款规定的客户信息，包括客户的名称、地址、联系方式以及交易习惯、意向、内容等信息。《最高人民法院关于审理不正当竞争民事案件应用法律若干问题的解释》[①]第十三条第一款规定："商业秘密中的客户名单，一般是指客户的名称、地址、联系方式以及交易的习惯、意向、内容等构成的区别于相关公知信息的特殊客户信息，包括汇集众多客户的客户名册，以及保持长期稳定交易关系的特定客户。"根据上述规定可见，判定客户名单是否构成商业秘密，可以从以下几个方面考虑：

首先，客户名单具有特定性。受法律保护的客户名单应是具体明确的、区别于可以从公开渠道获得的普通客户的名单。其内容不能限于客户名称、地址、联系方式等一般信息列举，还应包括不为公众所知悉的经营信息，譬如客户的需求类型、需求习惯、经营规律、价格承受能力甚至还有客户业务主管人员的脾气个性等区别于一般信息的深度内容。

其次，客户名单具有稳定性。受法律保护的客户名单中的客户群应是权利人经过一定的努力和付出，包括人、财、物和时间的投入，在一定时间段内相对固定的、有独特交易习惯内容的客户。

再次，客户名单具有秘密性。受法律保护的客户名单应是权利人采取了合理的保

① 已废止，现为《最高人民法院关于适用〈中华人民共和国反不正当竞争法〉若干问题的解释》，2022年3月20日起施行。本文下同。

护措施予以保护的客户信息，他人无法通过公开途径或不经过一定的努力和付出而获得。《最高人民法院关于审理不正当竞争民事案件应用法律若干问题的解释》第九条第一款规定，有关信息不为其所属领域的相关人员普遍知悉和容易获得，应当认定为《反不正当竞争法》第十条第三款规定的“不为公众所知悉”。并列举了一些不属于不为公众所知悉的具体情形，其中第（六）项即为“该信息无需付出一定的代价而容易获得”。《最高人民法院关于审理侵犯商业秘密民事案件适用法律若干问题的规定》第四条第二款规定，将为公众所知悉的信息进行整理、改进、加工后形成的新信息，因付出一定代价，在被诉侵权行为发生时不为所属领域的相关人员普遍知悉和容易获得的应当认定该新信息不为公众所知悉。可见，客户名单要构成商业秘密，需要付出一定的代价，这里所说的代价，一般是指所投入的人力、物力和财力等。

最后，审查客户名单是否构成商业秘密还应注意考虑权利人开发客户名单所耗费的人力、财力以及他人正当获取客户名单的难易程度，侵权手段越特殊，客户信息具备秘密性的可能则越大。如采用窃听电话、入室盗窃等手段获得客户信息的，该信息被认定为商业秘密的概率则会大大增加。江苏省高级人民法院的宋健法官曾指出对于采取商业间谍手段盗窃或教唆他人盗窃权利人商业秘密的，对权利人提供初步证据的要求，就应当明显低于采取其他违约性手段获取商业秘密的初步证据要求。

三、排除仅保持长期稳定交易关系特定客户作为经营信息进行保护

《最高人民法院关于审理侵犯商业秘密民事案件适用法律若干问题的规定》第二条第二款规定，当事人仅以与特定客户保持长期稳定交易关系为由，主张该特定客户属于商业秘密的，人民法院不予支持，其修改了《最高人民法院关于审理不正当竞争民事案件应用法律若干问题的解释》中关于保持长期稳定交易关系的特定客户构成客户信息的规定。至此，特定客户的交易稳定性不再成为构成客户信息的要件，要注意规定的前后变化。

客户名单的认定是商业秘密案件审判中的难点，客户名单并不是指简单的客户名称，而是通过长期稳定的交易模式形成的交易习惯、意向等特定内容，即深度信息。企业人员流动带走客户已成为企业商业秘密流失的主要渠道，企业若不采取合理措施保护客户名单，在案件纠纷时就难以主张将客户名单作为商业秘密予以保护，从而导致维权难的局面。

撰稿人：王现辉

商业秘密案件中的保密措施应如何认定

商业秘密，是指不为公众所知悉、能为权利人带来经济利益、具有实用性并经权利人采取保密措施的技术信息和经营信息。

“保密措施”作为商业秘密的三大构成要件之一，一般法院要认定原告的技术信息或经营信息是否构成商业秘密，首先要对“保密措施”进行认定。法院会根据所涉信息载体的特性、权利人保密的意愿、保密措施的可识别程度、他人通过正当方式获得的难易程度等因素，认定权利人是否采取了保密措施。法律并不要求保密措施是万无一失的，只要达到了通常理解的合理保护即可。

本文将结合法律条文及司法判例浅谈采取保密措施需要达到的程度，并为需要保护商业秘密的主体提供一些关于保密措施的法律建议。

一、法律依据

《最高人民法院关于审理不正当竞争民事案件应用法律若干问题的解释》[①]第十一条第三款列举了采取保密措施的具体情形，一共六种加兜底的其他，具体为：

（一）限定涉密信息的知悉范围，只对必须知悉的相关人员告知其内容；

（二）对于涉密信息载体采取加锁等防范措施；

（三）在涉密信息的载体上标有保密标志；

（四）对于涉密信息采用密码或者代码等；

（五）签订保密协议；

（六）对于涉密的机器、厂房、车间等场所限制来访者或者提出保密要求；

（七）确保信息秘密的其他合理措施。

---

① 已废止，现为《最高人民法院关于适用〈中华人民共和国反不正当竞争法〉若干问题的解释》，2022年3月20日起施行。本文下同。

二、精选案例

陕西省高级人民法院（2009）陕民三终字第44号，周某某与某润公司侵犯商业秘密纠纷上诉案。本案的焦点问题是某润公司是否侵犯了周某某的商业秘密。

一审法院认为，本案中，周某某当庭表示其对涉案的胶膜技术并未采取具体保密措施，也无证据证明某润公司实施的胶膜技术与其研发的胶膜技术相同或者实质相同，且通过不正当手段获取。因此，应承担相应的不利后果，周某某主张某润公司侵犯其商业秘密，缺乏证据证明，不予支持。综上，判决驳回原告周某某的诉讼请求。

一审宣判后，周某某提出上诉。二审法院经审理认为，上诉人在一审庭审中认为某润公司侵犯了其技术成果中的技术秘密，故原审认为本案是侵犯商业秘密纠纷是确切的。《最高人民法院关于审理不正当竞争民事案件应用法律若干问题的解释》第十四条规定，“当事人指称他人侵犯其商业秘密的，应当对其拥有的商业秘密符合法定条件、对方当事人的信息与其商业秘密相同或者实质相同以及对方当事人采取不正当手段的事实负举证责任。其中，商业秘密符合法定条件的证据，包括商业秘密的载体、具体内容、商业价值和对该项商业秘密所采取的具体保密措施等。”周某某一审当庭表示其对涉案的胶膜技术并未采取具体保密措施，二审中，其以工作笔记本中的实验记录、笔记本的保管情况等为证，以期证明对涉案技术采取了保密措施。二审法院经审查认为，其提供的证据并不足以证明其对涉案技术采取了保密措施，故周某某主张某润公司侵犯其商业秘密的诉讼请求缺乏证据证明。

三、律师评述

1.商业秘密的构成要件有三：一是该信息不为公众所知悉，即该信息是不能从公开渠道直接获取的；二是该信息能为权利人带来经济利益，具有实用性；三是权利人对该信息采取了保密措施。一项经营或技术信息要成为商业秘密，必须具备以上三项构成要件。在上述案件中，我们要关注的是第三项，即权利人对商业秘密所采取的保密措施问题。本案中，周某某对其商业秘密未事先采取适当的保护措施，更是未与挂板厂及某润公司签订任何关于商业秘密保护的协议，是其商业秘密未能获得法律的承认和保护的关键原因。

2.关于商业秘密的保护措施，律师建议要从软件方面和硬件方面下功夫。软件是指制度、管理层面，企业通过制定保守商业秘密规章制度、与员工签订保密协议、进行定期的保密培训等，将相关商业秘密性质、违反的处罚等，特别是商业秘密的范围及保护要求予以列明；硬件方面则指通过物理隔离、人员监管、分层次审批的方式等阻碍员工及外来人员轻易地接触到企业的商业秘密，制定信息分级制度和标识，支付保密费用等，以此警告相关人员，若侵犯商业秘密，必将承担一定的法律责任。

四、总结

1.单纯的竞业限制约定，如果没有明确用人单位保密的主观愿望和作为商业秘密保护的信息的范围，不能构成反不正当竞争法规定的保密措施。

2.派生于诚实信用原则的保守秘密的合同附随义务，无法体现出商业秘密权利人对信息采取保密措施的主观愿望，不能构成作为积极行为的保密措施。

3.商业秘密认定中，采取的保密措施至少能使对方或第三人知道权利人有对相关信息予以保护的意图。

4.权利人采取的保密措施应当表明权利人保密的主观愿望，并明确作为商业秘密保护的信息的范围，使义务人能够知悉权利人的保密愿望及保密客体，并在正常情况下以防止涉密信息泄露。

撰稿人：李洪磊

乙公司与甲公司官司之争，乙公司究竟输在了哪里

乙公司利用其相对优势地位，为排挤竞争，迫使商户不得不在乙公司与甲公司平台之间“二选一”，其动机难谓诚信，其行为难谓正当。

近日，浙江省金华市中级人民法院就原告上海甲信息科技有限公司（以下简称甲公司）与被告北京乙科技有限公司（以下简称乙公司）、北京乙科技有限公司某分公司（以下简称乙公司某分公司）不正当竞争纠纷一案作出一审判决：被告乙公司某分公司实施的不正当竞争行为，损害了甲公司的合法权益，应当承担民事责任：北京乙公司赔偿原告甲公司经济损失100万元。

甲公司认为乙公司在浙江省金华市推行的下述举措构成不正当竞争，损害了甲公司的合法权益：（1）乙公司某分公司通过调整收费优惠比例的方式，迫使商户与乙公司独家开展经营活动；（2）通过不允许附加“乙公司外卖”服务和不签协议等方式迫使商户签署只与乙公司进行外卖在线平台合作的约定，排除商户与甲公司等同行业竞争者的合作；（3）乙公司某分公司为推广线上业务，强制关停与甲公司平台有合作关系的商户在美团外卖上的网店并停止客户端账户使用，迫使商户终止与甲公司等同行业竞争方合作，而与乙公司独家合作。乙公司则辩称本案的实质是独家协议或者是排他性交易，而独家交易或者排他性交易是商业竞争中的常见现象，既未违反法律，也未违背诚实信用原则和公认的商业道德，独家交易本身及其履行应当合法有效，不应当被视为不正当竞争。

反不正当竞争法的立法目的在于通过规制市场主体参与市场竞争行为，阻止市场主体以不正当方式获取市场竞争优势，以维护“平等、公平、诚信”的市场竞争秩序。那么，导致乙公司输掉官司的原因有哪些呢？

一、乙公司某分公司利用优惠费率诱导商户与其达成长期的排他性交易，对其他平台产生排除、限制竞争的效果

乙公司某分公司作为经营者原则上可以自由决定对某一商户是否收取优惠费

率，但这种差别待遇应基于为防止搭便车、防止套牢、提高资源利用效率、维护形象等正当理由而必需，而非为了排挤现存、潜在竞争者而特别设置。因为该待遇的设定与商户提供餐饮服务质量、供需发展和消费者反馈均无关，仅仅与是否忠诚乙公司有关，这种差别性待遇显然有违公平。究其本质，这种差别性待遇显然是平台用于锁定商户，排挤其他平台竞争的手段，乙公司某分公司的被诉行为有违公平竞争的基本原则。

二、乙公司某分公司利用相对优势地位，严重违背商户的真实意愿，限制商户的自主选择权，在此基础上达成的排他性交易应为法律所禁止

从多家餐饮商户接受市场监督管理局调查时的陈述来看，基本不愿意与乙公司达成排他性交易，乙公司某分公司通过不允许附加乙公司外卖服务、不签协议等方式迫使商家签署外卖服务合同中选择“只与乙方（乙公司外卖）进行外卖在线平台合作”这一约定；对于那些已经与乙公司达成独家合作协议，又选择与其他平台合作的商户，则要求必须终止与其他平台的合作，仅与乙公司合作，否则即强行关停商户在“乙公司外卖”上的网店，停止“乙公司外卖”商家客户端使用，迫使商户删除其他外卖平台上相关信息并提供相关账户密码后才能允许商户继续经营“乙公司外卖”上的网店。因此在乙公司某分公司与商户在非自愿基础上达成的排他性交易应为法律所禁止。

三、乙公司某分公司的不正当手段不仅损害了甲公司、商户的合法权益，还破坏了开放、平等、有序的互联网竞争秩序，最终损害的是广大消费者的利益

首先，甲公司与乙公司均主营互联网餐饮外卖服务，使用甲公司平台的用户与使用“乙公司外卖”平台的用户群体高度一致，特别是乙公司某分公司强迫商户删除在甲公司平台上的网店信息，迫使商户切断与甲公司的合作，更是说明了对甲公司的不正当竞争恶意。其次，乙公司某分公司为了维持和扩大乙公司在金华地区餐饮外卖市场上的占有率，通过各种方式利诱、强迫大量商户与其达成独家交易，不仅严重侵害了商户的自由、自主、独立的交易权，且导致商户的销售渠道受限，商户们只能在乙公司一个平台上获得订单，商业利益因此严重受损。

再次，乙公司某分公司利用优势地位利诱、强迫大量商户与其达成独家交易，通过平台一侧的排他性交易，间接争夺平台另一侧的消费者、流量和数据，如任其发展，市场竞争也将演变为各平台抢夺商户的独家交易权，最终导致无序、恶性竞争。长此以往，有活力、有创新的竞争机制将无法形成。最后，乙公司限定商户只能与其交易而不得与其竞争对手交易，其直接后果是消费者从多平台获得产品和服务的渠道丧失，只能寻求从乙公司获得外卖订餐服务，消费者的选择权因此严重受限。

若竞争行为既损害了其他竞争者的利益，又侵蚀了消费者的利益，并扰乱了公平、自由的市场竞争秩序，则应当为反不正当竞争法规制。互联网交易平台之间的公平竞争应主要通过技术创新来实现，即依靠不断的技术创新和产品优化来实现其竞争目的，达到商户、消费者、平台的多方共赢。乙公司本应通过更高“性价比”的服务来吸引更多的商户入驻“乙公司外卖”平台，但其某分公司利用其优势地位，用种种不正当手段限制、阻碍大量商户与其竞争对手正常交易，这不仅扰乱了公平、有序、开放包容的互联网竞争秩序，且严重损害了甲公司的竞争性权益、商户的合法权益，进而侵蚀了消费者的福祉，其行为已构成不正当竞争，应当给予否定性评价。

撰稿人：张晓汉

网络环境下“流量劫持”如何保证竞争行为的正当性

流量劫持，是指通过技术手段劫持本应属于竞争主体的交易机会，诱导或者迫使用户使用劫持者的网络服务的行为。

之所以流量成为市场主体争夺的新型财产性利益，是因为流量的实质是交易机会，亦可以称为用户黏性，而这种交易机会正是互联网经营主体争夺的对象，也是经营主体能够量化的价值体现。《反不正当竞争法》第十二条（互联网专条）第二款第（一）项中规定，经营者不得利用技术手段，通过影响用户选择或者其他方式实施未经其他经营者同意，在其合法提供的网络产品或者服务中插入链接、强制进行目标跳转的行为。这一条款被认为是《反不正当竞争法》修改后，规制互联网环境下流量劫持行为的类型化条款。

一、案例导入

上海某网络科技有限公司（简称某公司）系某网址导航、某王牌浏览器的经营者，其中某网址导航在中国网址导航市场中排名前列。北京某豹网络科技有限公司、北京某豹移动科技有限公司、北京某安全软件有限公司（以下简称三被告公司）共同经营某毒霸软件，并通过如下某毒霸软件的“垃圾清理”功能、“一键清理”弹窗、“一键云查杀”、“开启安全网址导航，防止误入恶意网站”弹窗，以及卸载程序篡改用户计算机注册表数据以变更浏览器主页等行为，将终端用户设定的某网址导航主页擅自变更为由被告主办的毒霸网址大全。某公司以上述行为构成篡改主页、劫持流量等不正当竞争行为为由，提起诉讼。上海市浦东新区人民法院一审认为，三被告公司在发挥安全软件正常功能时未采取必要且合理的方式，超出合理限度实施了干预其他软件运行的行为，不仅违反了诚实信用原则和公认的商业道德，还违反了平等竞争的原则，遂判决三被告承担停止侵权行为并赔偿经济损失的法律责任。上海知识产权法院二审判决驳回上诉、维持原判。

安全类软件在计算机系统中拥有优先权限，但经营者对该种特权的运用应当审慎，对终端用户及其他服务提供者的干预行为应以“实现功能所必需”为前提。以保障计算机系统安全为名，通过虚假弹窗、恐吓弹窗等方式擅自变更或诱导用户变更其浏览器主页，不正当地抢夺流量利益的行为，不仅损害了其他经营者的合法权益，也侵害了终端用户的知情权与选择权，有违诚实信用原则和公认的商业道德。

二、流量劫持行为针对某一特定对象具有不正当性

流量劫持行为是否具有针对性是此类案件中在判断行为正当性时的关键问题之一，在本案例中，原告诉称被告通过某毒霸的“一键云查杀”“版本升级”“浏览器保护”等操作和功能，将用户在浏览器中设定的某网址导航主页劫持并篡改为毒霸网址大全，同时针对不同的浏览器进行区别对待，在实施相同操作的情况下，某毒霸篡改了某浏览器的主页，对猎豹浏览器及搜狗浏览器主页不作篡改。这种有针对性的实施劫持行为使不同网络主体的竞争利益被区别对待，影响了用户交易时的平等选择，通过这种方式获取的交易机会是在不平等的竞争环境下得到的，是对网络主体平等被选择权的侵害。因此，针对某一特定对象实施的流量劫持行为具有不正当性。

三、超出合理限度实施了干预其他软件运行的行为，违反了平等竞争的原则，构成不正当竞争

在三被告通过某毒霸软件安装、运行及卸载过程中实施的变更网络用户浏览器主页的六类行为中，三被告作为安全软件以及与原告经营的一般终端软件具有直接竞争关系软件的经营者，在发挥安全软件正常功能时未采取必要且合理的方式，超出合理限度实施了干预其他软件运行的行为并给其他经营者造成损害。原告合法权益及良好商誉受到了实际损害，使自己获得非法利益，上述行为业已违反诚实信用原则和公认的商业道德而具有不正当性及可责性。同时，三被告在通过某毒霸软件变更网络用户浏览器主页过程中实施的区别对待行为不正当地损害了原告的合法权益，为自己获取了非法利益，除违反了上述诚实信用原则和公认的商业道德外，亦违反了平等竞争原则。

四、结语

“流量为王”的实质是“用户为王”，以不合法的方式强迫或在用户不知情的情况下产生的虚假交易，既会阻断技术创新，也会干扰互联网经济的价值判断，其本身就具有不正当性。公平有序、充满活力的竞争机制是释放各类创新主体创新活力的重要保障。互联网行业的流量竞争应当在法律规定的范围内正当、良性竞争，也应当有利于网络市场的发展、秩序的稳定以及保护消费者利益，那么新型、有序的互联网市场发展也会积极回馈经营。

撰稿人：张晓汉

“视频刷量”行为如何定性

“视频刷量”行为，是指虚构视频点击量，提升相关公众对网络产品的质量、交易数量、关注度等虚假认知，达到吸引消费者的目的，应当按照《反不正当竞争法》第八条的“虚假宣传”予以规制。

“视频刷量”行为是网络技术高速发展的衍生产业链，是互联网行业的新型竞争手段。自其出现以来，我国主要的网络视频平台都饱受其害。甲公司此次提起诉讼，打响了打击不正当刷量行为的第一枪，本案也被业界和众多媒体称作“全国首例视频刷量不正当竞争案”。在规制这种不正当竞争行为时，准确的法律适用成为关键。

一、案例导入

甲公司诉称，乙公司是一家专门提供视频刷量服务的公司，其与吕某、胡某某通过分工合作，运用多个域名，不断更换访问IP地址等方式，连续访问甲网站视频，在短时间内迅速提高视频访问量，达到刷单成绩，以牟取利益。甲公司认为，乙公司的行为严重损害了其合法权益，破坏了视频行业的公平竞争秩序，乙公司、吕某、胡某某构成共同侵权，遂向法院提起诉讼，请求判令乙公司、吕某、胡某某立即停止不正当竞争行为，刊登声明、消除影响，并连带赔偿甲公司经济损失500万元。乙公司、吕某、胡某某辩称，甲公司运营视频网站，收入来源于广告费、会员费；乙公司接受委托，通过技术手段提升视频点击量，与甲公司的经营范围、盈利模式均不相同，不具有竞争关系，并且《反不正当竞争法》明确列举了各类不正当竞争行为，涉案的刷量行为未在禁止之列，故乙公司的刷量行为不构成不正当竞争。

一审法院认为，乙公司、吕某、胡某某在市场竞争中，分工合作，共同实施通过技术手段干扰、破坏甲公司运营的甲网站的访问数据，违反公认的商业道德，损害甲公司以及消费者的合法权益，根据《反不正当竞争法》第二条的规定，构成不正当竞争，判决乙公司、吕某、胡某某连带赔偿甲公司经济损失50万元，并在《法制日报》[1]刊登声明，消除影响。乙公司、吕某、胡某某不服一审判决，提起上诉。

上海知识产权法院经审理认为，《反不正当竞争法》第八条规定，经营者不得利用广告或者其他方法，对商品的质量、制作成分、性能、用途、生产者、有效期限、产地等作引人误解的虚假宣传。本案中，虚构视频点击量的行为，实质上提升了相关公众对虚构点击量视频的质量、播放数量、关注度等的虚假认知，到到了吸引消费者的目的，因此，虚构视频点击量是经营者进行虚假宣传的一项内容，属于《反不正当竞争法》第八条所规制的“虚假宣传”的不正当竞争行为，判决驳回上诉，维持原判。

二、类似于“刷量”“刷单”“刷榜”行为是否应受反不正当竞争法规制

本案三被告分工合作，通过多个域名，不断更换访问IP地址等方式，连续访问甲网站视频，在短时间内迅速提高视频访问量。仅4个月通过一个字段的访问地址，就在甲网站制造了9.5亿余次的虚假访问。此种“刷量”行为，损害了甲公司以及消费者的合法权益，违反了市场经济竞争原则。况且三被告通过技术手段，持续、大范围地干扰甲网站统计数据的真实性、完整性，与公认的商业道德相悖，此类行为明显违反市场经济竞争原则，具有不正当性，因而构成不正当竞争。

在互联网大数据时代，人们往往习惯用数据来分析、认定事实，尤其在互联网平台，他们一般会用视频播放量来评价作品的质量和受欢迎程度来认定著作权许可使用费、广告招募方向以及IP地址布局等，“视频刷量”等行为影响了广告营销等数据的客观分析，确实也影响了互联网平台公司的正常经营。此类“视频刷量”行为，伤害的是整个行业的良性发展，应受到反不正当竞争法规制。

三、“视频刷量”行为适用《反不正当竞争法》第二条还是第八条

涉案“视频刷量”行为在不正当竞争行为的认定上，具体应该适用哪一个

---

①《法制日报》已于2020年8月1日更名为《法治日报》。

条款？一审、二审在法律适用上稍有不同，一审主要适用《反不正当竞争法》第二条原则性规定来认定行为性质。二审就《反不正当竞争法》第二条适用着重阐述了适用这条要有原则性坚守和秉持，即《反不正当竞争法》第二章罗列的不正当竞争行为中没有列举且专门法也没有特别规定时才能适用。另外，必须符合原则性的如违反了公平、诚信、自愿等基本原则的，具体而言就是：第一，具有损害市场经济秩序获得利益的行为；第二，损害了其他经营者的合法权益。二审法院认为此案刷量行为应受《反不正当竞争法》第八条的调整，所谓虚假宣传，虚构视频点击量，实质上是导致了相关公众对虚构点击量视频作品的质量、播放数量、关注度等虚假认知，也是经营者进行虚假宣传的一项内容，故虚构视频点击量的行为属于《反不正当竞争法》第八条所规制的“虚假宣传”的不正当竞争行为。

四、结语

网络数据的真实性和完整性是网络视频行业健康有序发展、良性公平竞争的基石，本案的判决结果对于遏制不正当刷量行为、维护网络视频行业乃至整个互联网行业的有序竞争具有积极意义。那么对于互联网平台方而言，应继续加强技术手段将虚假数据予以准确识别、剔除，不断净化刷量行为。然而，网络视频平台的技术手段有其滞后性，技术能解决一部分问题，但是技术解决不了所有的问题。对于此类侵权行为，互联网平台应积极诉诸法律，通过司法判决让侵权者付出代价，维护权利、挽回自身损失的同时对其他实施刷量行为的侵权者产生威慑。

撰稿人：张晓汉

浏览器“录屏+分享”是否构成不正当竞争

近年来，电视娱乐行业发生了巨大的变化，快餐式文化已经逐渐深入了大家的生活。电视剧的播放从以前抢占热门电视台的黄金时间段已经逐步变成了抢占热门视频平台的独家播放权。

我们想要在手机应用软件（APP）上观看热播剧，很多时候都要“含泪”充值会员。虽然充值VIP会员确实需要我们观众“下血本”，但是这样我们不仅可以提前观看相应剧集，还可以跳过时间非常长的广告时间，这笔买卖对于观众来说到底划算不划算就看你追剧的热忱是否高昂了。但是对于视频播放器的经营方来说，通过收取VIP会员费或者取得广告费这种模式，那是相当的划算。

而近些年，不乏另外一批网络经营者，通过开发技术手段可以达到屏蔽广告的功能，从而诱导观众下载其浏览器或者软件，从而谋取不正当利益，这种行为该如何定性呢?

早在2015年，北京某艺科技有限公司（以下简称某艺公司）就对深圳某视科技有限公司开发并运营的“VST全聚合”软件通过技术手段破解了其验证算法取得视频播放密钥，使其用户在观看某艺公司视频时，无须观看视频广告就可以直接播放视频的行为依法向法院提起了诉讼，上海知识产权法院二审判决认定深圳某视科技有限公司构成不正当竞争行为。①

2021年3月，北京知识产权法院判决了一起因开发“广告拦截插件”而被认定为不正当竞争行为的案件。②

北京知识产权法院还受理了一起因浏览器提供“录屏+分享”而引发的不正当竞争纠纷上诉案件。这起案件的原告同样也是某艺公司，而本次的被告是经营某浏览器的北京某虎科技有限公司（以下简称某虎公司）。

某艺公司认为某虎公司经营的某浏览器提供“边播边录，一键分享”功能，

---

① 上海知识产权法院（2015）沪知民终字第728号。

② 北京知识产权法院（2021）京73民终511号。

并明确提示告知网络用户，分享到指定平台可以获得分成收入，构成不正当竞争。该案经北京市西城区人民法院审理认为涉案行为构成不正当竞争，一审法院据此支持了某艺公司部分诉讼请求。某虎公司不服，向北京知识产权法院上诉，其主张“录屏+分享”属于网络技术服务，并不针对包括某艺公司在内的视频网站，属于“技术中立”，涉案行为不构成不正当竞争行为。

由于该案二审判决尚未作出，我们不再针对具体案件进行分析，仅对此种类型的行为构成不正当竞争的构成要件进行简要介绍。

一、适用法律条文有哪些?

目前对于不正当竞争的种类及规范，较常适用《反不正当竞争法》。对于哪些行为是不正当竞争行为，《反不正当竞争法》在第二章第六条至第十二条作了较为详细的列举，针对未被规范在第二章的反不正当竞争行为，一般依据《反不正当竞争法》第二条进行约束。

《反不正当竞争法》第二条规定：“经营者在生产经营活动中，应当遵循自愿、平等、公平、诚信的原则，遵守法律和商业道德。本法所称的不正当竞争行为，是指经营者在生产经营活动中，违反本法规定，扰乱市场竞争秩序，损害其他经营者或者消费者的合法权益的行为……”

网络经营者开发的软件、插件功能或者浏览器功能所达到的屏蔽广告或者录屏分享的行为，很难从《反不正当竞争法》第二章中找到可以用来规范的条款。因此，目前法院对于此种行为会更多适用《反不正当竞争法》第二条。

二、构成要件

判断行为是否符合《反不正当竞争法》第二条规定的不正当竞争行为，需要满足以下两个构成要件：

1. 其他经营者的合法权益因该竞争行为而受到了实际损害；

2. 该种竞争行为违反了诚实信用原则和公认的商业道德，同时具有不正当性或可责性。

（一）其他经营者的合法权益因该竞争行为而受到了实际损害

目前来讲，绝大多数的网络经营者尤其是视频播放平台的绝大部分收入都是通过获取商业广告或者引导观众进行VIP会员充值来盈利的。“广告+免费视频”的经营模式是通过在视频内容播放前或者播放过程中播放广告，观众就可以获取免费的视频播放机会。同时，近些年网剧模式大热，且由于网剧只会在视频播放平台进行播放，因此播放平台基本会设置只有会员才可以观看最新剧情的模式。

不管是“广告+免费视频”模式还是VIP会员超前点播模式，无疑已经成为文娱产业获取商业利益的最主要渠道，观众付出观看广告的时间或者购买VIP会员的对价获取相应视频的播放机会，对网络经营者和观众都是一种双赢的机会，上述两种商业模式都会受法律保护。

其他网络经营者同样也是在互联网领域开展经营活动，这些经营者通过开发软件、插件或者浏览器的功能可以使观众不观看广告或者不用会员充值就可以免费观看相关视频，使得广告观看时间和会员充值量减少，实际上会造成对视频播放平台合法利益的侵害。

（二）该种竞争行为违反了诚实信用原则和公认的商业道德，同时具有不正当性或可责性

在某艺公司起诉某虎公司的案件当中，我们注意到，某虎公司使用了“技术中立”的抗辩，这大概就是这类案件当中网络经营者通常会使用的抗辩理由。

技术中立原则的含义之一是指“实质性非侵权用途”规则。其目的在于将帮助侵权的责任限制在一个合理的范围内，在保护知识产权人的利益的同时，不至于妨碍技术的进步。

但是不管是帮助也好，还是提供便利也罢，也是需要把握一定的限度。如果该项技术很明显已经对其他同行业竞争者的合法权益造成了侵害，那这项技术就很难称为“中立”。

某浏览器开发的“录屏+分享”功能，可以实现观看的用户“边录边播，一键分享”，同时并明确提示告知网络用户，分享到指定平台可以获得分成收入。可见，该行为已经不是仅仅为用户提供便利了，其分成模式在一定程度上会扩大

“录屏+分享”模式的影响力，同时吸引更多用户下载并使用某浏览器。此外，一键分享可使其他观众在不用付费或者充值的情况下，就可以轻松获取视频。某虎公司想要用技术中立的思路去抗辩，想必是非常困难的。

某虎公司的行为是否会被二审法院认定具有不正当性、有违诚实信用原则呢？让我们拭目以待吧。

撰稿人：聂丽敏

简析跳过片前广告技术的行为是否侵权

行为人开发并运营相关软件，实现无须观看片前广告即可直接观看其他网络视频平台视频的功能，该行为违背了诚实信用原则，损害了其他网络视频平台依托其正当商业模式获取商业利益的合法权益，构成不正当竞争。

随着互联网产业的加速发展，越来越多的视频聚合平台以其“一站式服务”“无广告观看”等为宣传噱头，吸引了大量用户，但也因为缺乏规范而成为侵权的重灾区。其中，又以视频聚合盗链侵权为最。所谓视频聚合盗链，就是利用深层链接聚集各大视频网站的海量内容，并对链接进行有目的的选择、编排、整理，用户可以在点击链接后不跳转或者不实质跳转的情况下观看被链接网站的视频内容。该类软件可以应用于网络机顶盒、智能手机和平板电脑等多个平台。

一、案例导入

某艺公司系国内知名视频内容提供商，其运营模式主要为“广告+免费视频”，即用户观看一定时长的广告，某艺公司向其提供免费视频内容，某艺公司则通过收取的广告费支付营运成本并获取商业利益。某艺公司认为某视公司开发并运营的“VST全聚合”软件通过技术手段破解了其验证算法取得视频播放密钥，使其用户在观看某艺公司视频时，无须观看视频前广告，致使某艺公司用户减少、广告收入下降，损害了某艺公司的利益，某视公司的行为构成了不正当竞争，故诉至法院，一审法院认为，某艺公司、某视公司之间存在竞争关系，某视公司采用技术手段绕开片前广告，直接播放来源于某艺公司的视频的行为构成了不正当竞争，判令某视公司赔偿某艺公司经济损失30万元及合理费用6万元，并就其不正当竞争行为消除影响。某视公司不服一审判决，提起上诉。二审法院经审理后判决驳回上诉，维持原判。

上海知识产权法院经审理认为，某艺公司通过“广告+免费视频”获取商业利益的行为受法律保护。某艺公司对其视频内容采取了加密措施，某视公司通过破解某艺公司验证算法，取得视频播放密钥，从而绕开了某艺公司的片前广告直接播放视频，使其用户在无须付出时间成本的情况下，观看某艺公司视频，这将导致部分某艺公司用户转而成为某视公司的用户以及某艺公司广告点击量的下降。同时，某视公司让其用户观看某艺公司视频时，其自身无须支付运营成本，相应的运营成本皆由某艺公司承担。某视公司知道软件的提供会出现损害他人利益的后果，仍实施该行为，具有主观故意，违背了诚实信用原则，侵害了某艺公司的合法权益，构成了不正当竞争。

二、某艺公司与某视公司经营范围不同，竞争关系应如何认定

本案中，虽然从企业登记的经营范围来看，某艺公司的经营领域主要是视频提供，而某视公司的经营范围是计算机软硬件的开发销售，两者并无交集，但某视公司开发并经营的“VST全聚合”软件属于提供视频的软件，该软件通过聚合提供多平台视频点播，吸引用户安装其客户端，使用“VST全聚合”软件观看视频的用户越多，则某视公司的商业利益增加越多。某艺公司、某视公司经营模式的核心都在于争夺通过其提供的平台观看视频的网络用户数量。由于某视公司的“VST全聚合”软件聚合了包括某艺公司在内的多个视频网站内容，使用“VST全聚合”软件观看来源于某艺公司的视频内容时无须观看片前广告，将导致原本需要登录某艺公司网站或使用某艺公司客户端观看某艺公司视频内容的用户选择通过“VST全聚合”软件观看某艺公司视频内容，某艺公司广告收入亦随着用户的减少而相应减少，因此，某艺公司、某视公司在商业利益上存在此消彼长的关系，双方也因此形成了竞争关系。

三、以技术手段绕开片前广告直接播放正片的行为，是否构成不正当竞争

本案中某视公司的技术手段是使用某艺公司密钥从而绕开某艺公司的片前广告，直接获取正片播放。虽然没有直接去除片前广告的行为，但客观上其技术手段实现了无须观看片前广告即可直接观看正片的目的，即某艺公司所主张的“屏蔽”广告是某视公司采取的技术手段的结果，也是某视公司主观上想要追求的结果。且某视公司开发的“VST全聚合”软件绕开广告直接播放正片的行为直

接干预并严重损害了某艺公司的经营，某视公司还在其网站上对该软件进行宣传推广，具有明显的侵权故意。因此，某视公司无须支付版权费用、带宽成本即能使部分不愿意观看片前广告又不愿意支付某艺公司会员费的网络用户转而使用“VST全聚合”软件，挤占某艺公司市场份额，不正当地取得竞争优势，进而将造成某艺公司广告费以及会员费收入的减少，危及某艺公司的正常经营、攫取了某艺公司合法的商业利益。该种竞争行为有违诚实信用原则以及公认的商业道德，属于《反不正当竞争法》第二条所规定的不正当竞争行为。

四、结语

本案通过对某视公司“VST全聚合”软件播放视频技术原理的查明，得出客观上其系通过实施破解某艺公司加密技术取得有效的播放密钥，达到绕过某艺公司广告直接播放视频内容的目的。主观上，某视公司开发运营软件目的是在吸引用户同时免于支付版权、宽带等营运成本，究其本质属于不劳而获的“搭便车”行为而非技术创新。据此可以认定：跳过片前广告技术手段违背了诚实信用原则，损害了他人的合法权益，属于不正当竞争行为。

撰稿人：张晓汉

与他人微信公众号相似是否构成侵权

微信公众号“某诗”，本为品味生活的酸甜苦辣，读尽天下的浪漫，分享诗人的故事，让读者共同体会到他们的花好月圆，悲欢离合。就是这样一件美好的事情，是什么原因让经营者在不经意间遭遇了“官司”？法律的红线到底又在哪里呢?

与他人微信公众号相似是否构成侵权？近日，我们代理了一起原告诉被告仿冒微信公众号的不正当竞争纠纷案件，该案与最高人民法院发布的第一批涉互联网典型案例——“某诗”案十分相似，现就“某诗”案件为例，对与他人微信公众号相似是否构成侵权的问题进行探讨。

一、基本案情①

2013年6月，某圈（北京）文化传播有限公司（以下简称某圈公司）联合某报社等发起“某诗”公益诗歌艺术活动；同时某圈公司创建微信公众号“某诗”，该公众号有很高的知名度。2014年9月16日，某善（北京）音乐创意有限公司（以下简称某善文化公司）推出某诗APP，其于2015年6月23日更名为某诗（北京）科技有限公司（以下简称某诗公司）。2015年1月1日，某善文化公司创建名为“某诗官方客户端”的微信公众号。某诗APP的功能包括诗歌朗诵录制、配音、上传分享及收听他人的诗歌朗诵作品。“某诗官方客户端”的微信公众号主要用于发布相关信息。

某圈公司诉至法院，请求法院判令某诗公司立即撤销在应用商店、市场中发布的某诗APP或停止在该APP上使用某诗的名称、变更公司名称、不得在公司名称中使用某诗作为字号，变更某诗APP软件的著作权登记名称、不得在软件著作权登记中将其软件名称登记为某诗；判令被告某善文化公司立即撤销微信公众号

① 北京知识产权法院（2016）京73民终75号。

“某诗官方客户端”或停止在该公众号中使用某诗的名称、注销“某诗客户端”的微博账号或停止在该微博账号中使用某诗的名称；判令二被告立即停止擅自使用某诗名称的不正当竞争行为、赔偿经济损失。

二、裁判结果

法院生效判决认为，首先，某诗公司、某善文化公司与某圈公司具有竞争关系。某诗公司、某善文化公司与某圈公司提供的服务都是以移动客户端如手机为载体，服务对象都是移动平台用户，服务内容都是与诗歌有关的主题，故某诗公司和某善文化公司与某圈公司提供的是类似的服务，构成竞争关系，应受反不正当竞争法的调整。其次，某圈公司的微信公众号“某诗”构成知名服务特有的名称。根据查明的事实可以认定在被控侵权行为发生时，某圈公司的“某诗”微信公众号服务在我国已具有一定的市场知名度，属于相关公众所知悉的服务。最后，某诗公司和某善文化公司的被诉行为构成不正当竞争。根据相关法律规定，所述混淆或误认是指发生混淆或者误认的可能性，而不需要实际发生混淆或误认，且不以实际发生损害后果为前提。某诗APP和“某诗”微信公众号的名称完全相同，二者均是以移动客户端如手机为载体，且“某诗”微信公众号提供的核心服务为朗诵诗歌供订阅者收听，可完全被某诗APP提供的服务所涵盖，上述情形使得相关公众在接受某诗APP、“某诗官方客户端”微信公众号的服务时，容易认为该服务系由某圈公司提供，从而产生混淆或误认。

三、案例评析

与他人微信公众号高度相似是否构成侵权应具体问题具体分析，例如，笔者同窗好友因在自己的微信文章和微信话题中使用了与某公司注册的微信公众号相似的名称而遭到了某公司侵权的投诉。但是好友并非经营者，从不正当竞争行为的构成要件上就否定了其侵权的认定。以“某诗”案为例，认定与他人微信公众号高度相似，构成不正当竞争，主要是从以下几个方面进行判定。

（1）不正当竞争行为的主体是经营者，且双方构成竞争关系。《反不正当竞争法》所称的不正当竞争行为，是指经营者在生产经营活动中，违反《反不正当竞争法》的规定，扰乱市场竞争秩序，损害其他经营者或者消费者的合法权益的行为。《反不正当竞争法》所称的经营者，是指从事商品生产、经营或者提供服务（以下所称商品包括服务）的自然人、法人和非法人组织。在本案中，法院认为二者从事的业务内容一致，构成竞争关系。

（2）不正当竞争行为的主观方面存在侵权的恶意。在某圈公司的微信公众号已经具有较高知名度的情况下，某诗公司、某善文化公司先后实施了推出同名应用程序、推出名称基本相同的微信公众号、变更企业名称等行为，综合上述客观行为，可以认定二被告主观上攀附故意明显。

（3）不正当竞争行为的客观方面实施了违法行为。侵权人的行为不具有正当性，某诗公司与某善文化公司使用与他人商品、服务相同或者相似的商业标识，导致发生混淆与误认，该行为不仅侵害了原经营者的利益，而且扰乱了市场经济秩序。

（4）“某诗”构成知名服务特有的名称。法院认定某圈公司的“某诗”微信公众号具有一定的市场知名度，属于相关公众所知悉的服务，构成知名服务特有的名称。值得注意的是，在2019年修正的《反不正当竞争法》中，商品和服务是规定在一起的，《反不正当竞争法》第六条第一款中的“商品”既包括有形的物品，也包括无形的服务。

近年来，仿冒他人微信公众号的案件时有发生，微信公众号的经营者应当注意对微信公众号名称的保护。目前对于微信公众号的名称可以通过商标法、著作权法以及反不正当竞争法来保护，企业在符合商标法的规定下，可以对微信公众号注册商标，以获得商标法的保护；倘若微信公众号的名称构成独创性表达，则可以通过著作权法对微信公众号进行保护，倘若未注册商标，也不能构成著作权法中的独创性表达，则可以通过反不正当竞争法对微信公众号进行保护。

撰稿人：石素坤

商品包装、装潢的保护竞争应如何处理

有一定影响的包装、装潢的权益来源于经使用而产生识别来源的作用，外观设计权来源于专利申请。外观设计专利权失效后不代表他人可以随意使用，当他人对外观设计的使用会导致相关公众的混淆或者误认时，该外观设计还可以受到有一定影响的包装、装潢的保护。

商品包装能够使一个商品在众多同类商品相互竞争的环境中，激发购买者的购买欲望，购买者看到熟知的包装，即可以联想到商品的内容、品质，从而产生购买欲望。装潢是为识别与美化商品而在商品或者其包装上附加的文字、图案、色彩及其排列组合。包装装潢既能使商品产生美感，又能使此商品与彼商品相区别，还能代表商品的生产、销售和质量。

外观设计专利权和有一定影响的包装、装潢属于两种不同的权益。有一定影响的包装、装潢的权益来源于经使用而产生识别来源的作用，能否构成需要个案认定；外观设计权的产生需经申请，有法律规定的保护期限。外观设计专利终止后，该设计并不当然进入公有领域，在该专利已实际具有区别产品来源，并且该设计不属于由商品自身的性质所决定的设计，也不属于为实现某种技术效果所必需或者使商品具有实质性价值的设计时，还可以受到反不正当竞争法的保护。

最高人民法院在"某光笔特有装潢"不正当竞争案中指出，关于获得外观设计专利的商品外观在专利权终止后能否再依据反不正当竞争法获得保护的问题。在多数情况下，如果一种外观设计专利因保护期届满或者其他原因导致专利权终止，该外观设计就进入了公有领域，任何人都可以自由利用。但是，在知识产权领域内，一种客体可能同时属于多种知识产权的保护对象，其中一种权利的终止并不当然导致其他权利同时也失去效力。同时，反不正当竞争法也可以在知识产权法之外，在特定条件下对于某些民事权益提供有限的、附加的补充性保护。就获得外观设计专利权的商品外观而言，外观设计专利权终止之后，在使用该外观设计的商品成为知名商品的情况下，如果他人对该外观设计的使用足以导致相关公众对商品的来源产生混淆或者误认，这种在后使用行为就会不正当地利用该外观设计在先使用人的商誉，构成不正当竞争。因此，外观设计专利权终止后，该设计并不当然进入公有领域，在符合反不正当竞争法的保护条件时，它还可以受到该法的保护。

上海知识产权法院在（2019）沪73民终242号二审判决中针对该问题提出，知名商品外观设计可以受到多重保护。外观设计专利权与有一定影响的商品包装、装潢权益归于同一主体时，属于权利重合，权利人可择一行使。原告产品享有外观设计专利不妨碍其主张有一定影响的包装、装潢并获得保护。外观设计专利终止后若商品外观符合反不正当竞争法的保护条件，可以受到反不正当竞争法的保护。故不论原告产品享有的外观设计专利是否处于有效期内，均不妨碍其主张有一定影响的包装、装潢。

构成反不正当竞争法保护的“有一定影响的商品装潢”需满足两个条件，一是涉案商品应当为“有一定影响的商品”，二是该“有一定影响的商品”所使用的装潢具有区别商品来源的作用，从而可以作为反不正当竞争法保护的对象。《最高人民法院关于审理不正当竞争民事案件应用法律若干问题的解释》[①]第一条规定，人民法院认定知名商品，应当考虑该商品的销售时间、销售区域、销售额和销售对象，进行任何宣传的持续时间、程度和地域范围，作为知名商品受保护的情况等因素，进行综合判断。如若商品包装上的装潢文字、图案、色彩、形状、容量及其排列组合与其同类商品近似，足以导致相关公众对商品的来源产生混淆或者误认，构成不正当竞争，应当承担停止侵权和赔偿损失的民事责任。

在知识产权领域内，存在专利权、著作权和商标权等保护竞合的现象，一种客体可能同时属于多种知识产权的保护对象，其中一种权利的终止并不必然导致其他权利同时也失去效力，同一载体上的知识产权之间不会因为一种失效而导致其他类型的知识产权也同步失效。

撰稿人：张晓汉

---

① 已废止，现为《最高人民法院关于适用〈中华人民共和国反不正当竞争法〉若干问题的解释》，自2022年3月20日起施行。

微信数据的权益究竟归谁

数据作为数字经济时代的关键生产要素，已成为市场主体激烈竞争的重要资源。本案判决为构建数据权属规则，完善数字经济法律制度提供了可借鉴的司法例证，对促进数字经济创新发展、健康发展具有积极意义。

本案系首例涉及微信数据权益认定的案件，涉及数据权益归属及数据抓取行为正当性认定等影响互联网产业竞争秩序的热点问题，引发社会广泛关注。本案判决对用户、平台、第三方数据权益的性质和边界问题进行了富有开创意义的探讨。秉持以促进数字经济创新发展为导向的司法理念，在平衡各相关方权益关系的基础上，本案判决厘清了不同数据权益间的权利边界，确立分类保护原则，提出判断数据抓取及使用行为正当性与否的标准和方法，并明确了数字经济“开放、共享、效率”的基本价值取向。

一、案情摘要

深圳市某讯计算机系统有限公司、某讯科技（深圳）有限公司（以下统称某讯公司）开发运营个人微信产品，为消费者提供即时社交通信服务。个人微信产品中的数据内容主要为个人微信用户的账号数据、好友关系链数据、用户操作数据等个人身份数据和行为数据。浙江某道网络技术有限公司、杭州某通科技有限公司（以下统称两被告）开发运营的“某通群控软件”，利用外挂技术将该软件中的“个人号”功能模块嵌套于个人微信产品中运行，为购买该软件服务的微信用户在个人微信平台中开展商业营销、商业管理活动提供帮助。某讯公司向浙江省杭州铁路运输法院提起诉讼，主张其享有微信平台的数据权益，两被告擅自获取、使用涉案数据，构成不正当竞争。法院认为，网络平台方对于数据资源整体与单一原始数据个体享有不同的数据权益。两被告通过被控侵权软件擅自收集微信用户数据，存储于自己所控制的服务器内的行为，不仅危及微信用户的数据安全，且对某讯公司基于数据资源整体获得的竞争权益构成了实质性损害。两被告的行为有违商业道德，且违反了网络安全法的相关规定，构成不正当竞争。法院遂判决两被告停止涉案不正当竞争行为，共同赔偿某讯公司经济损失及为制止不正当竞争行为所支付的合理费用共计260万元。

网络运营者所控制的数据分为原始数据与衍生数据。对于单一原始数据，数据控制主体只能依附于网络用户信息权益，依其与用户的约定享有原始数据的有限使用权；对于单一原始数据聚合而成的数据资源整体，数据控制主体享有竞争性权益。未经许可使用他人控制的单一原始数据，不违反“合法、必要、征得用户同意”原则的，一般不应被认定为不正当竞争；未经许可规模化破坏性使用他人所控制的数据资源的，可以认定为不正当竞争。未经许可在他人既有数据资源基础上开展创新性竞争的，应当符合“合法、适度、征得用户同意、有效率”的原则。如果一项所谓的“创新性竞争成果”在市场竞争效果上弊大于利的，应认定具有不正当性。

二、律师评述

微信平台数据权益可以分为两种数据形态：一是数据资源整体，二是单一数据个体。微信平台方所享有的是不同的数据权益。

（一）就数据资源整体而言，微信平台方依法享有竞争性权益

首先，微信平台数据主要包括微信用户账号信息、好友关系链信息以及用户操作信息（含朋友圈点赞评论、支付等）。该部分数据均源自微信平台，微信平台方作为微信平台的经营者和平台数据的收集者、控制者，其所收集和控制的微信用户数据均已通过《某讯微信软件许可及服务协议》《隐私政策》等协议方式获得了微信用户的授权同意，不存在非法收集、控制数据的行为，也不存在非法利用其他平台中的数据的行为。其次，网络经济已从传统经济的产品用户竞争更多地转为数据流量的竞争，网络用户群、用户黏度成了网络经营者的主要竞争对象，数据流量吸引力已成为网络企业的核心竞争力。对于数据产品的经营者而言，维护数据资源经营生态环境，吸引用户关注度与用户忠诚度，就意味着可以赢得更多的数据流量，进而获得更多的经营收益和衍生产品增值利益。微信平台方将微信产品推向市场后，经过经营积累已拥有数量众多的用户。通过微信产品的运营，微信平台方不仅获取了较大的利益，同时积累了巨量数据资源获得了开发衍生产品获取增值利润的机会空间，微信产品数据资源的积累已成为两原告获取市场收益的基本商业模式及核心竞争力。因此微信产品数据资源系微信平台方投入了大

量人力、物力，经过合法经营而形成的，该数据资源能够给两原告带来商业利益与竞争优势，微信平台方对于微信产品数据资源应当享有竞争权益。

（二）就微信平台单一数据个体而言，微信平台方仅享有有限使用权

微信用户账号数据、好友关系链数据、用户操作数据，均为微信用户的个人身份数据或个人行为数据。该部分数据只是微信平台将微信用户提供的用户信息作了数字化记录后而形成的原始数据，并非微信产品所产生的衍生数据。虽然原始数据将用户信息作了数字化转换后可以被计算机网络系统所处理，可以在网络上进行传播。但原始数据只是用户信息转换为电子符号的外在形式，原始数据对于社会的价值贡献仍未脱离用户信息所包含的资讯内容。数据采集主体在此过程中虽然付出了一定的劳动，但并未提升用户信息的品质，换言之并未提供创造性劳动成果，故数据采集主体仅有权享有其劳动所增加的价值而不是原始数据的全部价值。数据采集主体只能依附于用户个人信息权益，依其与用户的约定享有原始数据的有限使用权。况且网络资源具有“共享”的特质，单一用户数据权益的归属并非谁控制谁享有，使用他人控制的用户数据只要不违反“合法、正当、必要、不过度、征得用户同意”的原则，一般不应被认定为侵权行为。因此，微信平台方对于某个特定的单一微信用户数据并不享有专有权。

三、结语

对于数据权属界定的目的在于明确数据权益的分配机制，从而规范、推动数据产业的进步，顺应大数据时代发展的趋势。明确个人和企业所享有的不同权益，能够使企业在数据竞争中尽可能规避风险，合理获取并利用数据，在取得商业利益的同时，也能保障公共利益以及数据提供者的个人权益，而数据提供者也能据此更有效地维护自身应有的权益。

撰稿人：张晓汉

网络主播跳槽行为是否受反不正当竞争法规制

市场竞争以自由竞争为原则，以《反不正当竞争法》的规制为例外。在市场竞争机制并未受到明显扭曲的情况下，法院不应泛化《反不正当竞争法》的适用，随意干涉市场运行和过度干预市场竞争，而应尊重经济运行规律，充分保障市场在资源配置中的基础作用，促进竞争效果的有效实现。

直播行业逐渐进入相对成熟阶段，但主播和平台的“恩怨情仇”仍在不断上演。在网络直播行业，人气主播跳槽早已不是新鲜事。从最初上百万元的违约金就引来一片惊叹，到如今动辄千万元的数额比比皆是，不断加码的天价违约金也未能阻挡主播们离开的脚步。主播跳槽违反契约精神，但主播频繁跳槽背后，更多的是竞争对手的恶意挖角。除了合同之诉，直播平台之间的挖角大战也开始蔓延到反不正当竞争领域。

一、案情介绍

某手平台系杭州某迅科技有限公司（以下简称某迅公司）运营的在线游戏解说平台。2015年8月开始，李某陆续与上海某恬文化传播中心（以下简称某恬中心）等经纪公司签订主播独家合作协议，约定经纪公司委托李某在某手平台进行独家游戏解说，不得为其他平台提供服务，李某的推广用名为“某光”。2018年9月1日，李某以“某手某光转某牙”为名在某牙平台进行直播首秀。此时，李某已与广州某牙信息科技有限公司（以下简称某牙公司）签订合同，并收取首付款45万元，但未将相关情况通知某迅公司。某迅公司接到通知后对李某的账号进行了临时封禁。同月3日，李某又重新和某恬中心签订《签约主播独家合作协议》，回归某手平台重启独家直播解说。2019年3月1日，李某在某手平台直播267分钟后，又于当晚6时转至某牙平台进行直播首秀，某迅公司接到某恬中心通知后对李某的账号进行了封禁。李某后续仍使用原“某光”昵称及原头像在某牙平台上进行直播。某迅公司认为某牙公司有意使用其培育的主播，利用主播与用户的黏性，通过使用相同昵称、头像等影响力因素，与李某共同实施了窃取用户及流量的行为，构成不正当竞争，遂向法院提起诉讼，要求李某、某牙公司赔偿损失1319.5万元及合理维权费用20万元。杭州市中级人民法院经审理认为，某牙公司、李某的涉案行为并未违反诚实信用原则和公认的商业道德，不构成不正当竞争行为，遂判决：驳回某迅公司的诉讼请求。浙江省高级人民法院经审理判决：驳回上诉，维持原判。

市场竞争以自由竞争为原则，以反不正当竞争法的规制为例外。对于网游主播而言，其跳槽至新平台的行为虽然违反了合同约定，但为追求自身利益最大化而违约，并不等同于该行为存在《反不正当竞争法》意义上的不正当性。在守约方能够通过合同方式得到有效救济的情况下，《反不正当竞争法》的适用更应秉持审慎、谦抑的原则，而不应随意干预当事人的行为自由。对于被诉平台而言，以高薪“挖角”、预付合同款等方式吸引优秀人才，虽然削弱了原告平台的竞争优势，但促进了人才的自由流动，有利于市场的充分竞争，并不违反商业道德。

二、律师评述

（一）网络游戏主播跳槽行为的正当性判断

作为理性经济人的李某，在充分考量违约代价的预期成本前提下，为追求自身利益最大化而违约，并不等同于其行为存在《反不正当竞争法》意义上的不正当性。某迅公司可能遭受的损失，可以通过优化合同设计、完善内部管理体系、约定高额违约金等方式，加以控制和转嫁。在当事人能够通过合同方式得到有效救济的情况下，《反不正当竞争法》的适用更应秉持审慎、谦抑的原则，而不应随意干预当事人的行为自由。而主播的昵称、头像具有人身权和财产权的双重属性，虽然相关权益约定归某迅公司所有，但李某在离开某手平台后仍继续使用原“某光”昵称、头像，在人身指向上并无偏差，不存在导致相关公众混淆误认的情况，也未借此进行恶意大规模导流，但其违反了有关权益约定，应承担相应的违约责任。某恬中心已与某迅公司就李某的违约事项进行了赔偿协商，并签订了赔偿总额为3664956元的补充协议，实际上已经通过合同方式承担了相应的违约责任，弥补了李某跳槽所可能给某迅公司造成的经济损失，足以平衡各方利益，故在本案中针对李某的违约跳槽及继续使用昵称、头像的行为，《反不正当竞争法》没有再行介入的空间和必要。

（二）网络平台接收行为的正当性判断

商业道德是诚实信用原则在《反不正当竞争法》中的体现，但应避免把诚信原则和商业道德简单等同于个人道德或者社会公德。高薪是争夺人才的常见市场竞争方式，凭资金优势以较高的薪酬吸引优秀主播加入，形成人才的正常流动，有利于体现人才的价值，充分调动人才创新创业的积极性，李某亦认可系出于自身发展考虑进行直播平台的转换。此种吸引人才的方式在一个竞争充分的市场中当属常态，不应认定为有悖于商业道德。某牙公司的行为客观上虽然造成某迅公司的竞争利益受损，但竞争本身就意味着对交易机会的争夺，一方竞争获利往往意味着相对方的受损，在案证据不能证明某牙公司采取了有违商业道德的恶意诱导等不当手段来进行商业竞争。同时，游戏直播行业可被给予充分的竞争自由和完全市场化的运营环境，司法应尊重相关行业的发展规律，不宜过度介入。虽然主播跳槽对用户的平台选择存在较大影响，可能导致行业竞争的加剧，但并不影响消费者自主选择平台和主播的自由，不同平台仍能通过多种营销举措吸引用户。故某牙公司的被诉行为未扭曲市场竞争秩序，也未损害消费者的合法权益。

三、结语

本案涉及对网络游戏主播跳槽及网络平台接收行为的正当性判断，目前对于此类网络领域竞争行为的法律定性仍存在很大争议，竞争自由与法律规制之间的界限尚不明晰。作为首例从《反不正当竞争法》视角认定主播跳槽及平台接收行为均不构成不正当竞争的案件，本案判决在充分考虑各方利益平衡和合同救济有效性的前提下，重申了自由市场充分竞争的价值，强调了适用《反不正当竞争法》应秉持的审慎、谦抑原则，对推动构建充满竞争活力的市场经济秩序作出了有益的尝试和探索。

撰稿人：张晓汉

商业诋毁由哪些要件构成

商业诋毁行为，也被称为商业诽谤行为，是指损害他人商誉、侵犯他人商誉权的行为。具体而言，它是指经营者自己或利用他人，通过捏造、散布虚伪事实等不正当手段，对竞争对手的商业信誉、商品信誉进行恶意的诋毁、贬低，以削弱其市场竞争能力，并为自己谋取不正当利益的行为。

随着经济的高速发展，商誉在企业竞争中的地位和作用日益凸显，直接影响着企业的经营和发展。商业诋毁对企业的商誉和整体形象造成严重影响，通过法律救济，严厉打击竞争者的商业诋毁行为，不仅有利于加强对企业商誉的保护，同时也有利于推动形成保护产权的良好社会氛围。

一、案情摘要

黑龙江省某农业科技有限公司（以下简称黑龙江某农业公司）与盖州市某有限公司（以下简称盖州市某公司）同为主要经营肥料的企业。2020年，黑龙江某农业公司发现盖州市某公司在某APP平台上发布了一篇名为“揭露某农业骗局！快看你身边谁中招了？”的文章，该文章列举了黑龙江某农业公司所犯下的“十宗罪”，后黑龙江某农业公司以盖州市某公司商业诋毁、虚假宣传行为违反了反不正当竞争法为由，诉至法院。郑州市中级人民法院一审判决认定盖州市某公司发布的文章损害了黑龙江某农业公司的信誉和商品声誉，其行为已构成不正当竞争，判决盖州市某公司停止编造、传播损害黑龙江某农业公司商业信誉、商品声誉的虚假信息的行为，赔偿黑龙江某农业公司损失5万元，并在河南省省级报刊上刊登赔礼道歉、消除不良影响的声明。宣判后，盖州市某公司提起上诉，河南省高级人民法院经审理维持一审判决。

被告盖州市某公司所提供的证据不足以证明其在某APP平台上发布的涉案文章的部分内容具有合法来源，缺乏基本的事实依据，即便文章内容有来源，被告作为文章的发布者也应对消息来源尽到合理的审查义务，同时涉案文章采用将黑龙江某农业公司与盖州市某公司的商品、公司进行对比评价的叙述方式，一方面称赞盖州市某公司及其产品，另一方面对黑龙江某农业公司的产品、公司使用“十宗罪”“黑社会性质”“暴力对待客户”等贬义词汇进行表述。据此可以看出，盖州市某公司明显具有损害竞争对手的信誉、商品声誉的主观故意。据此，盖州市某公司的行为已构成不正当竞争。

二、律师评述

（一）商业诋毁的构成要件

1.经营者之间具有竞争关系：商业诋毁的实施主体应当是经营者，被诋毁人为经营者的竞争对手。经营者之间存在竞争关系是认定商业诋毁的前提。实务中一般通过经营者各自的经营范围及实际业务证据予以认定。

2.行为人具有编造、传播虚假信息或者误导性信息的行为：行为人以无中生有、虚夸扭曲、断章取义等方式制造与真实情形不相符合的言论的行为。并将编造的不实言论向不特定的多数人或者特定的共同用户传播的行为，如面向不特定社会公众公开发表文章等。

3.行为人的行为可能或者已经造成相对人商誉的损害：编造、传播的虚假信息或误导性信息，足以引起当事人的社会评价减损以致当事人商业信誉、商品声誉受到损害。企业的商誉是企业赖以生存的必要条件之一，企业的商誉应获得适当的评价，他人不应当利用不正当行为贬损企业的商誉，使公众对企业的商誉产生负面评价。

4.行为人主观上具有损害竞争对手商誉的故意或者过失：无论行为人是否具有主观故意，只要其实施的相关宣传行为客观上给其他经营者的商业信誉产生了实际损害，都会产生不正当竞争的事实后果，对这些行为都应当予以制止。

（二）商业诋毁的表现形式

司法实践中商业诋毁行为的表现是形形色色、多种多样的。归纳起来，主要有以下几种：（1）利用散发公开信、召开新闻发布会、刊登对比性广告、声明性广告等形式，制造、散布贬损竞争对手商业信誉、商品声誉的虚假事实。（2）在对外经营过程中，向业务客户及消费者散布虚假事实，以贬低竞争对手的商业信誉，诋毁其商品或服务的质量声誉。（3）利用商品的说明书，吹嘘本产品质量上乘，贬低同业竞争对手生产销售的同类产品。（4）唆使他人在公众中造谣并传播、散布竞争对手所售的商品质量有问题，使公众对该商品失去信赖，以便自己的同类产品取而代之。（5）组织人员，以顾客或者消费者的名义，向有关经济监督管理部门作关于竞争对手产品质量低劣、服务质量差、侵害消费者权益等情况的虚假投诉，从而达到贬损其商业信誉的目的。

（三）商业评论与商业诋毁的界限

商业评论在市场经营活动中不可避免，市场经营主体需要做的就是防范商业评论构成商业诋毁的风险。商业评论，是指在市场活动中，经营者公开评论他人产品、服务或者商业活动的行为。经营者可以自由发表商业评论，但经营者的评论并非不受限制，在正当的商业评论和不正当的商业诋毁之间，存在法律界限。这一界限在于，经营者必须出于正当目的，客观、真实、公允和中立地进行评论，不得误导公众和损害他人商誉。特别是针对与自己存在直接竞争关系的经营者进行评论，更应负有谨慎注意义务。如果经营者为了谋求自身竞争优势或者破坏竞争对手的竞争优势，编造、传播虚假信息或误导性信息，使得公众对其他经营者及其产品产生误解、质疑、偏见，或者使得公众对其他经营者及其产品产生负面印象和负面评价，造成其他经营者的商业信誉和商品商誉受损的，则构成商业诋毁。

三、经营启示

企业为提高自身竞争能力，恶意诋毁竞争对手的商业信誉，进行虚假宣传，不仅破坏了良好的营商环境，也将承担相应的民事责任。经营者在市场交易中，应当遵循自愿、平等、公平、诚实信用的原则，遵守公认的商业道德，在市场交易中，经营者可以根据市场需要进行自由竞争，这也是市场经济的必然要求。正当的市场竞争是经营者通过必要的付出而进行的诚实竞争，必须以不侵犯他人合法权益为边界。自由竞争能够确保市场资源优化配置，但市场经济同时要求竞争公平、正当、有序。企业间的良性竞争行为有助于促进经济发展、繁荣市场。

撰稿人：张晓汉

电子商务、特许经营篇

特许经营合同纠纷中“冷静期”条款应如何适用

商业特许经营，是指拥有注册商标、企业标志、专利、专有技术等经营资源的企业（以下称特许人），以合同形式将其拥有的经营资源许可其他经营者（以下称被特许人）使用，被特许人按照合同约定在统一的经营模式下开展经营，并向特许人支付特许经营费用的经营活动。

由于特许经营的核心内容是涉及商标、商号、专利和专有技术等许可使用问题，所以，对于因特许经营引发的纠纷，除了适用《合同法》[①]以外，一般情况下都会涉及《商标法》《专利法》《反不正当竞争法》等知识产权法律的适用问题。2008年，最高人民法院《民事案件案由规定》将特许经营合同纠纷确定为“知识产权纠纷”中的案由，但是由于特许经营合同纠纷本质上来讲属于商事活动，所以和传统的知识产权纠纷案件相比，特许经营合同纠纷同时具备知识产权纠纷与商事纠纷的双重特征。特许经营纠纷中涉及的法律问题众多，本文主要围绕特许经营合同纠纷中“冷静期”条款应当如何准确适用进行充分阐述。

一、“冷静期”的法理分析

《商业特许经营管理条例》（以下简称《条例》）第十二条规定：“特许人和被特许人应当在特许经营合同中约定，被特许人在特许经营合同订立后一定期限内，可以单方解除合同。”该条规定即在一定程度上赋予了被特许人在一定条件下任意解除合同的权利，这种“任意解除权”在国外立法中被称为商业特许经营的“冷静期”。

法律之所以规定上述“冷静期”的原因是多方面的，随着特许经营商事活动的蓬勃发展，当今市场中逐渐出现了一些狡猾的企业，利用夸大宣传等手段，编造莫须有或者低质量的经营资源，欺骗众多投资者的加盟经营费用，很多不法商家均被追究了刑事责任。而运气稍好的投资者，也有很多因为信息不对称在后来的经营

① 已废止，现为《民法典》合同编。

活动中发现了很多问题，或者头脑发热在签订了特许经营合同之后后悔的情形。而《条例》第十二条规定的“冷静期”就是基于被特许人在特许经营商事活动中往往处于劣势地位的现状，从而给予被特许人倾斜保护的一项“特别条款”。

但是，由于上述法条规定得较为模糊，导致司法实践中出现了很多实务问题。比如，《条例》第十二条规定，任意解除权的形式需基于合同双方在合同中约定了“单方解除权”，而如果合同双方未约定上述条款，是否能够基于法律的规定适用该“单方解除权”呢？另外，《条例》第十二条中规定的“一定期限”，实践当中法院如何根据不同案件的不同情形去界定该案是否符合法律规定的“一定期限”，上述问题都需要充分研究。

二、案例导入

（一）合同未明确约定“冷静期”，但被特许人未实际利用特许人经营资源，判决返还被特许人全部费用——山东省高级人民法院发布2013年度山东法院知识产权审判十大案件

2010年9月26日，曹某与某豪公司签订了《某国际动漫专营（标准店）合作协议》。协议约定，曹某向某豪公司支付品牌加盟费、合作保证金等费用；某豪公司则同意曹某在河南省洛阳市建西区开设专营店，经营某国际动漫品牌授权经营范围内的所有产品。曹某按约支付了有关款项后，以其不适合从事加盟的业务且未实际开展经营为由，请求判令解除涉案协议，返还其支付的全部费用。

法院经审理认为，曹某作为被特许人应当享有我国《商业特许经营管理条例》中“冷静期”条款规定的单方解除涉案协议的法定权利，而涉案协议对此未作约定，某豪公司作为特许人对此具有缔约过失，应承担不利法律后果。并且，曹某在支付加盟费等各项费用后，尚未着手实施涉案协议，没有实际利用某豪公司的经营资源，某豪公司的经营利益不会因涉案协议解除而受到实质性影响。据此，法院判决解除涉案协议并返还曹某支付的全部费用。

（二）被特许人实际利用和掌握了特许人经营资源，被特许人不享有任意解除权——山东省高级人民法院发布的2016年度全省法院知识产权司法保护十大案件

2015年10月17日，张某与某邦餐饮公司签订江苏赣榆区域“某水饺”品牌合

作书，期限为1年。张某认为，上述合同没有约定其在一定期限内可以解除合同，侵害了其合法权益，请求法院判令解除合同，某邦餐饮公司退还其支付的相关费用。法院查明，2016年2月19日，张某曾从某邦餐饮公司进货。2016年4月1日，张某向法院主张适用“冷静期”条款解除合同。

张某主张以冷静期为由解除合同时，其与某邦餐饮公司签订的1年期合同已经履行了6个月，其也已经利用掌握的某邦餐饮公司的经营资源实际进行了4个月的经营，如果再赋予其“冷静期”抗辩，将不合理地损害某邦餐饮公司的利益。法院判决驳回了张某的诉讼请求。

三、被特许人已经实际掌握特许人的经营资源，不能再依据冷静期规定单方解除合同

笔者在前文中列举的两个经典案例充分诠释了《条例》第十二条“冷静期”的合理适用情形。即是否适用“冷静期”的规定判决解除特许人与被特许人签订的合同，应该以被特许人是否已经能够利用特许人的特许经营资源为标准，如果被特许人已经掌握了特许人的经营资源，处于可以随时利用并能独立正常经营的状态，此时人民法院不再赋予被特许人“单方解除权”，否则将会对特许人造成不利影响，且不利于公平正义的实现。如果被特许人尚未开店且没有使用特许人的经营资源的，一般可以适用冷静期的规定，判决解除双方签订的特许经营合同。

四、“冷静期”的适用不以合同约定为前提

前文列举的山东省高级人民法院案例中，法院认为《条例》中“冷静期”条款规定的单方解除是涉案协议的法定权利，而涉案协议对此未作约定，某豪公司作为特许人对此具有缔约过失，应承担不利的法律后果。

据此可知，即便特许经营合同中没有对任意解除权的约定，法院仍然可以适用《条例》第十二条的规定。之所以会出现这种结果，笔者认为应当从立法者对《条例》第十二条的立法目的方面解释。我国规定的“任意解除权”其立法目的是保护被特许人的利益，是弥补被特许人天然存在的被动地位。对于特许经营商事合同来说，特许人往往是提供格式合同的一方，其对于法律规定有着更加清晰的

认识，如果合同中未赋予被特许人在一定期限内的“任意解除权”，极大的概率是特许人为了规避己方义务而有意为之，在被特许人法律意识并不强的情况下，很难对己方权利有着明确的认识，这自然而然就导致了权力失衡。故实践当中即使合同双方未约定任意解除权，对于被特许人实际享有该权利也并不构成影响。

撰稿人：聂丽敏

电子商务平台侵害知识产权纠纷如何适用反向行为保全

一、案情简介

在永康市某悦工贸有限公司（以下简称某悦公司）、浙江某昊塑业有限公司（以下简称某昊公司）与慈溪市某生塑料制品有限公司（以下简称某生公司）、浙江某猫网络有限公司（以下简称某猫公司）、谢某侵害实用新型专利权纠纷一案中，专利权人某生公司主张某昊公司未经许可制造、销售落入涉案专利权保护范围的产品，谢某、某悦公司在某猫公司经营的电子商务平台销售、许诺销售相关产品，请求判令某昊公司、谢某、某悦公司停止侵权，某猫公司删除、断开涉案销售链接，某昊公司、某悦公司、某猫公司连带赔偿某生公司经济损失316万元。

浙江省宁波市中级人民法院（以下简称一审法院）一审认为，被诉侵权产品落入涉案专利权保护范围，于2020年4月10日作出判决，判令谢某、某昊公司、某悦公司立即停止实施侵权行为；某猫公司立即删除、断开涉案销售链接；某昊公司、某悦公司连带赔偿某生公司经济损失316万元。同日，某生公司再次向某猫公司就被诉侵权产品进行投诉。2020年4月17日，某猫公司删除了被诉侵权产品的销售链接。

某悦公司、某昊公司不服一审判决，向最高人民法院提起上诉。二审审理期间，国家知识产权局于2020年9月9日对涉案专利作出无效宣告请求审查决定，认为涉案专利权利要求1—24均不具备《专利法》第二十二条第二款规定的新颖性，宣告涉案专利权全部无效。

2020年11月5日，某悦公司向最高人民法院提出反向行为保全申请，请求责令某猫公司立即恢复涉案销售链接，并称因“双十一”将至，不恢复链接将使其遭受难以弥补的损失。

2020年11月6日上午，最高人民法院进行了远程听证。2020年11月6日下午，最高人民法院作出行为保全裁定，责令某猫公司立即恢复某悦公司在“某猫网”

购物平台上的被诉侵权产品销售链接，并冻结某悦公司支付宝账户部分款项。该行为保全裁定作出后，各方当事人达成和解，某生公司撤回本案起诉。

最高人民法院认为：电子商务平台经营者在收到知识产权权利人含有侵权初步证据的通知时，具有采取删除、屏蔽、断开链接、终止交易和服务等必要措施的法定义务。由于专利权等通过行政授权取得权利的知识产权在民事侵权诉讼过程中，可能因被宣告无效、提起行政诉讼等程序而使权利处于不确定状态，且平台内经营者的经营状况等在诉讼过程中也可能发生重大变化。此时，平台内经营者因情况紧急，不恢复链接将会使其合法利益受到难以弥补的损害，向人民法院申请行为保全，要求电子商务平台经营者采取恢复链接等行为保全措施的，人民法院应当予以受理，并依据《民事诉讼法》第一百条[①]及相关司法解释的规定予以审查。

二、律师评述

依据最高人民法院在本案中的观点，并结合《最高人民法院关于审查知识产权纠纷行为保全案件适用法律若干问题的规定》第七条之规定，总结出在确定是否依被诉侵权人的申请采取恢复链接行为保全措施时应主要考虑以下因素：

（一）某悦公司的请求是否具有事实基础和法律依据？

本案中，某猫公司在原审法院认定侵权成立后及时删除了被诉侵权产品的销售链接，但二审中涉案专利权已被国家知识产权局因缺乏新颖性而宣告全部无效，某生公司即将提起行政诉讼，专利有效性处于不确定状态。某悦公司因本案诉讼及368号案，截至2020年11月5日账户余额共被冻结1560万元，正常生产经营受到严重影响。在此情况下，某悦公司要求某猫公司恢复产品链接具有事实与法律依据。

（二）恢复链接是否会对申请人造成难以弥补的损害？

在涉电子商务平台知识产权侵权纠纷中，删除、屏蔽、断开商品销售链接不仅将使该商品无法在电商平台上销售，而且还将影响该商品之前累积的访问量、搜索权重及账户评级，进而降低平台内经营者的市场竞争优势。因此，确定“难以弥补的损害”应考量是否存在以下情形之一：（1）不采取行为保全措施是否会使申请人

① 2021年修正后，为第一百零三条。本文下同。

的商誉等人身性质的权利受到无法挽回的损害；（2）不采取行为保全措施是否会导致申请人市场竞争优势或商业机会严重丧失，导致即使因错误删除链接等情况可以请求金钱赔偿，但损失非常大或者非常复杂以至于无法准确计算其数额。

本案中，被诉侵权产品主要通过某悦公司在“某猫网”上的涉案网店进行销售，且根据原审查明的事实，2019年11月13日被诉侵权产品累计销量为283693件；2019年12月4日，原审法院组织各方当事人进行证据交换时的累计销量为352996件；2020年1月13日，原审庭审时的累计销量为594347件。这一方面说明被诉侵权产品的销量大，另一方面也说明其累计的访问量及搜索权重较大，断开销售链接对其网络销售利益影响较大。特别是在“双十一”等特定销售时机，是否恢复链接将对被诉侵权人的商业利益产生巨大影响。在涉案专利权效力处于不确定状态的情况下，通过恢复链接行为保全措施使平台内经营者能够在“双十一”等特定销售时机正常上线经营，能够避免其利益受到不可弥补的损害。

（三）恢复链接对专利权人可能造成的损害是否会超过不恢复链接对被诉侵权人造成的损害？

本案中，被诉侵权产品与涉案专利产品虽为同类产品，但市场上类似产品众多，并不会导致某生公司的专利产品因恢复链接而被完全替代。而且，本院已经考虑到因恢复链接可能给某生公司带来的损失，并将冻结某悦公司支付宝账户相应金额及恢复链接后继续销售的可得利益，某悦公司也明确表示同意。在此情况下，相较于不恢复链接对某悦公司正常经营的影响，恢复链接对某生公司可能造成的损害较小。

（四）恢复链接是否会损害社会公共利益？

在专利侵权纠纷中，社会公共利益一般考量的是公众健康、环保以及其他重大社会利益。本案所涉被诉侵权产品系用于家庭日常生活的拖把桶，恢复链接时考量的重要因素是否会对公众健康、环保造成影响，特别是需要考虑是否会对消费者的人身财产造成不应有的损害，而本案无证据表明被诉侵权产品存在上述可能损害公共利益的情形。

（五）对电子商务平台侵害知识产权纠纷反向行为保全适用的分析

《民事诉讼法》第一百条[①]规定：“人民法院对于可能因当事人一方的行为或者

---

① 2021年修正后，为第一百零三条，条文内容不变。

其他原因，使判决难以执行或者造成当事人其他损害的案件，根据对方当事人的申请，可以裁定对其财产进行保全、责令其作出一定行为或者禁止其作出一定行为；当事人没有提出申请的，人民法院在必要时也可以裁定采取保全措施。人民法院采取保全措施，可以责令申请人提供担保，申请人不提供担保的，裁定驳回申请。人民法院接受申请后，对情况紧急的，必须在四十八小时内作出裁定；裁定采取保全措施的，应当立即开始执行。”

《民法典》第一千一百九十五条规定：“网络用户利用网络服务实施侵权行为的，权利人有权通知网络服务提供者采取删除、屏蔽、断开链接等必要措施……网络服务提供者接到通知后……未及时采取必要措施的，对损害的扩大部分与该网络用户承担连带责任……”

《电子商务法》第四十二条规定：“知识产权权利人认为其知识产权受到侵害的，有权通知电子商务平台经营者采取删除、屏蔽、断开链接、终止交易和服务等必要措施。通知应当包括构成侵权的初步证据。电子商务平台经营者接到通知后，应当及时采取必要措施，并将该通知转送平台内经营者；未及时采取必要措施的，对损害的扩大部分与平台内经营者承担连带责任……”

根据上述法律规定，电子商务平台经营者在收到知识产权权利人含有侵权初步证据的通知时，具有采取删除、屏蔽、断开链接、终止交易和服务等必要措施的法定义务。但是，对于电子商务平台经营者在诉讼过程中，何种情况下可以应平台内经营者的申请采取恢复链接等措施，侵权责任法和电子商务法都没有作出相关规定。由于专利权等通过行政授权取得权利的知识产权在民事侵权诉讼过程中，可能因被宣告无效、提起行政诉讼等程序而使其知识产权处于不稳定或不确定状态。若电子商务平台的经营者因情况紧急，不恢复链接将会使其合法利益受到难以弥补的损害，可以向人民法院申请行为保全，要求电子商务平台采取恢复链接等行为保全措施，人民法院应当予以受理，并依据《民事诉讼法》第一百零四条及相关司法解释的规定予以审查。

撰稿人：李洪磊

商业特许经营究竟是什么

特许经营作为一种与传统模式完全不同的新型经营模式，受到越来越多商家的青睐并被采用，像连锁便利店、连锁餐饮店等都通过特许经营的模式实现了品牌的发展和推广。但特许经营中也蕴含着较多的商业风险，各参与方应充分注意，尽可能规避。

一、什么是特许经营

根据《商业特许经营管理条例》第三条的规定，特许经营，是指拥有注册商标、企业标志、专利、专有技术等经营资源的企业（以下称特许人），以合同形式将其拥有的经营资源许可其他经营者（以下称被特许人）使用，被特许人按照合同约定在统一的经营模式下开展经营，并向特许人支付特许经营费用的经营活动。

1.关于特许人，需满足一定资质：（1）拥有注册商标、企业标志、专利、专有技术等经营资源；（2）有成熟的经营模式，具备为被特许人持续提供经营指导、技术支持和业务培训等服务的能力；（3）拥有至少2个直营店，并且经营时间超过1年（“两店一年”）。

2.关于特许经营合同：（1）双方应当采用书面形式订立合同；（2）合同中应约定被特许人在一定期限内享有单方解除权（“冷静期”）；（3）特许人应当自首次订立合同之日起15日内向商务主管部门备案。

3.关于特许经营权：未经特许人同意，被特许人不得向他人转让特许经营权。

二、特许经营与商标/专利许可的区别

实务中经常将特许经营与商标/专利许可的概念混同使用，虽然二者均是将相关权利许可给他人使用，但仍存在明显区别：

1.主体资格不同：从事商业特许经营的特许人必须是企业；而商标/专利许可

的权利人既可以是企业，也可以是个人。

2.商业模式不同：在提供特许经营之前，特许人必须通过自己直营店的运营形成成熟的经营模式，然后复制给加盟者；商标/专利许可则不必然要求许可人是否实际从事经营活动，而通常只需要签订相对简单的商标/专利授权使用合同。

3.控制权不同：特许经营活动中，为保证品牌的统一性和口碑，特许人往往拥有足够的控制权，对知识产权的使用、设备及物料的采购、服务质量、销售价格、店面装修等均有统一的安排，此外，特许人在培训、选址和营销方面通常也会给加盟者较多支持；而商标/专利的授权许可中，许可人的控制较少，被许可人有较大自主权。

三、特许经营相关实务问题

1.如特许人不满足"两店一年"要求的，被特许人能否解除合同？

根据《商业特许经营管理条例》第七条的规定，特许人须满足"两店一年"的资质，如不满足相关资质的，按照《商业特许经营管理条例》第二十四条的规定，其直接引起的后果为：由商务主管部门责令改正，没收违法所得，处10万元以上50万元以下的罚款，并予以公告。

但如特许人不满足"两店一年"要求的，并不能导致被特许人取得解除合同的权利。在最高人民法院（2011）民申字第1262号特许经营合同纠纷案中，最高人民法院认为，当事人在签订特许经营合同时，特许人所拥有的直营店数量不符合相关法律法规要求的，不必然导致合同无效，当事人不能据此主张解除合同。

2.如特许经营合同未备案的，被特许人能否解除合同？

根据《商业特许经营管理条例》第八条的规定，特许人应当自首次订立特许经营合同之日起15日内向商务主管部门备案。如未进行备案，根据《商业特许经营管理条例》第二十五条的规定，可能受到"商务主管部门责令限期备案，处1万元以上5万元以下的罚款；逾期仍不备案的，处5万元以上10万元以下的罚款，并予以公告"的行政处罚。

但本条为管理性强制性法律规范，如特许经营合同未备案的，不会导致合同无效，被特许人不能据此解除合同。《北京市高级人民法院关于审理商业特许经营合同纠纷案件适用法律若干问题的指导意见》第七条也作出了相应规定，特许人未及时向商务主管部门备案的，一般不影响特许经营合同的效力。

3. 如何认定合同的“冷静期”？

（1）如特许人和被特许人在特许经营合同中约定或者通过其他形式约定被特许人在特许经营合同订立后一定期限内可以单方解除合同的，按照约定。

（2）如未约定“冷静期”，在合理期限内被特许人仍然享有单方解除权，但被特许人已经实际利用经营资源的除外。

在北京市海淀区人民法院（2019）京0108民初27951号特许经营合同纠纷案（海淀法院2020年发布的知识产权合同十大典型案例之九）中，法院认为，单方解除权的规定是为了应对因经营的被动性和预期经营效果的不确定性而引发明显不利于被特许人利益的情势，是超越普通合同权利的一项特权，对被特许人的利益起到了强有力的保障作用。但是单方解除权如果在没有约定的情况下不能无限期地延长其期限，必须在合理期限内行使才能得到法院的支持。

《北京市高级人民法院关于审理商业特许经营合同纠纷案件适用法律若干问题的指导意见》第十八条第二款规定：“特许人和被特许人未约定被特许人在特许经营合同订立后一定期限内可以单方解除合同的，被特许人在特许经营合同订立后的合理期限内仍可以单方解除合同，但被特许人已经实际利用经营资源的除外。”在山东省高级人民法院（2016）鲁民终1867号特许经营合同纠纷案（山东省高级人民法院公布的全省法院“2017知识产权司法保护十大案件”之九）中，法院也认为，“冷静期”条款考虑到特许人与被特许人掌握的信息不对称，因此赋予了被特许人单方解除合同的权利。同时，为了平衡各方当事人的利益，防止被特许人不正当地损害特许人的利益，《商业特许经营管理条例》对特许人行使该权利作出了一定的限制，即在一定期限内行使，该期限应以被特许人是否已经能够利用特许人的经营资源为判断标准，即只要被特许人实际掌握了特许人的经营资源，处于想利用该资源可以随时利用并依据该资源能够独立正常经营的状态即可，而无须要求被特许人已经实际使用了该特许经营资源。

撰稿人：田雨昕

程序实务篇

“陷阱取证”对被告能否继续适用

《最高人民法院关于知识产权民事诉讼证据的若干规定》第七条第二款排除了现实中仅仅因为原告要求而进行制造或销售的“被诉侵权人”，对定分止争此类案件作出很好的证据规则指引，更有助于平衡权利人与被诉侵权人双方举证的权利和义务。

“陷阱取证”来源于刑事诉讼中的概念，其基本含义是指，在特殊刑事案件的侦查中，侦查人员为了获取犯罪嫌疑人犯罪的证据或线索、抓获犯罪嫌疑人而采取的诱使被侦查对象实施犯罪行为的一种特殊侦查手段。在民事领域尤其是知识产权案件侵权领域，其侵权的隐蔽性特征对传统的取证方式提出了挑战。权利人往往选择采用“陷阱取证”等方式进行取证。但通过前述方式取得的证据是否应当被采纳曾一度饱受争议。

在某正等诉北京某术公司软件侵权案中，原告某正集团公司、北京某楼计算机科学技术研究所为了取得被告北京某术科技有限公司、北京某术技术公司销售盗版软件的证据，派员工以个人的名义向被告购买了激光照排机，被告为其进行了安装，并应要求在原告自备的两台计算机内安装了盗版某正的RIP软件和某正文合软件，并提供了刻录有上述软件的光盘。公证机关对这次购买、安装过程进行了现场公证，并对安装了盗版某正RIP软件、某正文合软件的两台计算机及盗版软件进行了公证证据保全。对于该案件的处理，一审和二审法院作出了不同的认定。一审法院认为，原告采取的“陷阱取证”方式，并未被法律所禁止，对该方式予以了认可。二审法院则认为，就本案而言，此种取证方式并非获取上诉人侵权证据的唯一方式，此种取证方式有违公平原则，一旦被广泛使用，将对正常的市场秩序造成破坏，对该取证方式不予认可。但是，二审法院又认定“一审法院认定被告侵犯了原告的软件著作权，应承担相应的侵权损害赔偿责任是正确的”。最高人民法院经再审后认为，二审法院在否定某正集团公司取证方式合法性的同时，又以该方式获取的法律事实经过公证证明而作为认定案件事实的依据不妥当。某正通过公证取证方式获取打假线索，其目的并无不正当性，其行为并未损害社会公共利益和他人合法权益。加之计算机软件著作权侵权行为具有隐蔽性强、取证难度大等特点，采取该取证方式有利于解决此类案件取证难的问题，起到威慑和遏制侵权行为的作用，也符合依法加强知识产权保护的法律精神。2006年9月，最高人民法院作出（2006）民三提字第1号判决书，撤销二审判决，判决被告共同赔偿某正集团公司、北京某楼计算机科学技术研究所经济损失60万元。

可见，我国的法院判决中早期有承认这类取证方式的合法性，但首次使用陷阱取证概念，是在上述案件的一审判决书中，而某正集团公司也是由于陷阱取证的合法性问题，艰难地走过了一审、二审、再审的5年诉讼之旅。对于陷阱取证获得证据是否有证明效力，通说认为证据应当具备客观性、关联性和合法性，但是何谓合法性，原来相关规定和司法解释并不明确。

2020年11月9日由最高人民法院审判委员会第1815次会议通过的并于2020年11月18日起施行《最高人民法院关于知识产权民事诉讼证据的若干规定》对此作出了明确的规定。

《最高人民法院关于知识产权民事诉讼证据的若干规定》第七条第二款规定，被诉侵权人基于他人行为而实施侵害知识产权行为所形成的证据，可以作为权利人起诉其侵权的证据，但被诉侵权人仅基于权利人的取证行为而实施侵害知识产权行为的除外。

首先，该规定承认陷阱取证的效力，便利权利人维权。对此，《最高人民法院关于知识产权民事诉讼证据的若干规定》第七条第二款对不同情形的陷阱取证进行了区分，即针对被诉侵权人基于他人行为而实施侵害知识产权行为所形成的证据，可以作为权利人起诉其侵权的证据。但被诉侵权人仅基于权利人的取证行为而实施侵害知识产权行为的除外。这就意味着，如果被告仅因为原告“钓鱼取证”而进行了唯一的一次侵权行为，原告不可以使用该证据证明侵权。

其次，对于取证的主体进行区分。如果被诉侵权人可以证明“仅基于权利人的取证行为而实施侵害知识产权行为”可以以此理由抗辩不侵权成立，该规定给予了被诉侵权人明确的抗辩方向。比如说，被告与原告之间签订的定制合同、邮件沟通记录、聊天记录、可以证实被告原来不制造或者销售此类产品，仅因为原告要求和诱导实施了上述行为，人民法院应当认定原告的上述取证不具备指控被告侵权的效力。当然如果被诉侵权人不是基于权利人而是因为他人行为而实施侵害知识产权行为所形成的证据，该条规定可以作为权利人起诉其侵权的证据。为此，对于权利人来讲，在适用取证方法上，尽量不要使用自己的名义与被诉侵权人进行交易或者交流，更有利于“陷阱取证”方式获得法院的支持。

上述司法解释的规定，排除了现实中仅仅因为原告要求而进行制造或销售的“被诉侵权人”，对定分止争此类案件作出很好的证据规则指引，更有助于平衡权利人与被诉侵权人双方举证的权利和义务。

撰稿人：王现辉

阻碍证据保全行为会有怎样的法律后果

任何单位或者个人以暴力、威胁或者其他方法阻碍司法工作人员执行职务，不但严重违反了诉讼诚信的基本原则，而且是一种严重妨害民事诉讼的行为，在确定具体赔偿数额时应对此情节予以考虑。

一、案例导入

某软件公司为NX系列软件的著作权人，其以某福公司未经许可使用涉案软件进行产品设计和制造构成侵权为由，向广州知识产权法院（以下简称一审法院）提起诉讼，请求判令某福公司停止侵害并赔偿经济损失及维权合理开支2712827元。

根据某软件公司的申请，一审法院赴某福公司送达了保全裁定，并向该公司在场管理人员详细说明了将采取的保全措施以及拒不配合法院保全的法律后果。经现场清点，某福公司设计办公室共有26台电脑。在一审法院保全了17台电脑且其中13台电脑显示安装有涉案软件后（其余4台电脑未安装涉案软件），某福公司突然采取对抗措施，通过拒不打开部分电脑、断电、扣留法院相机、阻止法院人员离开等方式阻挠保全工作，导致法院保全工作被迫中断，其余9台电脑未完成保全。

一审法院认为，某福公司构成侵权，并以法定赔偿上限判令某福公司停止侵权并赔偿某软件公司经济损失50万元及维权合理费用10万元。

双方当事人均不服，向最高人民法院提起上诉。某软件公司上诉主张，一审法院确定的损害赔偿数额过低，应按照该公司的实际损失以及某福公司抗拒法院证据保全等事实确定赔偿数额。某福公司则上诉主张，本案侵权事实不清楚，且一审法院确定的赔偿数额过高。

最高人民法院二审改判：某福公司赔偿某软件公司经济损失2612827元及维权合理开支10万元。

最高人民法院二审认为，《最高人民法院关于民事诉讼证据的若干规定》第九十五条规定："一方当事人控制证据无正当理由拒不提交，对待证事实负有举证责任的当事人主张该证据的内容不利于控制人的，人民法院可以认定该主张成立。"

证据保全过程中，在一审法院已经向某福公司释明若阻碍证据保全将推定其安装了涉案软件并承担相应不利后果的情况下，某福公司仍然采取对抗措施，通过拒不打开部分电脑、断电、扣留法院相机、阻止法院人员离开等方式阻碍一审法院证据保全工作，致使一审法院对其他9台电脑未完成保全。在已经确认部分已保全电脑安装了涉案软件的情况下，根据前述司法解释的规定，应推定一审法院未能保全的9台电脑亦安装了涉案软件。

最高人民法院特别指出，证据保全诉讼措施是民事诉讼活动的重要组成部分，是人民法院行使司法审判权的重要手段。任何单位或者个人以暴力、威胁或者其他方法阻碍司法工作人员执行职务的，不但严重违反了诉讼诚信的基本原则，而且是一种严重妨害民事诉讼的行为，在确定具体赔偿数额时应对此情节予以考虑。因此，确定本案侵权损害赔偿时应当对9台未保全电脑一并予以考量。

本案中，侵权软件数量、正版软件售价等案件事实较为清楚，故可以根据著作权人因侵权行为受到的实际损失来计算损害赔偿数额。

二、计算赔偿数额的重点考虑因素

（一）侵权数量

某软件公司的原审诉讼请求为赔偿经济损失2612827元，其提供的计算方式为13套已查明的涉案软件乘以其售价。同时，某软件公司在原审中明确请求法院全额支持其主张的赔偿数额，并认为其实际损失按22套涉案软件计算为400余万元，远高于其主张的赔偿数额。

最高人民法院认为，结合当事人的诉讼主张，某软件公司的诉讼请求为主张某福公司赔偿经济损失2612827元，其陈述的具体计算方式是对该赔偿请求的具体理由说明，属于诉讼理由，不应据此认定其已放弃针对9台未保全电脑所涉侵权行为提出赔偿请求。

二审中，某软件公司进一步明确其从未放弃针对9台未保全电脑的侵权和赔偿主张。结合本案某福公司抗拒证据保全的事实和某软件公司的诉讼主张，本院认为，确定本案侵权损害赔偿时应当对9台未保全电脑一并予以考量。最高人民法院推定9台未保全的电脑上均安装了涉案软件，故某福公司至少复制了22套涉案软件。

（二）涉案软件的价格

某软件公司的NX软件适用于工业制造，具有一定知名度，其原审提交的证据显示不同版本的NX软件售价从15万元到20万元不等，经济价值较高。虽然某软件公司提供的软件售价中包含了安装、培训、咨询、维护、升级等售后服务，但是即便扣除某软件公司售后服务的价值，按照每套软件某软件公司平均损失12万元计算，22套软件的总损失业已达到264万元。

（三）某福公司的侵权情节

本案中，在一审法院已经向某福公司释明若阻碍证据保全将推定其安装了涉案软件并承担相应不利后果的情况下，某福公司仍然采取对抗措施，通过拒不打开部分电脑、断电、扣留法院相机、阻止法院人员离开等方式阻碍一审法院证据保全工作，致使一审法院对其他9台电脑未完成保全，某福公司在本案中具有无正当理由阻碍法院证据保全的行为，其情节较为严重。

三、阻碍证据保全行为的法律后果及损害赔偿的确定

《最高人民法院关于民事诉讼证据的若干规定》第九十五条规定："一方当事人控制证据无正当理由拒不提交，对待证事实负有举证责任的当事人主张该证据的内容不利于控制人的，人民法院可以认定该主张成立。"

任何单位或者个人以暴力、威胁或者其他方法阻碍司法工作人员执行职务，不但严重违反了诉讼诚信的基本原则，而且是一种严重妨害民事诉讼的行为，在确定具体赔偿数额时应对此情节予以考虑。本案中，在已经确认部分已保全电脑安装了涉案软件的情况下，根据上述司法解释的规定，应推定一审法院未能保全的9台电脑亦安装了涉案软件。本案中，侵权软件数量、正版软件售价等案件事实较为清楚，故可以根据著作权人因侵权行为受到的实际损失来计算损害赔偿数额。在一审法院保全了17台电脑且其中13台电脑显示安装有涉案软件后，某福公司突然采取对抗措施，导致其余9台电脑未完成保全。最高人民法院由此推定9台未保

全的电脑上均安装了涉案软件，故某福公司至少复制了22套涉案软件。

在案证据能够证明某软件公司的实际损失已经明显超出法定赔偿额上限，且其主张的损害赔偿数额具有事实基础和法律依据，因此，最高人民法院对某软件公司的损害赔偿请求和合理支出予以全额支持。

撰稿人：李洪磊

电商平台显示的产品库存量能否作为确定赔偿数额的依据

在计算被告侵权获利数额时，电商平台显示的产品库存量能否作为确定赔偿数额的依据？最高人民法院在本案例中对此问题进行了详细论述与说明。

一、案例导入

某骏公司以某盟公司、某峰公司未经许可使用某骏公司涉案专利的技术方案生产、销售的相关型号的无线路由器产品侵害了发明专利权为由，向福建省泉州市中级人民法院提起专利侵权诉讼，请求判令某盟公司、某峰公司停止侵权并赔偿经济损失及维权合理开支共计人民币1000万元。

一审法院经审理认为，被诉侵权产品落入涉案专利权保护范围。销售商某峰公司合法来源抗辩成立，不承担赔偿责任。判决某盟公司、某峰公司立即停止侵害某骏公司涉案专利权的行为；并综合考虑制造商某盟公司的净利润情况、落入专利权保护范围的产品型号数量、被诉侵权产品的网络销售情况以及侵权持续时间等因素，判决某盟公司赔偿某骏公司经济损失及维权合理开支1000万元。

某盟公司不服，向最高人民法院提起上诉，主张被诉侵权产品的使用过程不落入涉案专利权保护范围，并且一审判决确定的赔偿额不当。最高人民法院经审理后判决驳回上诉，维持原判。

本文只探讨该案件中赔偿数额的参考依据——电商平台显示的产品库存量能否作为确定赔偿数额的依据这一问题。

最高人民法院二审认为，在专利侵权诉讼中，权利人已尽积极举证义务，依据其提交的与侵权获利有关的证据并在此基础上进行的合理推算能够支持其所主张的赔偿数额的，人民法院应予以支持。被诉侵权人对此持有异议的，应提交足以推翻前述事实的反证，即其提交的相关反证，不仅要能否定前述依据专利权人提交相关证据所认定的事实，还要能够证明其实际侵权获利的事实。

人民法院也可以责令被诉侵权人提交能够真实、完整反映被诉侵权规模基础事实的相应证据材料。被诉侵权人怠于举证或举证不充分的，应当承担相应的不利后果。

权利人某骏公司举证情况：

1.来源于中国证监会官方网站的《辅导报告》，用于证明某盟公司整体盈利状况；

2.公证部分某宝和某猫销售平台店铺情况，用于证明部分被诉侵权产品型号（共10款）在某宝和某猫平台销售和库存数量；

3.公证某盟公司官方网站、某宝、某东等电商平台情况，用于证明某盟公司在某骏公司提起本案诉讼之后，在某盟公司的官方网站、某宝、某东等电商平台上还存在介绍和销售被诉侵权产品的情况；

4.经过国家知识产权局备案登记的涉案专利的《专利许可合同》；

5.某骏公司自行从互联网上检索，用于反映某盟公司具有参与网络终端设备线下招投标的经营行为的相关信息汇总表。

二、最高人民法院对1000万元判赔金额的认定

最高人民法院认为从某骏公司提供的证据的来源、可信度、时间跨度、数量等情况来看，可以认定某骏公司在本案中就其所主张的侵权赔偿已经履行了其积极举证的义务。

根据某骏公司提交的11份相关公证书所显示的某峰公司等多家经销商所经营的部分被诉侵权产品在某宝和某猫平台的销量和库存情况来看：涉案59款被诉侵权产品中的10款路由器产品在某宝、某猫电商平台上的累计销售金额达到280多万元、相应的库存金额接近4000万元；涉案专利的《专利许可合同》所约定的某骏公司许可给第三人的许可费25元/台，上述公证书所记载的10款被诉侵权的路由器产品的销量和库存总量为80631台，约为201万元。在以上依据公证书及备案《专利许可合同》可以直接确定的某盟公司的部分侵权获利、某骏公司的部分许可费损失合理倍数的基础上，再考虑以下几个方面。

（1）前述计算基础仅为涉案59款被诉侵权产品中的10款路由器，且基本为2015年度取证数量（有些销量仅是当月销量）；（2）除了通过多级代理商在电商平台销售被诉侵权产品之外，不排除某盟公司通过线下直销代销、工程项目投标

等方式销售侵权产品的可能性（某骏公司对此提交了来源于互联网的招投标信息检索汇总表）；（3）涉案《专利许可合同》已经国家知识产权局备案登记具有公示效力，涉案专利所属技术领域中的专利许可行为属于业界惯例，并无证据显示被许可人深圳某涯网络科技有限公司与某骏公司之间存在关联关系；（4）以部分型号被诉侵权产品的网上销售状况和涉案专利的许可合同为基础得到的某盟公司侵权获利和某骏公司许可费损失的数额。

综上，可以合理推算并认定某骏公司本案中主张的1000万元赔偿数额具有事实基础。

三、电商平台显示的产品库存量能否作为确定赔偿数额的依据

某盟公司主张本案中电商平台上显示的库存产品仍是属于许诺销售状态，某盟公司和各经销商只需承担停止侵权的责任，不应对此承担赔偿责任。对此，最高人民法院认为，本案所涉各经销商系被诉侵权产品在电商平台上的独立的销售主体，其库存数量相对于某盟公司而言即为某盟公司的销售数量，故某盟公司关于其对于电商平台上显示的库存产品不应承担赔偿责任的主张不能成立。

四、某盟公司应就其怠于举证承担不利后果

某盟公司在本案中存在怠于提交其所掌握的能够反映其真实侵权规模的相关证据的情形。原审法院于2018年10月17日的庭审中，责令某盟公司在此次庭审后20个工作日内提交与被诉侵权产品有关的财务报表、销售台账、利润报表等相关材料，但某盟公司并未提交。在原审法院据此适用相关司法解释对某骏公司的1000万元赔偿予以全额支持且其并不存在无法提交其掌握的与侵权规模有关证据的客观障碍的情况下，二审中某盟公司仍然未积极提交相关的财务账簿等资料。因此，某盟公司应承担怠于举证的不利后果。

五、结语

通过本案件最高人民法院明确了电商平台显示的产品库存量能否作为确定赔

偿数额的依据这一问题，即当涉案经销商为被诉侵权产品在电商平台上的独立的销售主体时，其库存数量相对于侵权公司而言即为侵权公司的销售数量，也要一并作为承担赔偿责任的依据。

撰稿人：李洪磊

收到协助执行通知书应该怎么办

协助执行，是指人民法院在执行过程中，依法向有关单位和个人等发出协助执行文书，要求有关单位和个人等协助法院查封、扣押、扣划、提取、冻结有关款物的行为。

协助执行通知书是人民法院出具的法律文书，对象一般为被执行人的金钱给付义务人。实务中，如果当事人涉及诉讼程序，并进入强制执行阶段，申请执行人已向法院申请强制执行，要求对被执行人采取强制执行措施。申请执行人知悉并向法院提供第三方负有给付该被执行人金钱义务，且希望法院要求该第三方协助执行的，法院会向该第三方出具协助执行通知书。任何单位和个人在收到法院的协助执行通知书后，都有义务承担协助义务，否则，可能面临罚款和拘留，情节严重的，还可能被追究刑事责任。

一、案例导入

漳平市人民法院在执行涉某有限公司系列案的过程中，执行法官依法向承租该被执行人厂房的漳平市某木业有限公司、龙岩某水泥制品有限公司、中铁某集团第三工程有限公司、漳平市某体育材料有限公司、漳平市某铸造厂发出协助执行通知书，要求上述单位协助提取、缴纳厂房租金到法院账户，但上述单位不予协助仍擅自支付给被执行人租金。漳平市人民法院遂再次向上述协助单位发出责令追缴通知书，责令其予以追回并继续存入后续厂房租金，且告知拒不协助执行应承担的法律责任，相关协助单位仍旧未予协助履行。鉴于上述协助单位拒不履行协助执行义务，其行为已严重影响执行工作的有序进行，漳平市人民法院依法作出处罚决定。漳平市某木业有限公司、龙岩某水泥制品有限公司、中铁某集团第三工程有限公司、漳平市某体育材料有限公司、漳平市某铸造厂共5家单位因拒不履行协助执行义务，漳平市人民法院对其分别罚款20万元、20万元、10万元、10万元、10万元，合计70万元，上述5家单位因其拒不协助执行行为付出了惨痛代价。

二、协助执行通知书与履行到期债务通知书的区别

根据《最高人民法院关于人民法院执行工作若干问题的规定（试行）》第四十五条的规定："被执行人不能清偿债务，但对本案以外的第三人享有到期债权的，人民法院可以依申请执行人或被执行人的申请，向第三人发出履行到期债务的通知……"据此，到期债务履行通知书，是指被执行人怠于对第三人行使债务的请求权，导致申请执行人的债权无法实现，申请执行人可以请求人民法院对第三人发出到期债务履行通知书。因此，如果被执行人不清偿债务，执行申请人请求人民法院执行被执行人的到期债权的，人民法院应当向第三人即被执行人的债务人发出履行到期债务通知书，而不是协助执行通知书。

三、扣留、提取的正确解读

扣留、提取被执行人的收入，是人民法院在执行工作中经常使用的措施，是对被执行人清偿所欠债务的有效手段。在被执行人未按执行通知履行法律文书确定的义务，也没有储蓄存款，其他财产又不宜变卖的情况下，人民法院有权扣留、提取被执行人的收入。这是对被执行人的收入采取的执行措施，适用于以金钱为内容的法律文书。扣留被执行人的收入，是指人民法院依法强制留置被执行人的收入，禁止其领取的执行措施。提取被执行人的收入，是指人民法院依法支取被执行人的收入，并转交给权利人的执行措施。

四、立即停止向被执行人支付

收到法院出具的协助执行通知书的，无论如何，必须谨记一点：自收到协助执行通知书之日起，立即停止向被执行人支付。如果协助人擅自向被执行人支付，那么协助人将面临的法律风险包括：（1）限期追回，《最高人民法院关于人民法院执行工作若干问题的规定（试行）》第三十条规定：有关单位收到人民法院协助执行被执行人收入的通知后，擅自向被执行人或其他人支付的，人民法院有权责令其限期追回；逾期未追回的，应当裁定其在支付的数额内向申请执行人承担责任；（2）罚款处罚，《民事诉讼法》第一百一十七条规定，有义务协助调查、执行的单

位接到人民法院的协助执行通知书后，拒不协助扣留被执行人的收入、办理有关财产权证照转移手续、转交有关票证、证照或者其他财产的人民法院除责令其履行协助义务外，并可以予以罚款。人民法院对有前款规定的行为之一的单位，可以对其主要负责人或者直接责任人员予以罚款；对仍不履行协助义务的，可以予以拘留；并可以向监察机关或者有关机关提出予以纪律处分的司法建议。

五、提出执行异议

当事人收到协助执行通知书后，除了立即停止向被执行人支付外，如果对协助执行通知书中的全部或部分要求有异议的，应尽快向法院出具书面的异议书。《民事诉讼法》第二百三十二条规定：当事人、利害关系人认为执行行为违反法律规定的，可以向负责执行的人民法院提出书面异议。当事人、利害关系人提出书面异议的，人民法院应当自收到书面异议之日起十五日内审查，理由成立的，裁定撤销或者改正；理由不成立的，裁定驳回。当事人、利害关系人对裁定不服的，可以自裁定送达之日起十日内向上一级人民法院申请复议。

撰稿人：张晓汉

用“因恶意提起知识产权诉讼损害责任纠纷”能否为自己“鸣冤”

2021年2月25日，北京知识产权法院在其微信公众号上发布“裁判赏析|恶意提起知识产权诉讼的司法认定”。2019年最高人民法院再审案件当中同样也将一篇商标权领域的“因恶意提起知识产权诉讼损害责任纠纷”评为优秀案例，该类案件为那些因恶意被起诉而造成经济损失的被诉者提供了维权的参考路径。

“因恶意提起知识产权诉讼损害责任纠纷”属于知识产权领域新类型的案件，该类案件一方面打破了知识产权领域所谓的“权利人”滥用己方权利，随意提起维权诉讼而造成被诉者巨大经济损失的惯例；另一方面也贯彻落实了司法案件应当遵循公平公正的理论方针。

在我们以前曾代理过的专利、商标领域的被诉案件当中，不乏也有权利人具有“恶意”之嫌疑，虽然我们曾建议客户在本诉结束以后可以提起损害赔偿之诉，但多被客户婉拒，笔者真的感觉非常惋惜。本文拟就一则经典案例进行分析，讨论一下“因恶意提起知识产权诉讼损害责任纠纷”的诉讼路径。

一、案例导入

接下来的这则案例，其历时时间长，案情也复杂，但相当精彩，为了让读者厘清其中的关系，我们特制作表6-1。

表6-1　案情概览

案由	因恶意提起知识产权诉讼损害责任纠纷		
当事人	江苏某讯数码电子有限公司　（原告，以下简称某讯公司） 山东某特智能科技股份有限公司　（被告，以下简称某特公司）		
一审	（2016）苏02民初71号	无锡中级人民法院	判决被告刊登消除影响声明并赔偿原告经济损失及合理开支100万元

续表

二审	（2017）苏民初1874号	江苏高级人民法院	维持
再审	（2019）最高法民申366号	最高人民法院	驳回某特公司再审申请

该案件是一起商标领域因恶意提起知识产权诉讼损害责任纠纷，为什么一审、二审法院，就连最高人民法院都认为某特公司起诉某讯公司的商标侵权纠纷具有主观恶意呢？这里面的历史缘由非常丰富。

某特公司其最早只是某国某达公司（前身为某德公司）的一个中国代工商。

在与某国某达公司结束合作后，某特公司在2004年将某国某达公司早就已经进入中国市场的品牌T某注册为了自己的商标，并在2007年获准注册。拥有了T某商标的某特公司，开始在中国范围内开展了对某讯公司、某国某达等公司的一系列维权活动。

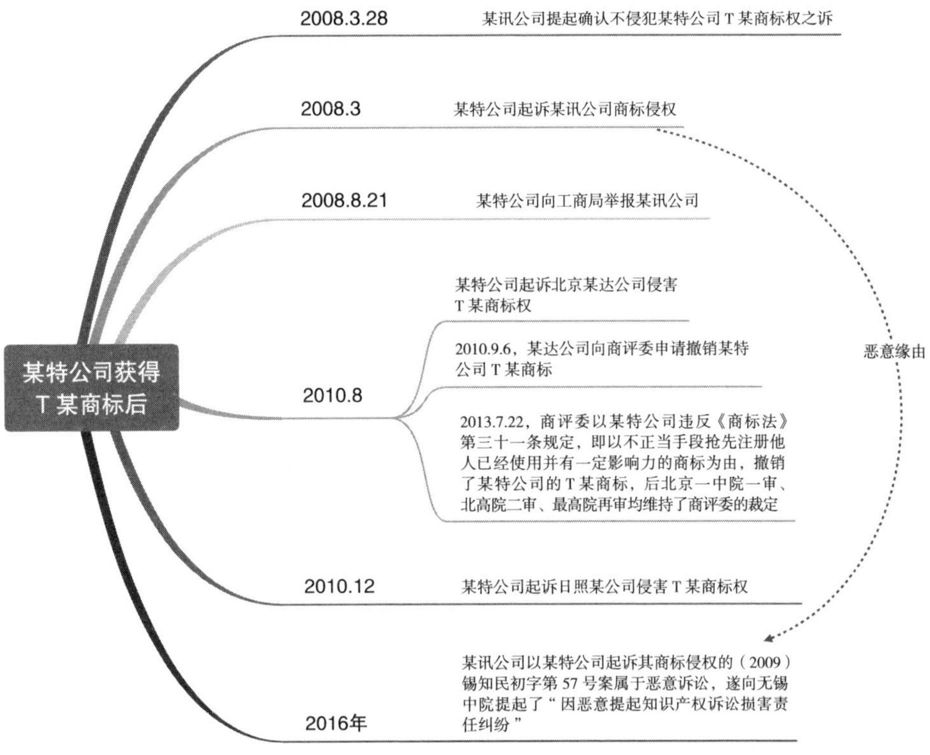

图6-1　某特公司商标权之争

在某讯公司、某达公司、日照某公司相继被某特公司起诉商标侵权之后，某达公司使出“撒手锏”，直接以《商标法》第三十一条的规定，向商评委申请撤销某特公司抢注的T某商标。而撤销程序虽然经过了商评委、一审、二审、再审4个阶段的审理，但是结果却保持了一致。无论是商评委还是法院，都认为某特公司申请T某商标是以不正当手段抢先注册他人已经使用并有一定影响的商标，该商标也因此被撤销。至此，某特公司自始丧失了T某商标的所有权。

本案争议焦点为某特公司向某讯公司提起的（2009）锡知民初字第57号诉讼是否属于恶意诉讼？最高人民法院查明：在没有提出合理理由的情况下，北京某达公司提交的证据能够形成证据链，可以证明“T某”商标在争议商标（涉案商标）申请日之前已经构成他人在先使用并具有一定影响的商标，某特公司在知晓或者应当知晓“T某”系其合作伙伴在先使用并有一定知名度的情况下注册争议商标难谓善意。

二、最高人民法院裁判观点

1.判断某特公司是否存在恶意诉讼行为，应当从侵害行为、损害结果、侵害行为与损害结果之间的因果关系以及行为人的主观过错等几方面进行审查。

本案中，某特公司曾于2008年针对某讯公司提起商标侵权诉讼，并要求判令某讯公司赔偿经济损失612万元。后根据某特公司的申请，一审法院裁定准许其撤回起诉。在案证据显示，因第57号诉讼的提起，某讯公司产生了律师费等诉讼成本，并因停止生产销售T某商标商品的活动丧失了交易机会、导致物料及人工损失。因此，现有证据可以证明，本案中存在侵害行为、产生了损害结果，且侵害行为与损害结果之间具有因果关系，故本案关键在于，某特公司提起第57号诉讼的行为是否具有恶意。

2.判断某特公司提起第57号诉讼是否具有主观恶意，应当考虑如下因素。（见表6-2）

表6-2　第57号诉讼相关因素

考虑因素	法院认为
某特公司在第57号诉讼中的权利基础及其对该种权利基础的认识能力。	某特公司于2008年启动第57号诉讼程序。2013年7月22日，商标评审委员会作出［2013］第23303号《关于第4359350号T某商标争议裁定书》（以下简称第23303号裁定），以构成《商标法》第三十一条所指"以不正当手段抢先注册他人已经使用并有一定影响的商标"为由，将作为第57号诉讼权利基础的第4359350号T某商标（涉案商标）予以撤销。后历经三级法院的司法审查程序，本院于2014年12月15日作出（2014）知行字第93号行政裁定，驳回某特公司的再审申请。至此，涉案商标自始不具有法律效力，且相关判决认为，基于某国某达公司的T某商标在涉案商标申请日之前已经具有的知名度，某特公司申请注册涉案商标的行为难谓善意。**由此可见，基于生效判决的明确认定，涉案商标权自始不具有正当性基础，且在权利取得之初，某特公司对于其权利基础的正当性即应当具备相应的认识能力。**
某特公司提起第57号诉讼的目的。	根据原审法院查明的事实，某特公司与某讯公司曾先后接受某德公司的委托，为其加工酒店电话机产品，系具有竞争关系的同行业经营者。结合已为生效判决确认的事实，即作为第57号诉讼权利基础的涉案商标，系**某特公司"以不正当手段抢先注册他人已经使用并有一定影响的商标"**，以及某特公司在提起第57号诉讼之前，即在其网站上宣传"作为国际上与某达、T某齐名的三大酒店电话机品牌之一，某特在产品和服务上一直追求领先"，并先后对某国某达公司及其代工企业提起侵害商标权之诉等事实，**确难认定某特公司是以依法维权为目的、正当行使其诉讼权利的行为。**

三、恶意诉讼行为的判断

本案经过无锡中院一审、江苏高院二审以及最高人民法院再审，三级法院的司法程序均认定某特公司针对某讯公司提起的"57号诉讼"为恶意诉讼，认定逻辑其实是比较简单的。

本案是为恶意提起知识产权诉讼损害责任纠纷，其本质上为侵权责任纠纷的一种具体类别。判断行为人是否需要为提起恶意诉讼承担侵权责任，首先要判断其提起的“前侵权诉讼”是否属于因恶意提起知识产权诉讼。而判断是否属于恶意诉讼行为，应当从以下几个方面来进行判断。（见图6–2）

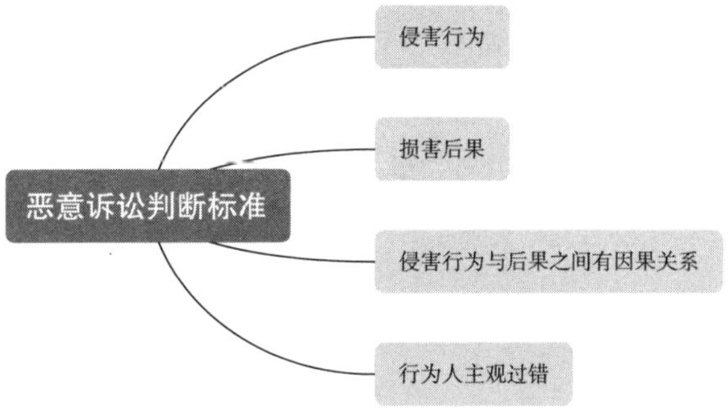

图6-2　恶意诉讼判断标准

结合本案进行分析可以清楚地知道法院的认定逻辑，如图6–3所示。

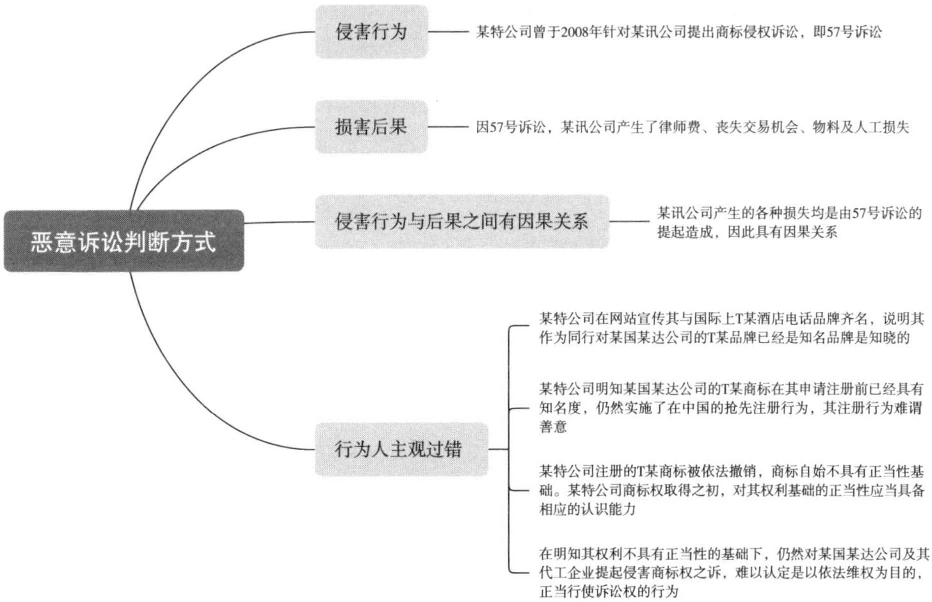

图6-3　本案中恶意诉讼的判断方式

法院通过以上4个方面确认了某特公司在申请注册T某商标时具有恶意，认定其在提起57号诉讼时对其权利基础的正当性应当具备相应的认识能力。在此基础上，某特公司甚至对其曾经合作的某达公司及其代工企业均提起了侵害商标权之诉，有的还进行了工商举报。我们认为，这一系列行为无论是从主观上还是客观上，都很难证明其具备善意。

而我们分析，某特公司之所以在申请注册了T某商标之后进行了大量的商标侵权诉讼，反映了一个企业经常出现的认知错误，那就是认为一旦自己的商标被核准注册，就觉得一切都万事大吉了。且不知商标行政程序当中还有可能会面临被无效、被撤销等窘境，而一个商标被撤销、被无效以后，就视为该商标自始不存在，缺乏权利基础之后的行为皆有可能发生反转。注册商标也好，维权诉讼也罢，权利人都应当首先审视自己的权利是否具有正当性，否则到头来不仅竹篮打水一场空，自己也成了小丑。

撰稿人：聂丽敏

知识产权惩罚性赔偿适用应以什么为前提

对于知识产权行业人员来讲，2020年是砥砺奋进的一年，在《著作权法》修改尘埃落定后，关于知识产权惩罚性赔偿制度的规定预示着知识产权的春天似乎已经到来，有人认为今后一段时期内知识产权赔偿金额会有大幅提升。为了更好地理解和认识惩罚性赔偿制度在司法实践中适用的难点，本文将从惩罚性赔偿概念、规定、司法实践中的运用，尤其是惩罚性赔偿的适用难点等几个方面进行探讨。

一、惩罚性赔偿的概念

惩罚性赔偿又称示范性赔偿或报复性赔偿，是指由法庭所作出的赔偿数额超出实际损害数额的赔偿。惩罚性赔偿是加重赔偿的一种原则，目的是在针对被告故意的侵权行为造成的损失进行弥补之外，对被告进行处罚以防止将来重犯，同时也达到惩戒他人的目的。早期，我国的《消费者权益保护法》为了保护消费者并约束生产者和经营者，确定了惩罚性赔偿。食品安全法特别规定了十倍的惩罚性赔偿规定。

我国目前的知识产权赔偿主要是补偿性赔偿，数额的确定依据是权利人实际损失、侵权获益、许可使用费等，在无法举证证明前述计算依据的情况下，由法院依法酌情确定赔偿金额。惩罚性赔偿依附于补偿性赔偿，在补偿性赔偿的基础上加上一定数额或比例的惩罚性赔偿金，就是惩罚性赔偿。

二、惩罚性赔偿的相关规定

2018年11月5日，在首届中国国际进口博览会开幕式上，习近平主席的主旨演讲掷地有声，向世界传递了中国依法严格保护知识产权的坚定立场和鲜明态度。“中国将保护外资企业合法权益，坚决依法惩处侵犯外商合法权益特别是侵犯知识产权行为，提高知识产权审查质量和审查效率，引入惩罚性赔偿制度，显著提高违法成本。”

在法律层面，为加强对知识产权的保护，提高侵权违法成本，2020年知识产权惩罚性赔偿规定引入《民法典》,《民法典》第一千一百八十五条规定：“故意侵害他人知识产权，情节严重的，被侵权人有权请求相应的惩罚性赔偿。”并且在2020年或之前,《商标法》《专利法》《著作权法》三大知识产权单行法及《反不正当竞争法》均对惩罚性赔偿制度进行了规定。经2019年4月23日第十三届全国人大常委会第十次会议修改，自2019年11月1日起施行的《商标法》第六十三条第一款规定：“侵犯商标专用权的赔偿数额，按照权利人因被侵权所受到的实际损失确定；实际损失难以确定的，可以按照侵权人因侵权所获得的利益确定；权利人的损失或者侵权人获得的利益难以确定的，参照该商标许可使用费的倍数合理确定。对恶意侵犯商标专用权，情节严重的，可以在按照上述方法确定数额的一倍以上五倍以下确定赔偿数额……”

经2020年11月11日第十三届全国人民代表大会常务委员会第二十三次会议《关于修改〈中华人民共和国著作权法〉的决定》第三次修正，自2021年6月1日起施行的《著作权法》第五十四条规定：“侵犯著作权或者与著作权有关的权利的，侵权人应当按照权利人因此受到的实际损失或者侵权人的违法所得给予赔偿；权利人的实际损失或者侵权人的违法所得难以计算的，可以参照该权利使用费给予赔偿。对故意侵犯著作权或者与著作权有关的权利，情节严重的，可以在按照上述方法确定数额的一倍以上五倍以下给予赔偿。权利人的实际损失、侵权人的违法所得、权利使用费难以计算的，由人民法院根据侵权行为的情节，判决给予五百元以上五百万元以下的赔偿……”

经中华人民共和国第十三届全国人民代表大会常务委员会第二十二次会议于2020年10月17日通过，自2021年6月1日起施行的《专利法》第七十一条规定：“侵犯专利权的赔偿数额按照权利人因被侵权所受到的实际损失或者侵权人因侵权所获得的利益确定；权利人的损失或者侵权人获得的利益难以确定的，参照该专利许可使用费的倍数合理确定。对故意侵犯专利权，情节严重的，可以在按照上述方法确定数额的一倍以上五倍以下确定赔偿数额。权利人的损失、侵权人获得的利益和专利许可使用费均难以确定的，人民法院可以根据专利权的类型、侵权行为的性质和情节等因素，确定给予三万元以上五百万元以下的赔偿……”

经2019年4月23日第十三届全国人大常委会第十次会议修改通过的《反不正当竞争法》第十七条规定："经营者违反本法规定，给他人造成损害的，应当依法承担民事责任。经营者的合法权益受到不正当竞争行为损害的，可以向人民法院提起诉讼。因不正当竞争行为受到损害的经营者的赔偿数额，按照其因被侵权所受到的实际损失确定；实际损失难以计算的，按照侵权人因侵权所获得的利益确定。经营者恶意实施侵犯商业秘密行为，情节严重的，可以在按照上述方法确定数额的一倍以上五倍以下确定赔偿数额……"

在行政法规方面。经2019年10月8日国务院第66次常务会议通过，自2020年1月1日起施行的《优化营商环境条例》，其中在知识产权方面，该条例第二章第十五条第一款明确规定："国家建立知识产权侵权惩罚性赔偿制度，推动建立知识产权快速协同保护机制，健全知识产权纠纷多元化解决机制和知识产权维权援助机制，加大对知识产权的保护力度。"

上述法律法规的规定凸显了知识产权惩罚性赔偿制度的重要性。

三、司法实践中对于惩罚性赔偿的应用

2020年3月26日，杭州互联网法院对北京某动科技有限公司、北京某界科技有限公司与杭州某抖商公司、杭州某抖友公司、某科技公司、杨某商标侵权及不正当竞争纠纷、著作权侵权纠纷两案进行了公开宣判。

本案中杭州某抖商公司、某科技公司、杨某分别在"某抖商大会"、微信公众号、个人微博号、QQ号等平台多角度进行商标侵权虚假宣传等行为，且恶意重复侵权，侵权时间持续较久，故应当承担惩罚性因素的赔偿代价。法院综合考量上述因素，为确定赔偿数额时体现一定的惩罚性，最终判令杭州某抖商公司、某科技公司、杨某就诉争商标侵权行为共同赔偿北京某动科技有限公司150万元；杭州某抖商公司、某科技公司、杨某就诉争不正当竞争行为共同赔偿北京某动科技有限公司、北京某界科技有限公司50万元。此案系《商标法》2019年修正实施后杭州首例适用知识产权惩罚性赔偿的案件。

2019年9月6日下午，上海市浦东新区人民法院公开宣判，认定被告侵权获利逾100万元，且其商标侵权行为符合《商标法》关于惩罚性赔偿的适用要件，于是判决全额支持原告诉请。据了解，本案系上海首例知识产权侵权惩罚性赔偿案件。本案中，法院查明被告获利在101万—139万元之间。且被告曾因涉嫌侵害原告其他商标及专

利权利而被原告警告，后与原告签署和解协议承诺不再从事侵权活动，却又再次被发现实施涉案侵权行为。被告原样仿冒原告的商标和产品，通过线上、线下多种渠道销售，且产品还存在质量问题，其行为符合惩罚性赔偿关于“恶意”和“情节严重”的适用要件，法院最终确定了三倍的惩罚性赔偿比例。因侵权获利的三倍已超过300万元，超过原告主张的赔偿金额，遂判决全额支持原告诉请。

北京知识产权法院在“某乐”商标侵权纠纷案认定被诉侵权商品的生产者、销售者作为权利商标核定使用商品的同行业经营者，在其先前申请的商标因与他人在先注册商标构成近似商标被驳回后，仍然在所生产、销售的相同商品上使用与权利商标近似的商标，且进行广泛销售、获利数额巨大，则属于主观恶意明显、侵权情节严重的情形，应按照其侵权获利数额的三倍赔偿损失。此外，法院在本案中根据当事人申请依法向有关电商平台调取了被告涉案网店经营情况的证据，并结合被告自己提交的财务数据，对侵权人因侵权所获得的利益进行了精确的计算。本案对于恶意侵犯知名品牌的行为加大惩罚力度，充分体现了适用惩罚性赔偿条款“显著提高违法成本”的导向，将为类似案件的审理提供参考和借鉴。

通过阅读上述案例的判决文书可以得知，法院在适用惩罚性赔偿时，对于赔偿“基数”的确定采取了不同的认定方式，但无论何种方式确定均是在确定“基数”后，根据侵权方的“恶意”程度适用不同的惩罚倍数进行裁决。可见，如何确定赔偿基数仍然是赔偿数额高低的决定因素。知识产权律师应做的是放弃对知识产权损害赔偿的高度期待，在掌握了解知识产权损害赔偿现实复杂性的基础上，不断丰富证明手段，加强妨碍证据规则运用，引入审计、会计等专业鉴定以此促进知识产权评估制度的完善，为知识产权损害赔偿问题的解决奠定基础。

四、适用惩罚性赔偿应以相关基数为准

下面我们将通过若干案例加以实证分析，通过以下案例分析各地法院如何落实妨碍证据规则，合理降低证明标准并采纳多元证据方法，不断丰富证明手段以达到惩罚性赔偿规定的立法目的。

在原告某克木业（中山）有限公司与被告浙江某克地板有限公司等侵害商标权纠纷案[1]中，法院通过权利人的实际损失认定损害赔偿基数。法院首先认定侵权行

① 江苏省苏州市中级人民法院（2016）苏05民初41号。

为和原告内销收入的减少之间存在直接的因果关系，在此基础上，法官开创性地对原告实际损失的组成部分进行了梳理。法官指出，该案中，原告的实际损失包括若干部分，如因销售流失而损失的利润、因价格侵蚀而损失的利润、商誉的损害等。所谓“因销售流失而损失的利润”，就是传统意义上的直接损失。对于本案被侵权产品的净利润率，即原告自身的利润率，法官通过参照原告以及与原告业务结构、经营状况近似的另一家地板类产品公司的净利润而确定；对于因价格侵蚀而损失的利润，法官通过降价地板的销售总量乘以每平方米地板降价的单价而计算得出。对于原告的商誉损害，法官认为，可以考虑原告消除影响所需费用以及侵权行为的程度、发生范围和产生的损害后果等多方面因素进行确定。在上述因素的基础上，法官以实际损失作为基数加倍计算得到的惩罚性赔偿数额，已经超过了原告提出的1000万元的赔偿请求，因此，法院对原告的赔偿请求予以了全额支持。

在某书馆有限公司与某学出版社有限责任公司侵害商标权及不正当竞争纠纷案①中，法院认为国家新闻出版广电总局网站公布的《2014年内地上市的出版企业年度经营情况分析报告》显示，2014年7家内地上市的出版企业中，5家企业盈利、2家企业亏损，上市出版企业的年度平均净资产收益率为11.29%。最终，法院通过上述平均净资产收益率，计算得出侵权产品的单位利润率。

在原告迪某公司等与被告某农业机械有限公司等侵害商标权纠纷案②中，在赔偿基数的确定方面，法院根据侵权商品销售量与侵权商品单位利润乘积，计算得出侵权获利。该案原告主张两种赔偿数额的计算方式：一是按照公证购买及工商查处的侵权产品数量、价格推算（三被告的侵权获利为人民币438万元），二是按照被告在商标无效诉讼中自己提交的销售证据进行推算。法庭充分释明，被告并未就赔偿数额的计算提出自己的依据及计算方式，故应当支持原告主张；另外，对于侵权商品的单位利润，可以结合案外同类产品或者按照注册商标商品的单位利润计算。

在原告某米科技有限责任公司等与被告中山某腾电器有限公司等侵害商标权纠纷案③中，法院根据原告以电商平台各网店中商品评论数量作为销售量进行的统计，以及电商平台后台对部分网店销售量的统计数据，确信被告侵权商品销售总

---

① 北京知识产权法院（2016）京73民初277号。

② 北京知识产权法院（2016）京73民初93号。

③ 江苏省南京市中级人民法院（2018）苏01民初3207号。

额超过83157636元。在侵权商品单位利润的确定上，法院根据国内两大电器上市公司的年度报告（小家电行业毛利率为29.69%～37.01%），以该两上市公司小家电毛利率的中间数33.35%作为被告制造、销售被控侵权产品的利润率。

在广州市某日燃具有限公司与陕西某博贸易有限责任公司等侵害商标权纠纷、不正当竞争纠纷①中，法院认为，被告违反证据提交命令，构成举证妨碍，可以参考原告主张和提供的证据确定赔偿数额。据此，法官还考虑了原告的销售损失，包括五省区销售额减量；被告的侵权规模，如被告争议产品委托制造厂家多达10家，备案的争议产品型号多达149种等；被告的侵权恶意显著；行业利润率，厨电行业整体毛利率约为41%；原告支付的广告费，该案中，原告为了消除不良影响支出了大量广告费，当年的广告费总计达1745万元。综合上述因素，法院对原告提出的5000万元赔偿的诉请予以全额支持。

在原告某世界纪录有限公司与被告某瑞汽车股份有限公司、安徽某瑞汽车销售有限公司侵害商标权纠纷案中，在赔偿基数的确定方面，法院认为原告实际损失和被告侵权获利均无法确定，可参照世界纪录认证服务费中所包含的商标许可使用费确定损害赔偿数额，具体计算方式为：单场商标许可使用费×涉案活动数量=总商标许可费。据此，法院酌定一场世界纪录认证活动的商标许可使用费为6万元，同时两被告在全国16个城市举办涉案活动，因此总商标许可费为6×16=96万元。法院据此计算基数，并根据被告恶意和情节严重程度，最终确定二倍的赔偿额，即96×2=192万元。

基于以上实证分析可知，在知识产权侵权案件中，目前只有当可以根据“原告因侵权所受损失”“被告因侵权所获利益”或“许可费倍数”确定损害赔偿金额时，惩罚性赔偿才有可能适用。上述基数均依赖于充分可靠的证据证明，但知识产权损害赔偿证据往往难以通过公开渠道获得，加之实践中很多侵权行为人采取各种方式隐藏其侵权行为，更进一步增加了权利人取证的难度。

五、客观地认识和评价惩罚性赔偿制度

相关报道称对于知识产权专业律师来讲，将迎来又一个发展契机。虽然目前来讲，相比于在其他领域，惩罚性赔偿在知识产权诉讼领域的应用还比较少见，

① 广州知识产权法院（2017）粤73民初2239号。

但在国家正在大力推进知识产权发展的背景下，利用惩罚性赔偿制度来加大侵权代价已经成为共识，知识产权专业发展的黄金时代已经到来。可见，知识产权惩罚性赔偿制度作为新生事物，社会公众乃至许多知识产权纠纷当事人，对这一制度的概念、内涵和判决预期还存在过高期待。近年来，学术界和司法实务界持续关注惩罚性赔偿，随着研究的深入，我们不难发现，实践中知识产权惩罚性赔偿的适用案例很少，主要原因则在于赔偿基数的确定难问题。

大量数据统计显示，大多数的知识产权诉讼案件都通过法定赔偿而非惩罚性赔偿来处理。事实上，对损害赔偿的高度期待是有悖于现实的，这种期待源于对损害赔偿的现实复杂性的认识不足。实际上司法实务中多年存在的一个难题至今仍未得到解决，由于知识产权的无形性，许多法院在案件审理过程中，难以确定赔偿数额，这也就给惩罚性赔偿制度的适用带来了难题，即难以找到助其制度落地的"基数"与"系数"。即便有可能作为基数作为参考，法院仍持谨慎态度。在嘉兴某车业与河北某玩具侵害外观设计专利权纠纷案[①]中，系因被告某玩具首次被判赔6万元后再次实施相同侵权行为所致，其主观恶意程度较为明显，法院仍认为某车业未提供证据证明其因被侵权所受到的实际损失和被告某玩具因侵权所获得的利益，亦无专利许可使用费可供参照。被告某玩具曾因制造、销售、许诺销售被诉侵权儿童三轮车，被判决承担侵权责任。本案系因被告某玩具再次实施相同侵权行为所致，其主观恶意程度较为明显，故本院根据原告某车业涉案专利权的类型，被告某玩具的经营方式及规模，被告制造、销售、许诺销售被诉侵权儿童三轮车的事实及主观恶意程度，综合考量各相关因素，酌情确定被告赔偿原告经济损失及合理开支的数额共计12万元。法院在首次判赔基础上再次以二倍进行判赔，仍没有实施惩罚性赔偿明文表述，而是坚持酌定性赔偿。

惩罚性赔偿是在"填平"损失的基础上加倍赔偿，那么，确立基数就是首要的任务。从我国目前各个知识产权单行法的具体规定看，对惩罚性赔偿的表述均紧跟在关于几种侵权损害赔偿额计算方式的规定之后作为同一款，而法定赔偿的计算方式则以另一款规定。以《专利法》为例，其第七十一条第一款规定："侵犯专利权的赔偿数额按照权利人因被侵权所受到的实际损失或者侵权人因侵权所获得的利益确定；权利人的损失或者侵权人获得的利益难以确定的，参照该专利许可使用费的倍数合理确定。对故意侵犯专利权，情节严重的，可以在按照上述方法确定数额的

① 河北省高级人民法院（2019）冀民终246号。

一倍以上五倍以下确定赔偿数额”。第七十一条第二款规定：“权利人的损失、侵权人获得的利益和专利许可使用费均难以确定的，人民法院可以根据专利权的类型、侵权行为的性质和情节等因素，确定给予三万元以上五百万元以下的赔偿。”可见，对故意侵犯知识产权，情节严重的，各知识产权单行法的惩罚性赔偿条款表述均是“按照上述方法确定数额”的倍数确定赔偿额；按照文义解释，惩罚性赔偿具体数额的判定，应当是在依据实际损失或侵权所得或许可使用费倍数这几种方式计算得出的数额基础上加倍。不过，正如前面提到的，因当事人举证不足或无法得到法院采信、或有的直接主张按法定赔偿判赔，目前我国绝大多数知识产权侵权案件最终适用法定赔偿条款。换言之，若惩罚性赔偿适用的基数无法确定，该制度可能沦为空置；为此有必要强调权利人应当按已有的确定损害赔偿基数的几种计算方式，以及被控侵权人主观故意和侵权行为严重性等方面充分举证，不断丰富证明手段、落实妨碍证据规则、促进知识产权评估制度的完善，为知识产权损害赔偿问题的解决奠定基础，以便法院结合双方证据作出最终判定。权利人举证“按照上述方法确定数额”确定后并结合其恶意程度，进行惩罚性赔偿制度的确可以更为有效地打击侵权人。

可见，我们憧憬的知识产权高额赔偿并没有完全到来，但铺就了实现它的路径。

撰稿人：王现辉

知识产权诉讼取证注意事项及技巧

知识产权诉讼类案件中，证据保全形式离不开公证证据保全，通过公证获取的公证书及侵权实物（如有）可以作为被告实施侵权行为的重要证据。下面笔者结合自己在几起侵权类案件中形成的一些思路，谈几点对公证证据保全的认识。

一、公证种类方式

（一）现场购买公证

通过事先调查，了解到侵权门店具体信息后，在两名公证员的监督下购买侵权产品，并将整个购买过程进行证据保全，侵权产品一般会成为该案件固定被告侵权行为的核心证据。

（二）网页购买公证

1. 此类公证流程一般由两位公证员监督，有些公证处会采取录音录像的方式，正式取证前公证员都会与公证申请人沟通操作细节，并演练，按公证员要求操作即可。

2. 网上购买公证包括三个环节：购买公证、物流信息公证、取货公证。

3. 网上购买公证尽量要索要发票，如果没有正式发票，最好可以要求对方提供盖章的收据。

（三）网页证据保全

1. 此类公证是为了防止起诉后，该网页丢失或被改动。

2. 此类公证在两名公证员的监督下进行，将需要保全的网页截屏保留，最好可以对屏幕录像，并形成照片、视频记录，并刻盘保存。公证员都会与公证申请人沟通操作细节，并演练，按公证员要求操作即可。

（四）证件类公证

此类公证是为了防止证件原件丢失或便利多方同时使用，或者因原件体积大，不便携带，公证后携带公证书更方便快捷。比如，商标证、各类荣誉证书、奖杯，如果担心原件因多方使用丢失或者多方同一时间使用不便，可以进行此类公证，方便批量类案件的损失。另外一些不便携带、体积大的物品可以初步对于设备的部件及其连接有关系进行证据保全，为以后的现场勘验做准备。

二、公证取证的准备工作

按公证处要求准备公证材料：

•公证申请书；

•商标证或专利权证书；

•公证申请人证件；

•委托代理人证件。

例1：

公证申请及授权书

申请人：某某律师事务所

住所地：河北省石家庄市××西路×××号

负责人：×××

委托代理人：×××，男，居民身份证号：××××××××××××××××××。

×××系专利号ZL×××××××××××××、名称为“×××××××××”的专利权人，该专利至今处于有效状态。近期，×××发现有人在市场上销售同款的×××××××，经比对认为上述产品侵害了其实用新型专利权，该行为使其受到了巨大损失，为了减少其损失，维护其合法权利，×××与我所签订了委托代理协议，由我所代理其侵权纠纷案件，为了调查取证，我所授权×××为代理人，对市场购物的过程及货物公证，并向你处申请对取证行为办理保全证据公证。

申请人：某某律师事务所
负责人：×××
××××年××月××日

例2：

公证申请及授权书

申请人：×××

住所地：×××

法定代表人：×××

委托代理人：×××，×，居民身份证号：××××××××××××××××××。申请人为某单位安装了××套“××××××××××××”。现有人指出申请人安装的产品侵犯了其知识产权，于是申请人向法院提起了确认不侵害专利权之诉，现需要将申请人安装在某单位的“××××××××××××”进行拆除取证，已获得某单位的书面允许。

现申请人向河北省石家庄市燕赵公证处申请将上述拆样取证进行公证，并将拆除的“×××××××××××××××”进行保全封存。现授权×××为代理人，向你处申请对拆样取证行为办理保全证据公证。

申请人：×××
××××年××月××日

三、公证取证怎样算完成

（一）商标类案件

1. 如果仅是门店店招侵权，拍照取证即可。

2.如果商店销售的产品侵权，那么就需要对其门店进行拍照并购买侵权产品。

3.购买的话尽量索要发票或收据或小票、名片、电话及外包装等。

4.根据记忆或者相应的信息搜寻到营业执照信息。

（二）专利类案件

1.购买侵权产品。

2.索要发票或收据或销售单据、名片、电话等。

3.搜寻营业执照或公司信息等。

撰稿人：李洪磊

侵犯知识产权犯罪可否提起刑事附带民事诉讼

被害人由于侵犯知识产权犯罪行为而遭受经济损失的，是否可以在刑事诉讼中依法提起刑事附带民事诉讼，司法实践中一直没有确定的答案。

否定者认为不能在刑事诉讼中提起附带民事诉讼。依据系《最高人民法院关于适用〈中华人民共和国刑事诉讼法〉的解释》第一百七十五条第一款的规定，“被害人因人身权利受到犯罪侵犯或者财物被犯罪分子毁坏而遭受物质损失的，有权在刑事诉讼过程中提起附带民事诉讼……”否定论者认为根据上述规定，在知识产权刑事案件中，既不存在被害人的人身权利受到犯罪侵犯的情况，也不存在被害人的有形财物被犯罪分子毁坏的情况，依法不属于法院受理刑事附带民事诉讼的范围，故根据上述规定被害人无权提起附带民事诉讼，被害人只能另行提起民事诉讼。北京市、江苏省、广东省等多个省市的一些法院认同该观点，对知识产权刑事案件被害人提起的附带民事诉讼不予受理或者驳回起诉。

在司法实践中，也有一些法院对知识产权刑事案件被害人有权提起附带民事诉讼持支持态度，认为在当前知识产权审判“三合一”的背景下，这类案件统一由知识产权审判庭审理，有利于节约司法资源和统一裁判标准。例如，在笔者代理的曹某某等侵犯商业秘密案[①]中，法院就允许知识产权刑事案件被害人提起附带民事诉讼，该案法院最终以被告人不属于附带民事诉讼原告单位起诉管辖事项的适格被告为由驳回附带民事诉讼原告人的起诉。

支持知识产权刑事案件被害人有权提起附带民事诉讼观点的法律依据，包括《刑法》第三十六条第一款规定：“由于犯罪行为而使被害人遭受经济损失的，对犯罪分子除依法给予刑事处罚外，并应根据情况判处赔偿经济损失。”《刑事诉讼法》第一百零一条第一款规定：“被害人由于被告人的犯罪行为而遭受物质损失的，在刑事诉讼过程中，有权提起附带民事诉讼……”支持者认为知识产权虽然会涉及知识产权人身权利，但其本质上仍属于财产权，且为无形财产权，属于民法意义上的无体物。《最高人民法院关于适用〈中华人民共和国

---

① 河北省石家庄市裕华区人民法院（2016）冀0108刑初418号。

刑事诉讼法〉的解释》第一百七十五条第一款所规定的不仅限于有形财物被损毁，知识产权在内的无形财产也应被纳入其中。

例如，在熊某甲等假冒注册商标刑事附带民事诉讼案[①]中，湖北省宜昌市中级人民法院认为，被告人熊某甲伙同熊某乙在实施假冒注册商标犯罪中的非法经营数额达289572元，其行为构成假冒注册商标罪，且犯罪情节特别严重。熊某甲、熊某乙共同实施生产销售假冒某得注册商标的黏合剂产品的违法犯罪行为，侵犯了某得公司的注册商标专用权，应当对某得公司的损失予以赔偿，并酌情决定由熊某甲、熊某乙连带赔偿某得公司经济损失30万元，驳回某得公司的其他诉讼请求。湖北省高级人民法院认为，本案认定扣押和销售的假冒产品的价值只是确定熊某甲刑事责任的依据，但不能成为民事赔偿的标准。综合考虑熊某甲、熊某乙生产侵权产品的规模和时间、销售侵权产品的范围与价格、侵权行为的性质及后果等因素，一审酌情确定的经济损失30万元，符合法律规定，依法予以维持，但因剔除部分犯罪数额，对熊某甲的量刑予以变更。

在朱某假冒注册商标刑事附带民事诉讼案[②]中，浙江省义乌市人民法院认为，被告人朱某未经商标注册人许可，在同一种商品上使用与其注册商标相同的商标，情节严重，其行为已构成假冒注册商标罪。朱某归案后如实供述自己的罪行，依法可从轻处罚。朱某积极赔偿被害人的经济损失，依法可酌情从轻处罚。附带民事诉讼原告人某计公司的撤诉申请系真实意思表示，不违反法律规定，裁定准许某计公司撤回起诉。

综上，允许知识产权刑事案件被害人提起附带民事诉讼可以节省司法资源和统一裁判标准。如果不允许被害人提起附带民事诉讼，不仅严重耗费司法资源，而且可能会出现刑民审判事实认定不一致以及判决结果相互冲突的情形。

撰稿人：王现辉

① 湖北省高级人民法院（2011）鄂知刑终字第1号。

② 浙江省义乌市人民法院（2018）浙0782刑初2431号。

被诉侵权产品未标注生产日期时，生产时间的举证责任应如何分配

被诉侵权产品生产日期的举证责任分配一直是司法实践中争议的焦点问题。如被诉侵权产品没有标注生产日期的，生产时间的举证责任应由谁承担？笔者认为，如果权利人无法证明被诉侵权产品的生产日期，此时事实处于真伪不明的状态，依据法律应当作出对权利人不利的认定。

司法实践中，权利人与被诉侵权方签订调解协议时通常会约定，如果市场上再发现新生产的被诉侵权产品，应赔偿权利人高额损失。那么对于签订调解协议后，权利人在市场上新发现的侵权产品，产品的生产时间将成为案件的关键。标注生产日期的产品一目了然，责任清晰，但如果被诉侵权产品未标注生产日期的，生产时间的举证责任应如何分配？

在我们代理的原告岳某与被告康某某、河北某川钓具销售有限公司侵害商标权及不正当竞争纠纷一案[①]中，原告公证购买的被诉侵权产品"鱼饵"上无生产日期，此时举证责任的分配成为关键。我们在代理该起案件时认为原告从被告康某某处公证购买的侵权产品上绝大部分未标明生产日期，而侵权产品为鱼饵，应当为限期使用的产品，但该产品无生产日期，不符合《产品质量法》第二十七条关于生产日期的规定。对此，我们认为，产品的生产日期是查明案件的重要内容，生产日期应由生产者或销售者进行举证说明，如无法合理举证说明，则应承担相应的不利后果。但郑州市管城回族区人民法院最终没有采纳我们的意见，而是认定对于没有标注生产日期的产品，如果权利人认为是在相关日期后生产的，应根据"谁主张，谁举证"的原则承担举证责任。

在我们代理的另外一起上诉人某利公司与被上诉人安徽省某光实业公司侵害商标权纠纷一案中，权利人某光实业公司与被诉侵权方某利公司签订调解协议时约定，如果在调解协议约定的日期后，发现新生产的产品，被诉侵权方应

---

① 河南省郑州市管城回族区人民法院（2019）豫0104知民初239号。

赔偿侵权方20万元。权利人在调解协议约定的日期后发现并公证保全了被诉侵权产品，但是被诉侵权产品没有标注生产日期，一审法院认定被诉侵权方未提供证据证明涉案商品与双方原先处理的商品属于同一时期制造的产品，且涉案商品合格证上未标注生产日期，也不符合法律规定，认定举证责任应由生产者即被诉侵权方承担。

对此问题，我们在该案二审过程中检索了多起相关案例，发现在商标侵权案件中，对于被诉侵权产品未标注生产日期的，举证责任均由负有举证证明责任的当事人承担不利后果。

在某田公司、某品公司诉某美公司、某乐公司、某禄公司侵害商标权纠纷一案[①]中，北京市东城区人民法院认为二原告（某田公司和某品公司）自认在2017年11月6日之前，被告某禄公司可以在其生产的被子产品上使用第1413××××号“某品”商标。而二原告公证购买的涉案产品并未标注生产日期，不排除该产品系被告某禄公司委托被告某乐公司于2017年11月6日之前生产。因此，即便如二原告所认定，某禄公司自2017年11月6日之后就无权使用第1413××××号“某品”商标，亦不能由此得出涉案产品上使用第1413××××号“某品”商标的行为未经二原告许可，从而构成商标侵权。

在吴某诉周某、某林食杂店侵害商标权纠纷一案[②]中，福建省高级人民法院认定高某去世后，周某是否继续生产、销售“某娘”四色牌……根据本案查明的事实，高某于2017年11月14日去世，周某与高某系夫妻关系。本案中无法查明其获得被诉侵权产品的时间和渠道，且被诉侵权产品上未标注生产日期，故本案现有证据无法证明被诉侵权产品是在高某去世后由周某生产、销售的……判决驳回上诉，维持原判。

在某芳公司诉某乐公司等侵害商标权纠纷一案[③]中，争议焦点在于未标注生产日期的被诉侵权产品是否为某乐公司生产销售以及生产销售时间是在第624号判决生效之前还是之后，相应举证责任应当由哪一方承担……贵州省高级人民法院认为，关于某乐公司生产、销售未标注生产日期的被诉侵权产品的事实首先应当由某芳公司承担举证证明责任。某乐公司为反驳某芳公司主张的事实，提供了某乐公司与某达化妆品公司签订的《终止合作协议》、某达化妆品公司发表的《声明》、某东

---

① 北京市东城区人民法院（2020）京0101民初1133号。

② 福建省高级人民法院（2019）闽民终1649号。

③ 贵州省高级人民法院（2017）黔民终228号。

贸易有限公司的《复函》等证据拟证明在2014年4月某乐公司就已经停止生产、销售“某乐”系列商品。至此某乐公司完成了反驳某芳公司主张的相应举证责任。对于某乐公司实际是否在第624号判决生效后继续生产、销售“某乐”系列商品的事实，应当由某芳公司继续提供证据证明。某芳公司在没有继续提供证据证明的情况下，关于某芳公司提出的某乐公司生产、销售被诉侵权产品的事实属于事实真伪不明，依据法律应当推定某乐公司并未生产本案中未标注生产日期的被诉侵权产品。故判决……撤销一审民事判决第（二）项，即某乐公司赔偿某芳公司40000元。

综上，根据《最高人民法院关于适用〈中华人民共和国民事诉讼法〉的解释》第九十条“当事人对自己提出的诉讼请求所依据的事实或者反驳对方诉讼请求所依据的事实，应当提供证据加以证明，但法律另有规定的除外。在作出判决前，当事人未能提供证据或者证据不足以证明其事实主张的，由负有举证证明责任的当事人承担不利的后果”和第一百零八条“对负有举证证明责任的当事人提供的证据，人民法院经审查并结合相关事实，确信待证事实的存在具有高度可能性的，应当认定该事实存在。对一方当事人为反驳负有举证证明责任的当事人所主张事实而提供的证据，人民法院经审查并结合相关事实，认为待证事实真伪不明的，应当认定该事实不存在……”可见，此类问题“谁主张，谁举证”是前提，在面对具体案件时仍应具体问题具体分析，如果权利人仅仅在约定的日期后发现被诉侵权产品，并不能当然证明产品系约定的日期后生产或销售，需要权利人进一步举证。当然，如果被诉侵权方提供了反证，如新发现的产品的生产批号等与原调解协议已经一揽子解决的产品批号相同，或者已经通过某种措施召回被诉侵权产品并提供了相关证据，则应认定产品的生产日期在调解协议约定的日期之前。如果权利人无法证明被诉侵权产品的生产日期，此时事实处于真伪不明的状态，依据法律应当认定被诉侵权方在签订调解协议后并未再生产、销售未标注生产日期的被诉侵权产品，会作出对权利人不利的认定。

撰稿人：王现辉、田雨昕

后　记

知识产权律师应走“贸工技”路线还是“技工贸”路线

知识产权律师应该走“技工贸”路线，在二线城市更应如此，要对标一线城市水准，多学习、多思考、多挖掘、多宣传，走出一条“专业化+行业化”专业知识产权律师之路。

“贸工技”是指先做生意，实现一定的原始积累，求得生存，然后开发新技术、新产品，并进行销售，找到新的利润增长点。

“技工贸”是指先开发新技术、新产品，加工生产以后进行销售，实现新技术、新产品所带来的丰厚利润。

由此，笔者联想到知识产权律师应该走哪一条路线的问题。

近几年，随着我国知识产权保护力度的不断增强，权利人的知识产权保护意识普遍提高，诉诸法院的知识产权案件数量迅猛增长，有力地打击了侵权行为，维护了权利人的合法权益。而因为侵权线索规模较大，且赔偿额度不高，维权成本较高等多因素，权利人开始与知识产权商业维权公司合作或者直接与律师事务所进行合作，开启商业维权模式。

最近几年尤为明显，在诉讼过程中，部分知识产权权利人的权利保护开始异化，侧重从保护自己的知识产权，转为通过诉讼获取超额利润。一般由其法务部直接与律师事务所对接，更有甚者直接与第三方公司合作将知识产权业务外包，再由某公司与多家律师事务所进行合作，至于起诉谁，在哪儿起诉权利人关注度不足，目标单一。

更有一些人看到商机后专门成立商业维权公司，承接各类权利人此项业务，后打包给律师事务所进行具体维权诉讼工作，从一开始的为打击侵权市场，成本和风险由律师承担的模式，逐步转化为成本和风险均由律师承担，利润进行分成的合作方式，维权目的不再单一。我们将仅从事商业维权类案件的律师，权且称为“贸工技”路线律师，或者“贸工”路线律师。那么，律师是否应该专门承接商业维权业务，做“贸工技”路线律师，或者“贸工”路线律师呢?

商业维权利益空间有限，导致作为案件实际代理的律师只能通过更多的量来维持收支平衡，更有甚者出现一些学业不精的维权律师，降低了对知识产权维权的社会评价。

随着商业维权模式被权利人广泛选择，多地法院对于商业维权的态度也发生明显变化，判决数量明显走低，商业维权利益空间正在逐渐缩小。

笔者认为，做商业维权，可以在短时间内熟悉诉讼基本流程，但也仅此而已。人都有思维定式和操作习惯，一旦形成批量维权思维，再跳出去可能会很困难。因此，建议有志于知识产权行业的年轻律师把重心放在个案上。

这其实不是问题，因为律师对于商业维权诉讼与疑难诉讼的选择未来会越来越清晰。其实，对于有志于将知识产权作为一项事业的律师来说，这种选择从一开始就是清晰的。

王现辉

2022年中秋

图书在版编目(CIP)数据

知识产权80个热点问题 / 王现辉编著. — 北京：
中国法制出版社，2022.11
（大成·集 / 韩光主编）
ISBN 978-7-5216-2721-3

Ⅰ. ①知…　Ⅱ. ①王…　Ⅲ. ①知识产权—研究—中国
Ⅳ. ①D923.404

中国版本图书馆CIP数据核字（2022）第097348号

策划 / 责任编辑：刘悦　　　　封面设计：李宁

知识产权80个热点问题

ZHISHI CHANQUAN 80 GE REDIAN WENTI

编著 / 王现辉

经销 / 新华书店

印刷 / 三河市紫恒印装有限公司

开本 / 710毫米×1000毫米　16开　　　　印张 / 19.5　字数 / 338千

版次 / 2022年11月第1版　　　　2022年11月第1次印刷

中国法制出版社出版

书号 ISBN 978-7-5216-2721-3　　　　定价：79.80元

北京市西城区西便门西里甲16号西便门办公区

邮政编码：100053　　　　传真：010-63141600

网址：http://www.zgfzs.com　　　　**编辑部电话：010-63141819**

市场营销部电话：010-63141612　　　　**印务部电话：010-63141606**

（如有印装质量问题，请与本社印务部联系。）